샐러리맨 34년 현직 CEO가 전하는

슬기로운 직장생활

최 용 민 경영학 박사

필디앤씨

책을 내면서

감사해야 감사할 일이 생긴다!

　입사하고 얼마 동안은 너무 힘들어 사무실에 혼자 들어가지 못했다. 동기들과 함께 특정한 장소에 모여 사무실로 함께 출근하였다. 일도 걱정되었지만, 근본적인 이유는 출근하면서 50여 명에 달하는 모든 선배에게 일일이 큰 소리로 인사를 해야 했기 때문이다. 창피함이 어느 정도 익숙해지자, 하루하루를 무사히 넘기는 힘겨운 장벽이 다가왔다. 계속된 지시와 엄격한 위계질서 하에 새로운 결과물을 매일 만들어야 했기 때문이다. 아침에는 사무실 밖에서 '오늘도 무사히', 그리고 '나는 최고다(슈퍼 엘리트)'라는 주문을 외우고 들어갔다. 그러나 매일 반복되는 회식과 3차가 기본인 술 마시기가 일상화되었다. 자정을 넘기는 것도 적지 않았고, 그 끝은 만취한 선배님을 집까지 배달(?)하는 루틴이었다. 요행히 빠르게 퇴근한 날의 기쁨도 잠시 다음날 출근을 앞두고 묘한 긴장감이 몰려왔다. 흔히 혈액형 A형은 '소심하고 걱정도 사서 한다'라고 말하는데 곰곰이 생각해 보면 내가 바로 그런 사람이었다. 일요일 오후가 되면 한꺼번에 밀려오는 스트레스가 스스로 감당할 수준을 넘어섰다. 심지어 너무 힘들어 곧 죽을 것 같았다.

그런데 그것이 어느 날부터 약점에서 장점으로 변하였다. 일찍 일어나 준비하는 습관으로 연결된 것이다. 시골 출신으로 부모님으로부터 물려받은 가장 큰, 아니 유일한 유산인 '일찍 일어나기'가 몸에 체화되었다. 아침 운동과 외국어 공부는 기본이고, 무역이라는 전공도 남보다 앞서려고 노력하였다. 먼저 준비하고, 치밀한 분석으로 앞서 나가면서 일도 익숙해졌다. 날이 갈수록 나에 대한 평가가 수직으로 상승하는 곡선을 그렸다. 이후에는 승진도 빨리하고, 내가 원하는 부서에서 근무할 수 있었다. 짬짬이 공부하여 학위도 받고, 나름대로 무역과 통상 전문가로 밖에서도 인정을 받아 외부 강연도 적지 않게 하였다. 우연한 기회에 중국어도 준비하여 7년간 베이징에서 근무한 행운도 찾아왔다.

어느 회사든 입사 후 3년이 지나면 임원 될 사람과 그렇지 못한 사람이 대충 갈리기 시작한다는 말을 들었다. 그 출발점은 '차별화된 생각과 실천'이라고 단언한다. 언제부터인가 임원 되기가 목표로 되었고, 그 과정은 거꾸로 생각하기였다. 특히 후배들과 멘토·멘티 활동을 하면서 많은 것을 깨달았다. 우선, 일은 즐겁게 해야 한다는 것이다. 즐겁게 일하기가 실력향상에 첩경인데 그것은 밖으로는 먼저 내 것을 주는 것(남을 도와주는 것)이 핵심이며, 스스로에게는 아이디어 메모가 핵심이었다. 다른 사람을 도와줄 때 실력이 높아지고, 서너 개를 넘어 수십 개 대안을 모색하는 메모는 '적자생존(적는 자가 산다)'을 위한 샘물이었다. 인사업무를 할 때 인사, 급여, 비정규직, 노사협상 등 동시에 거의 모든 부분에 발을 담갔다. 사람을 만나는 것이 즐겁고 새로운 지식을 쌓는 활동이 진정 나의 가치를 높이는 것이라는 진리(?)를 깨닫고 하루하루가 감사하고 기쁨이 넘쳤다. 오늘 너무 힘들면 월급 이상으로 일을 했다면서 스스로를 칭찬하였다. 자기 전에 나를 칭찬하는 습관은 나의 가장 큰 무기이자 모든 스트레스를 날리는 시간이다. 새벽에 일어나기 힘들다면 어제 열심히 살았다는 증거이고, 운동이 귀찮아지면 걷고 싶어도 그러지 못하는 아픈 사람이 많다는 것을 떠올렸다. 어려운 과제가 닥치면 조직이 나의 실력을 제대로 알고 있다면서 만면에 웃음을 지었다. 다른 사람의 업무 노하우도 메모하면서 내 것으로 만들었다. 회사에서 하나 배우고 퇴근하면 월급은 덤이라고 생각했다.

한국무역호의 지휘자인 무역협회에서 기획, 재정, 자산관리, 그리고 인사 및 안전관리를 담당하는 임원인 경영관리본부장과 싱크탱크인 국제무역통상연구원 원장 등을 거치고, 현재는 강남구 삼성동 무역센터의 자산과 시설을 관장하는 WTC 서울의 대표이사로 재직 중이다. 어떠하든 간에 한 가지 변하지 않는 사실은 감사와 기쁨으로 일할 때 좋은 결과가 다가온다는 것이다. 만약 프로젝트에서 실패했다면 더 많이 배웠다고 위로하니 역시 행복으로 다가왔다. 감사로 일하면 감사할 일이 생기는 것이다. 직장생활이 월급을 받고 승진하기 위함이 아니라 '나를 필요로 하는 곳이 있다'는 단순한 이유로 에너지가 솟아난다. 최근에는 새로운 프로젝트를 준비하고 있다. 앞으로 10년간 더 일하되 흑자(黑字)가 아닌 적자(赤字) 인생을 기획하고 있기 때문이다. 남에게 도움이 되고, 남을 칭찬하며 오롯이 주위에 축복의 통로가 되면서 일하면서 즐거워하는 비법을 전하는 전도사가 되고 싶다. 이 책은 총 34년간의 직장생활에서 체득한 '즐겁고 행복하게 일 하기 비법'을 축적한 글이다. 책을 펴는 모든 이에게 일과 직장과 일에 대한 생각을 180° 바꾸는 출발점이 되길 기원한다.

2024년 3월 삼성동 트레이드타워에서
최 용 민

추천의 글

❝ 젊은이는 일에서 즐거움을 찾아야 한다. 더불어 사람 관계에서 기쁨이 넘쳐야 한다. 그 원동력이 '감사해야 감사할 일이 생긴다'에서 나온다는 저자의 말에 100% 공감한다. 평소 목회에서 '감사'를 강조해 온 목사로서 젊은이들의 일상이 이 책을 통해 감사로 가득했으면 좋겠다. 하루하루가 감사로 넘치기 위해 실력이 중요한데, 책에 소개된 처방에 눈길이 간다. '내 것을 먼저 주고, 내가 먼저 손해를 보아라.' 모두가 치열하게 경쟁하는 직장에서 내 편을 많이 만들면 인생에서의 '적자(赤字)'가 실력에서의 '흑자(黑字)'로 돌아오기 때문이다. 역사적으로 인생에서 가장 큰 적자를 보신 분이 예수님이다. 우리는 그의 제자가 되어야 한다. 그럴 때 저자가 어려울 때마다 외친다는 '성령의 검'이 이 책을 읽는 모든 독자에게 임하는 하나님의 선물이자 능력이 되어 일터에서 즐거움이 넘칠 것이다.

이찬수
분당우리교회 담임목사

❝ 필자는 항상 긍정적이고 감사하는 마음가짐으로 본을 보여주는 직장인이었으며, 이제 지금까지의 축복을 함께 나누는 제2의 인생 스토리를 준비하고 있다. 더욱 힘들어지는 현대인의 생활에 매몰되어 있는 젊은이들에게 삶과 일터에서 살아 있는 지혜를 제공해 주는 책이다.

김영주
전 한국무역협회 회장(전 산업자원부 장관)

❝ 이 책은 저자가 신입사원부터 간부와 임원, 대표이사까지 34년의 직장 생활을 정리하며 저술한 것으로 근래에 보기 드문 현명한 직장 생활의 지침서이다. 거대한 조직 속에서 생활을 하면서도 주어진 과제를 수행하는 반사체가 아니라 일을 주도하고 아무리 힘든 일이라도 기쁜 마음과 감사하는 마음으로 빛을 내는 발광체로서 업무를 수행하였다. 특히 '새로운 지식을 적극적으로 쌓는 것이 진정한 자신의 가치를 높인다'는 구절에 크게 공감한다. 성공적이고 보람 있는 직장 생활을 원하는 이들에게 참으로 고마운 책이다. 일독을 권한다.

이금룡
사단법인 도전과 나눔 이사장

❝ 사도 바울이 고린도 교인들에게 보낸 서신에 '하나님께 영광 돌리는 삶을 살기 위해 나의 유익을 구하는 삶보다 다른 사람의 유익을 구하는 삶을 살라'고 권면한다. 애덤 그랜트 교수가 저술한 'Give and Take'에서는 성공한 사람 중에 남에게 베풀고 섬기는 삶을 사는 'Giver'가 다수를 차지한다고 했다. 즐겁고 행복하게 일하면서 살고 싶은가? Giver가 되어 삶을 나누는 저자의 경험을 만나보길 추천한다.

김춘호
서울벤처대학원대학교 총장(전 한국뉴욕주립대 총장)

❝ 최용민 대표님은 제게 선한 영향력을 주시는 선물이다. 그분을 만나면 업무에 지친 저는 경험하지 못한 분야에 대한 새롭고 유익한 정보의 바다에 흠뻑 빠진다. 사막을 헤매는 나그네 같은 인생이 오아시스를 만나는 기쁨이었다. '크고자 하거든 남을 섬기라'라는 말씀을 실천하면서 살아온 분이, 샐러리맨 30여 년의 노하우를 아낌없이 MZ세대들에게 전하는 귀한 책이다. 슬기로운 직장생활을 시작하거나 준비하는 젊은 세대뿐만 아니라, 그러한 자녀를 둔 부모에게 값진 선물이다.

유승남
변호사(법무법인 화우, 전 서울서부지방법원 부장판사)

❝ '생각이 긍정이면 세상은 나의 것이다.' 이 책은 단순히 첫 직장인의 행동이나 업무를 대하는 지침서 그 이상이라고 생각한다. 인생의 첫발자국을 내딛는 초년생의 인생 지침서로 중요한 지표를 제시하고 있기 때문이다. 누구나 처음은 낯설고 생소하고 어렵게 생각하므로 자신의 능력과 역량을 제대로 발휘 하지 못하는 경우가 많은 게 현실이다. 이런 젊은이들을 볼 때 무척이나 속상하고 아쉽다. 저자의 이야기처럼 세상은 생각을 바꾸면 모든 것을 나의 것으로 만들 수 있다는 당당한 자신감을 가져야 한다. 나는 이 책의 저자 최용민 대표님께 경의를 표한다. 요즘처럼 나약한 수많은 청년에게 긍정의 힘을 불어넣어 주기 때문이다.

최종태
링코 대표이사

목차

Chapter I _ **직장 생활이 힘들고 외로울 때**

힘들 때 외치는 주문 20

현대인 최대의 병, 외로움 24

매일 스스로를 칭찬하라 28

과정이 최고다 32

거절과 OK, 그리고 열정 36

일과 일터 40

꽃샘추위에서 얻는 위로 44

별처럼 빛나는 상처 48

남이 알아주지 않을 때 52

내 재능은 어떻게 만들어지는가? 56

번아웃을 이기는 방법 60

광야대학원을 아시나요? 64

부족한 것을 보느냐, 갖고 있는 것을 보느냐 68

개인 재무관리와 선진국(善進國) 72

결혼과 직장 생활의 공통점 76

목차

꼭 필요한 차 한 잔의 여유 ·· 80

스트레스 관리를 위한 변명 ·· 84

갑(甲)과 을(乙)은 순환한다 ·· 88

열등감도 교만이다 ·· 92

최고의 날은 아직 오지 않았다 ·· 96

웃음은 과학이다 ·· 100

행복한 직장 생활을 위한 멘토 ·· 104

험담 ·· 108

아침 키스 ·· 112

너무 평범함에 대한 감사 ·· 116

즐거움으로 일하는 프로선수 ·· 120

경쟁자에 앞서는 방법 ·· 124

오늘의 목표는 잘 견디는 것 ·· 128

목차

Chapter II _ 슬기로운 내공 쌓기

오늘은 선물, 변신은 보물 134

감사가 경쟁력이다 138

한마디 말, 만병통치약 142

꼬리론과 적당한 긴장 146

거울에서 찾는 깊은 뜻 150

시간과의 동행 vs 시간과의 역행 154

마지막 1%의 힘, 끈질김 158

아버지 학교의 놀라운 교훈 162

극단적 관점의 변화 166

자신만의 임팩트 있는 브랜드 170

월급과 경쟁력 174

재택은 재테크 근무의 약자? 178

직장을 자주 옮겨야 성공하는 시대 182

슬픈 퇴직과 직업 리모델링 186

목 차

Chapter III _ 고수의 직장 생활

월급 속에 감춰진 비밀 ··· 192

때론 져줘야 한다 ··· 196

즐거운 출근이어야 한다 ··· 200

아침 활동이 세상을 바꾼다 ·· 204

불편을 없애는 업무개선 ··· 208

일 잘하는 비책 ··· 212

1등과 2등의 차이 ··· 216

보고서 성공은 제목에서 출발 ·· 220

승진을 부르는 적자생존 ··· 224

상사에게 인정받는 쉬운 비법 ·· 228

윗사람에게 결재 받는 방법 ·· 232

운동은 직장 생활의 R&D ·· 236

우문현답 ··· 240

실패가 선물이 되는 길 ··· 244

목차

조용한 퇴사와 조용한 해고 248

혁신과 직원의 역할 252

중대재해와 체크리스트 256

자리 전쟁 260

진정한 화합의 모델 264

부재중 통화 제로화 268

회사에서 할 일과 해서는 안 되는 일 272

로봇과 역면접 276

미래의 일터와 감시자 280

목 차

Chapter IV _ 리더가 된다는 것

어른아이	286
말과 문자의 업무지시	290
MZ세대 붙잡기	294
대리와 과장의 배신	298
천재와 굽은 나무	302
화이트 스페이스와 의미 있는 실패	306
리더의 업무 체크 방식	310
회사는 시스템이다	314
새로운 근무형태가 최고 복지	318
사무실 공간배치	322
스스로를 가르치는 좋은 방법	326
태스크 포스(TF)의 빛과 그늘	330
꺾이지 않는 마음과 원팀 정신	334
좋은 인재 뽑기	338

목차

표창장과 보상원칙 ····· 342

스피드와 업무공유(재택근무) ····· 346

회의(會議)가 회의(懷疑)가 안 되게 ····· 350

남자와 여자의 차이 ····· 354

모두가 원하는 리더의 성품 ····· 358

후배를 키우는 리더, 선배를 키우는 후배 ····· 362

사무실 위치와 의자 사치 ····· 366

가족 같은 회사는 최악 ····· 370

마이너스 15의 비밀암호 ····· 374

작은 성공과 전진 ····· 378

창조적 능력과 기업의 성장 ····· 382

CEO가 되는 방법 ····· 386

오늘, 먼저 받은 것 갚는 날 ····· 390

최고의 직업은 주재원 부인 ····· 394

목차

Chapter V _ 모든 것은 기본에서 시작한다

회사가 원하는 좋은 인재 ··· 400

왜 직업이 필요한가? ·· 404

기본기로 돌아가자 ·· 408

나의 히든 카드 ·· 412

엄청나게 무서운 고정관념 ·· 416

기회비용의 참 의미 ·· 420

떨리는 심장과 뛰는 심장 ·· 424

탁월함에 필요한 비법 ·· 428

Chapter 1

직장 생활이 힘들고 외로울 때

힘들 때 외치는 주문

"웃을 때에도 마음에 슬픔이 있고 즐거움의 끝에도 근심이 있느니라."

어느 책에서 읽은 구절이다. 화목한 가정은 물론 잘 나가는 직장에서도 굴곡은 있기 마련이다. 위기 시에 스스로 구덩이를 더 깊게 파면서 낭떠러지로 떨어지는 사람이 있는 반면 심호흡 한번 하고 가뿐하게 스프링처럼 일어나는 사람이 있다. 당신은 어디에 속하는가?

비율로 따지면 앞의 사례가 더욱 많을 것이다. '나쁜 일은 한 번에 몰려 온다'는 말이 있지만, 반대말은 찾기가 쉽지 않다. 비극에 쉽게 반응하고 스스로 비극적인 시나리오를 쓰는 것이 우리들의 삶이다. 조직에서 자신감이 없어지고 도와주는 동료가 없을 때 더욱 그러할 것이다.

어려움이 닥쳐 쉽게 비관론에 빠져들 때 되새겨야 할 깊은 울림이 있는 에피소드 하나를 소개한다.

한 인간이 자신이 믿던 신에게 모든 것을 의존하고 감사하며 살았다. 어느 날 엄청난 시련을 겪고 좌절하고 있을 때 신의 목소리가 들렸다. "항상 너와 함께 하고 있으니 힘들더라도 꿋꿋하게 걸어가렴." 그러면서 4개의 발자국을 보여주었다. 나약한 인간은 절대자가 항상 자신과 함께했고 손잡고 같이 걸었음에 기뻐 날뛰었다.

그런데 현재의 고난이 아무것도 아닌 것처럼 훌훌 털고 일어설 힘을 얻었다고 말하려는 순간 절망을 보았다. 자신이 기쁨이 넘칠 때에는 발자국이 4개였는데 힘들기 시작했을 때 2개의 발자국이 갑자기 사라지고 2개만 남았다.

순간 격하게 따져 물었다. "아니 신이시여, 좋을 때는 동행하고 정작 도움이 필요한 위기 시에는 나를 버리셨군요?" 그러자 반전의 목소리가 들려온다. "네가 힘들 때 내가 너를 버린 것이 아니라 너를 업고 걸었단다."

절망에 쉽게 무너지는 지혜 없는 인간의 극단적 오해를 보여주는 대목이다.

직장에서 우리는 쉽게 상처를 받는다. 문제는 받는 데 그치지 않고 이를 확대해석하고 없는 것도 만들어 내면서 자신을 회복할 수 없는 구렁텅이에 밀어 넣는다. 낮에는 동료나 친구의 위로를 받으며 어느 정도 견딜 수 있지만, 밤에는 상황이 더욱 또렷해지면서 잠을 청하지 못한다. 스트레스를 넘어 식사를 못 하게 될 정도로 발전해 회사를 옮기는 지경에 이르거나 병원에 다니기도 한다.

이런 과정을 어찌 제3자가 쉽게 단죄할 수 있겠는가? 그러나 앞의 에피소드처럼 반대로 해석하는 경우도 적지 않고 침소봉대가 일상화되는 것이 조직 내 상하 간의 인간관계다. 그래서 어떤 어려움도 씩씩하게 스스로 일어설 알라딘 램프와 같은 마법이 필요하다.

아이돌 출신으로 미국의 유명 로스쿨 4곳에 동시에 합격한 사람의 스토리를 신문에서 읽었다. 처음에는 응시한 모든 대학에서 낙방했다. 느리지만 끝까지 가는 스타일이라고 스스로를 위로하며 1년 만에 원하는 대학에 들어갔다.

로스쿨 첫 시험에서 하위 1%였다. '잊어버려'라는 아버지의 슬로건에 의지해 악을 쓰고 중상위권으로 졸업했다. 로펌 1년 차에 주당 100시간 일하면서 허리통증이 있었지만 주사 맞고 스테로이드 약을 먹고 견뎠다. 아버지의 슬로건을 본받아 '괜찮아, 해낼 수 있어'를 입에 달고 살았다. 이런 슬로건과 함께 '더 베스트(The Best)가 아닌 마이 베스트(My Best)'를 추구했다고 강조한다. 최선을 다하되 나를 존중하고 나 스스로 만족할 수 있는 수준을 목표로 설정하며 위기를 기회로 만든 것이다.

미래 계획은 너무 거창할 필요가 없다. 솔직히 그 결과는 나도 모른다. 지금 이대로 마이 베스트이면 충분하다. 당신에게는 스스로를 위로하는 어떤 슬로건이 있는가?

필자는 시도 때도 없이 '하나님의 검'을 외친다. 모든 난관은 전능한 분이 주신 검이 해결해 준다는 믿음이 있다. 방패는 너무 나약해 보여 검으로 바꿨다. 그 검에는 '하늘은 스스로 돕는 자를 돕는다'는 문구가 새겨져 있다.

현대인 최대의 병, 외로움

영국의 데일리메일(Daily mail)이라는 신문은 2018년 1월 17일자 표제기사로 외로움 장관(Minister for Loneliness)을 임명했다고 대서특필하였다. 외로움이라는 단어가 낯선 것은 이해하지만 정부가 공식적으로 장관을 임명한다는 것은 그 문제를 심각하게 보고 있다는 증거다. 외로움이 특정한 일부 사람들만의 문제가 아니라 국가가 관리해야 하는 전반적인 문제로 발전한 것이다. 임시처방으로 치유가 힘들어 지속적이고 전략적으로 접근해야 함을 의미하기도 한다.

이 신문은 최근 영국에서 900만 명이 고립된 삶을 살고 있으며, 20만 명이 친척이나 친구와 대화하지 않고 수 주(Weeks)를 보낸다고 그 실태를 고발하였다. 특히 나이가 지긋한 100만 명의 노인들은 친구, 이웃, 그리고 가족과도 전혀 말을 섞을 기회가 없다고 신문은 전한다. 의사들의 주요 업무가 외로움을 호소하는 환자를 만나는 것으로 변해가고 있다고 지적한다.

외로움은 일종의 병으로 이미 사회 전반에 영향을 미치고 있으며, 골초와 비슷한 건강상 악영향을 야기한다고 신문은 진단하고 있다. 병원비 증가는 물론 사회 범죄로도 연결되기 때문에 그 해악은 더욱 크다고 하겠다. 이를 해결하기 위해 영국에서는 3파운드만 지불하면 점심을 같이할 친구를 찾아주는 프로그램을 운영 중이다. 또한 공공단체, 기업, 공연 및 예술단체, 병원, 학교 등이 다양한 프로그램을 통해 외로움 극복에 도움을 주고 있으며, 다양한 부처가 공동으로 국가전략도 내놓은 상황이다.

사실 외로움은 생소한 것이 아니다. 누구나 느낄 수 있고 어디서나 발생할 수 있다. 그런데 이를 병으로 인식하는 것은 심각한 수준이기 때문이다. 외로움은 누구에게나 불쑥 닥쳐 올 수 있다. 사회적 동물로 인간이 생존하는 순간, 고립감과 외로움은 자기 의사와 관계없이 찾아오기 때문이다. 그래서 개인이 싸워서 극복해야 하는 병을 넘어서 사회적 지혜를 모아 모두가 같이 싸워야 하는 공동의 적이다.

개인주의가 횡행하는 것은 서양만의 문제가 아니다. 우리의 이웃인 일본도 코로나19 이후 극단적 선택에 나서는 이들이 급증하면서 2021년 2월에 '고독·고립 담당 장관'을 임명했을 뿐만 아니라 고독·고립대책실이라는 조직도 출범시켰다. 외로움을 야기하는 고독과 고립에 대해 국가가 책임지고 나서서 사회적 문제로 부상한 외로움에 적극 대처하겠다는 의지를 보여주었다.

우리나라의 현실은 어떨까? 사실 다른 나라 상황을 관망할 만큼 한가하지 않다. 시장조사기업 엠브레인의 트렌드모니터가 조사한 결과 한국 성인의 87.7%가 '사회 전반적으로 외로움을 느낀다'고 답했다는 신문 기사를 본 적이 있다. 나이 많은 사람뿐만 아니라 20대와 30대도 같은 느낌을 갖고 있는 것으로 조사되었다.

이를 반영하면 회사에서 일하는 사람도 외로움에서는 크게 차이가 없다는 결론에 도달한다. 신입직원일 때 정신없이 보내다가 어느 정도 자리를 잡으면 외로움을 타게 된다. 모두가 나를 따돌리고, 특히 상사는 중요한 임무에서 의도적으로 배제하는 느낌을 받은 경우가 많다. 언어에서도 무시하는 태도로 일관하거나 말을 걸어도 제대로 응해주지 않는 경우도 적지 않다.

회사 출근이 즐거워야 하는데, 그 반대이면 직장에서의 외로움이 이미 시작한 것이다. 아주 일부지만 부서 내에서 특정 직원에게 말을 걸지 않고 밥을 같이 먹지 않는 경우도 있다고 한다. 이런 단계이면 이미 심각한 수준에 들어선 것이다.

외로움은 사회를 병들게 하는 증후군이다. 다시 말해 전염성이 매우 강한 특성을 갖고 있다. 이 병이 회사에 들어온다면 그 회사 경쟁력에 치명적이다. 옆에 있는 직원이 같은 상황에 내몰리게 되고 팀워크를 크게 해치기 때문이다. 이를 피하기 위해 근로자 개인은 먼저 동료들과 네트워크를 형성할 필요가 있다. 우선, 업무 외적으로 교류를 많이 해야 한다. 또한 주위 사람들을 도와줄 것을 미리미리 찾아야 한다.

반드시 필요한 자세는 의도적으로 도와주고 의도적으로 접근하여 업무 외적인 교류를 늘리는 것이다. 상황에 따라 업무보다 더 중요한 것이 회사에서의 인적교류다.

더불어 회사는 외로움과 따돌림 등에 대한 전반적인 인간관계 문제를 상담해 줄수 있는 외부 전문 업체를 지정해야 한다. 정신적 문제에 대한 전문적인 상담을 제공하고 비밀을 보장해야 하기 때문이다. 회사 내 인사담당자를 통한 인간관계 상담은 부작용이 너무 크기 때문에 외부 전문가를 통해 결과만 파악하는 비밀 채널을 구축해야 한다.

매일 스스로를 칭찬하라

'당신은 소중한 사람입니다.'

어느 날 새벽 출근길에 문득 차창 옆을 보았을 때 눈에 들어온 어느 병원에 붙어있던 슬로건이다. 필자는 하루에 서너 번씩 주위 사람들에게 감사를 표하지만, 그것보다 더 중요한 것은 나 자신에 대한 스스로의 칭찬이다. 그 시작은 1990년, 지금부터 34년 전 회사에 입사하면서부터다.

당시 고층빌딩을 사옥으로 둔 모두가 선망하는 직장에 들어갔다. '토끼가 발맞추는 동네'라는 수식어가 붙는 버스도 다니지 않던 두메산골 출신으로 큰 꿈을 품고 중2 때 서울로 왔지만, 어머님은 아들이 취직이나 제대로 할까하여 시골에서 낡고 구멍 난 양말을 잘 모아 놓으셨다고 한다. 꿰매어 두었다가 내가 어려워지면 주시려고.

겉보기엔 좋은 직장이었지만, 그곳에서의 생활은 쉽지 않았다. 쟁쟁한 스펙의 동료들이 많았고 매일 매일 모든 업무가 경쟁이었다. 입사 초기에는 아침마다 출근과 동시에 모든 선배들을 찾아가 인사하는 관행도 남아 있었다. 인사해도 쳐다보는 사람이 별로 없었고 쑥스럽기도 그지없었지만 이 관행은 서너 달 계속됐다.

당시 사무실에 들어가기 전에 두려움이 적지 않았는데, 이를 극복하기 위해 '나는 대단한 사람'이라고 스스로에게 용기를 북돋우곤 했다. 하루를 마감하고 자기 전에는 오늘 힘들었는데, 잘 견디었다고 스스로를 칭찬하고 다독였다. 이것이 직장 초년병으로 힘든 시기를 견딘 거의 유일한 무기였다.

모두들 남에게 칭찬 받기를 원한다. 특히 직장에서는 상사에게 칭찬받는 것이 무엇보다 기분 좋은 일이다. 그러나 이런 후대를 기대하는 것은 쉽지 않다. 상사든 동료든 잘한 일은 그냥 지나가고 잘못한 것은 날카롭게 지적하는 게 직장의 일상이다.

열심히 하고 칭찬을 기대했는데 아무런 말이 없거나 반대로 지적을 받는다면 상처로 남는다. 그런 칭찬에 기대어 일희일비하면 하루하루가 힘들어진다. 그래서 직장에서 최선을 다한 스스로를 돌아보고 평가하고 더 많이 칭찬하면 난관을 넘길 수 있다. 세상이 나를 몰라준다고 탓할 수도 있지만 직장은 원래 경쟁하는 곳이기 때문에 너무 기대하지 않는 것이 정신건강에 좋다.

스스로를 칭찬하는 습관을 오래 유지하기 위해서는 필수조건이 있다. 자신이 귀하니 귀한 사람에 걸맞게 실력을 길러야 한다는 생각이다. 필자는 이 생각으로 공부를 게을리 하지 않았다. 스스로 교육받기를 원했고 한때는 15분 단위로 시간을 관리하기도 하였다.

또한 오늘은 선한 일을 꼭 하겠다는 작은 목표에서부터 상반기에는 이런 자격증을 따고 올해에는 외국어 성적을 이런 수준까지 높여 보겠다는 도전에 나섰다. 설사 목표에 조금 미치지 못해도 이런 도전과 성과는 스스로에 대한 자존감을 높이고 긍정적인 직장 생활에 많은 도움을 준다.

개인적으로 공부를 지속적으로 하면서 '나는 엘리트야'라는 최면을 걸었는데, 많은 도움이 된 것 같다. 목표를 달성했을 때 짧게는 하루를 행복하게, 길게는 1년 정도 웃으면서 직장생활을 할 수 있었다. 더불어 내가 나에게 상(커피 한 잔부터 취미도구 구입 등)을 주어 간단한 사치를 할 수 있도록 보상하는 것도 필요하다.

스스로를 칭찬하는 것이 습관이 되었다면 욕심을 하나 더 내어야 한다. 하루에 한 번 정도 의도적으로 주위 동료를 칭찬하는 것이다. 잘해서 칭찬하는 것이 아니다. 보기 좋아 감탄하는 것이 아니다. 주위 동료나 선배의 행동이 칭찬받을 만한 것이 아니더라도 억지로라도 찾아내 칭찬하라. 누구나 어렵지 않게 할 수 있다.

퇴근 후에는 가족을 칭찬해야 한다. 집안에 들어가 상황을 보고 배우자나 자녀를 칭찬하는 것이 아니라 미리 작정하고 의도적으로 칭찬한다.

이런 과정을 통해 주위에서 나에게 칭찬이 되돌아오니, 어찌 감사가 넘치지 않겠는가? 사람의 향기는 만리를 간다고 한다. 그 출발점은 내가 나에게 쓰는 고마움의 독백에서 출발한다. 나는 충분히 칭찬받을 자격이 있는 소중한 사람이니까.

과정이 최고다

우리는 알게 모르게 결과를 너무나 중시하는 사회에 살고 있다. 소위 압축 성장으로 상징되는 대한민국의 현대 발전 과정에서 결과가 좋다면 적당한 편법이나 불법이 용인되기도 하였다. 경제성과를 높이는 과정에서 용인된 편법은 과정보다 결과를 더욱 중시하는 사회를 만들었다.

복싱선수로 세계 챔피언에 올랐던 홍수환 씨가 인터뷰를 통해 고백한 내용이다. 5번이나 비행기를 갈아타고 아프리카에 가서 챔피언이 되자 대통령도 만나고 격려금도 받았다고 한다. '나 챔피언 먹었다'던 말과 함께 그는 하루아침에 영웅이 되었다.

그런데 로스앤젤레스에 원정을 가서 타이틀 방어전에 실패하고 돌아오니 곧바로 '역적'이 되어 있었다. 당시 군인 신분이었는데

졌다는 이유로 일주일간 영창생활이라는 형벌(?)까지 내려졌다. 준비하고 연습하는 과정은 같았는데, 승패라는 결과에 따라 완전히 정반대인 상황을 접한 것이다.

그는 4전5기(4번 다운 당하고 다시 일어나 승리를 거둠)로 유명한데, 그 때 패배했던 상대방 선수는 패배 후에 은퇴했음에도 곧바로 시의원으로서 의미 있는 삶을 사는 것을 보고 매우 놀랐다고 고백했다. 만약 자기가 한국에서 그 상황에 내몰렸다면 시의원은 꿈도 못 꾸고 십중팔구 '죽일 놈' 취급을 받아 한동안 얼굴을 들고 돌아다니지도 못했을 것이기 때문이다.

기독교 신앙을 갖고 있는 사람들의 성숙도를 평가하는 기준이 여러 가지 있지만, 그중의 하나는 기도 응답을 대하는 태도다. 소원(기도)한 것이 이뤄지면 하나님이 기도를 들어준 것으로 보고 기뻐하지만, 그 반대면 거부된 것으로 보고 슬퍼하고 원망한다. 막 신앙생활을 시작한 초신자급 인식이다.

그러나 성숙도가 올라가면 하나님이 침묵한 것, 즉 응답하지 않는 것도 매우 값지게 받아들이고 감사한다. 성도들의 기도에 대한 거절은 아직 때가 되지 않았거나, 아니면 궁극적으로 나에게 도움이 되지 않는 소원이라고 생각한다. 그리고 하나님에게 여전히 기쁨으로 감사와 찬양을 올리는 것으로, 여느 때처럼 예배의 자리로 나선다.

그 보다 차원 높은 신앙인은 기도의 결과에 마음을 두지 않고 절대자가 기도 소리를 듣기만 했으면 모든 것이 다 이뤄진 것과 차이가 없다고 간주한다. 왜냐하면 함께 하는 과정이 보다 중요하지 그 결과는 포장지에 불과하다고 생각하기 때문이다.

2차 대전 중에 사용됐던 독일 쾰른의 유대인 집단수용소 지하벽에는 그들을 항상 지켜준다고 믿는 절대자에 대한 무한한 신뢰가 녹아 있는 글이 있었다. "나는 믿노라 태양이 있음을 믿노라 / 비록 태양이 구름에 가려 빛이 비추지 않을지라도 / 나는 태양이 있음을 믿노라 / 나는 하나님이 있음을 믿노라 / 비록 그가 내게 아무런 말씀을 하지 않으실지라도 / 나는 그분이 계심을 믿노라"(빛과 소금 2022년 10월호 인용)

요약하면 결과가 달라지지 않더라도 믿음을 갖고 살아간 것에 너무 감사하며 설사 내 목숨을 구해주지 않더라도 그 신앙이 변하지 않을 것임을, 목숨이 경각에 달린 최후의 순간에도 담담하게 고백했다는 사실이다.

회사에서도 모두가 마음이 급하다. 씨를 뿌리면(신제품을 내놓으면) 5년 정도 기다리면서 물을 주는 방법도 새롭게 하고 거름을 바꿔보기도 하면서 좋은 품종을 만들어야 하는데, 우리네 관행은 새싹이 나자마자 '결실이 왜 이리 늦냐'고 다그치는 양상이다. 필요한 거름도 주지 않으면서 '왜 열매가 작냐'고 구박하는 것과 같다.

과정이 그러하지 못했어도 결과가 좋으면 위험을 회사에 안겨주기 때문에 경계해야 한다. 요행이 다시 반복되는 것은 흔하지 않기 때문에 다음에는 완전히 망하는 길로 인도될 수 있다.

  반대로 과정이 매우 치밀하게 잘 준비되었음에도 결과가 만족하지 못하다면 반가운 마음으로 직원들을 격려해야 한다. 실행하면서 더 시야가 넓어지고 더 많이 배우기 때문이다. 또한 시간문제일 뿐 좋은 과정은 대체로 좋은 결과로 이어진다.

  직장 생활에서 과정을 잘 기록해야 한다. 그곳에서 배우고 서로 소통하면 내부의 경쟁력을 높이는데 긍정적으로 작용하여 그것보다 좋은 것은 없기 때문이다. 오직 결과만 잘 기억하고 축하하며 기록으로 남기는 회사에게는 미래가 없다는 점도 새겨야 한다.

거절과 OK, 그리고 열정

    미국에 1달러 가게가 있고 일본에는 100엔 상점이 있다. 저렴한 균일가를 통해 소비자의 마음을 사려는 전략이다. 개념은 쉽지만 만만치 않다. 특히 코로나19 팬데믹 이후로 하루가 다르게 원자재와 인건비가 오르는 상황에서 저가 전략, 그것도 극도의 상한선을 지키는 것은 더욱 그러하다.

    한국에서는 다이소가 국민 가게로 명성을 날리고 있다. 1000원이라는 상한선을 가볍게 보지 않고 있다고 CEO인 박정부 아성다이소 회장은 강조한다. 그는 1000원도 고객의 땀이 밴 소중한 돈이기에 놀라움과 감동을 선사해야 고객의 선택을 받는다는 지론을 밝혔다. 40평의 매장에서 하루 매출이 1500만 원(1000원짜리로 계산하면 대략 1만5000개를 판매함)을 찍을 정도로 고객이 인산인해를 보이기도 했다. 다수가 OK하는 다이소의 제품은 어떻게 탄생하는 것일까?

그 비결은 제품 하나하나에 열정과 집요한 고민이 담겨 있기 때문에 가능했다고 박 회장은 밝힌다. 우선, 품질이 뒷받침되어야 한다. 1달러 상품이라면 그 가격에 불만을 제기할 사람은 많지 않을 것으로 생각하지만 꼭 그런 것만은 아니다. 낮은 가격은 있어도 낮은 품질은 비즈니스에서 존재하지 않기 때문이다. 국내 고객이나 해외 바이어는 피도 눈물도 없을 정도로 냉혹하게 평가한다. 얼핏 마음에 들어 사갔더라도 하루 이틀 지나 품질에 흠결이 발견되면 여지없이 반품이라는 클레임 펀치가 날아오는 것이 비즈니스다.

이런 이유로 신제품을 새로 내미는 것은 엄청난 모험이 따른다. 때론 비장함과 용기가 있어야 한다. 애지중지한 제품이 명품이 되느냐 쓰레기가 되느냐의 갈림길에서 극도의 긴장감은 절박함이 없이 견디기 힘들다. 고객이나 수입상은 언제나 우월적 지위를 이용해 말을 막 던진다. 모멸적인 말을 섞은 수많은 거절도 나를 담금질하는 과정으로 여겨야 한다.

그렇다. 비즈니스를 잘하기 위해 거절이라는 허들을 넘고 또 넘어야 한다. 회사 생활은 좀 극단적으로 표현하면 '거절당하기'의 연속이다. 현장 조사에 엄청난 발품을 팔고 멋진 서체와 그래프까지 넣어 보고 문서를 폼 나게 마사지까지 했는데 어김없이

'다시'라는 거절을 받을 때가 적지 않다. 나는 왜 하는 일마다 이러지 하는 푸념을 되새기게 된다. 거래처를 만나서 쉽게 거래를 성사시키는 입사 동기와 달리 '나는 왜 이리 되는 것이 없지'라는 결론에 도달하기 일쑤다.

회사 생활을 오래하다 보면 한 번에 OK를 받는 것을 기대해서는 안 된다는 것을 체득한다. 1000원짜리 상품에 혼을 넣어 명품으로 탄생시킨 데에는 OK보다 훨씬 많은 거절이 녹아 있다. 저렴한 원가를 맞추기 위해 동분서주하고 제품 시안이 나오면 거래처를 두드리고 또 두드려야 하며, 그 반응에 따라 개선하고 또 개선해야 한다. 회사와 직원은 어쩌면 OK보다 거절을 통해 큰다고 해도 과언이 아니다. 직장 생활의 내공도 거절이라는 자양분에 먹고 산다. 그래서 오늘의 거절이 내일의 희망이라는 비장함이 필요하다.

그런데 거절이라는 장애물에도 앞으로 전진할 수 있는 비결은 무엇일까? 되돌아보면 내가 책임지고 있는 가정이 아니었을까? 전업주부인 아내, 딸, 아들 모두가 나만 바라보고 있다는 생각이 드니 없는 힘도 없는 열정도 끊임없이 나온다. 월급쟁이로 살아가는 데 가장 큰 힘이자, 반대로 직장을 그만두지 못하게 하는 장애물이 가족인 셈이다. 임전무퇴(臨戰無退)요, 배수지진(背水之陣)의 심정으로 직장 생활을 가능케 하는 것이 가족이다. 때론 지갑 속에 가족사진을 넣고 힘들 때 꺼내 보기도 한다.

또 다른 열정의 원천은 비즈니스에서 상품을 파는 것이 아니라 자신을 판다는 각오로 임하는 것이다. 내가 이 정도 어려움에 무너진다면 자존심에 생채기가 나는 것 아닌가로 자문하면서 거절에 거절을 당해도 의연하게 나간다. 내가 회사를 대표하니 동료들을 위해 힘들더라도 참자고 스스로를 다독이기도 한다. 이런 세월이 쌓이고 쌓여 거절의 연속이 OK의 연속으로 변신해 다가온다. 인생을 의미 있게 해주는 것이 도전이라는 경구는 직장 생활에서도 마찬가지다.

일과 일터

오늘도 즐거운 마음으로 출근한다. 그 힘은 친구에게서 얻고 있다.

입사 동기였던 그는 갑자기 앞을 보지 못하는 어려움을 겪게 됐다. 입사 15년 차가 됐을 때 사무실에서 옆 사람과 부딪치는 일이 자주 발생해 일을 그만둘 수밖에 없었다. 전산 업무를 너무 오래 해서 그럴 수도 있다는 진단에 따라 회사에 보상을 청구할 생각도 했지만, 그동안 잘 다닌 것만도 감사함으로 생각하고 아무 보상청구 없이 그만두었다.

지금은 아주 약한 빛을 보는 정도다. 밥상 위의 반찬도 스스로 가져다 먹을 수 없다. 그러나 시력을 잃었다고 좌절하거나 집에 머물지 않는다. 경기도 신갈에서 서울 미아리까지 왕복 5~6시간

걸리는 아주 위험한 출퇴근을 혼자 하면서, 용산맹인학교에서 배운 안마를 주업으로 삼았다.

그는 이정표가 아닌, 걸음걸이 수로 목적지를 찾아가고 방향을 가늠하기 때문에 엄청난 스트레스와 위험을 안고 매일 매일 출퇴근했다. 최근에는 근무지가 바뀌어 서울 봉천동으로 같은 행보를 하고 있다. 비 오는 날 등 손님이 없으면 공치고 돌아오기도 한다.

왜 그렇게까지 하면서 돈을 버냐고 하니, 그래도 내가 애들 교육비는 보태야 하지 않겠느냐며 웃는다. 돈을 떠나 일할 곳과 일할 능력이 있다는 점이 감사하다고 덧붙인다.

서울대에서 젊은 학생들이 모여 외부 강사를 초청하여 강연을 듣는 행사가 있었는데 강의가 시작되기도 전에 모두가 감동했다는 일화를 들었다. 본 행사 전에 분위기를 돋우기 위해 노래를 듣는 시간을 가졌는데, 앞을 보지 못하는 학생이 나와서 기쁘게 피아노 반주를 하면서 노래를 불렀다고 한다. 같이 따라 부른 청중들은 목이 메 크게 따라 부르지 못했지만, 모두 인상 깊은 추억으로 갖고 있다.

우리가 너무나 당연시하는 눈은 사실 내 힘으로 얻은 것이 아니다. 더구나 모두에게 주어진 것도 아니다. 눈은 일하는데 필수적이며 일터에서 어쩌면 가장 많이 사용되는 신체가 아닌가 생각된다.

앞의 친구가 어느 날 부인에게 힘주어 이렇게 말했다고 한다.

귀한 눈을 드라마 보는 데만 사용하지 말라고.

언젠가 들었던 노래가 생각난다.

"내가 누려왔던 모든 것들이, 내가 지나왔던 모든 시간이, 내가 걸어왔던 모든 순간이 당연한 것 아니라 은혜였소. 아침 해가 뜨고 저녁의 노을, 봄의 꽃향기와 가을의 열매도. 이 땅에 태어나 사는 모든 것들이."

이 노래는 이런 결론을 우리에게 내민다. '내 삶에 당연한 것이 하나도 없다.'

오늘도 출근하면서 걱정이 많다. 해결해야 할 문제가 서너 가지나 되고 협력업체 직원은 회사 앞에서 시위 중이라고 한다. 계약을 맺은 업체는 코로나19로 매출액이 줄었으니 내야 할 대금을 깎아 달라고 한다. 우리도 어느 때보다 더 힘든데, 이 업체는 못 내겠다고 막무가내다.

'이 또한 지나가리라'를 되새기며, 그러니 회사가 나에게 월급을 주지라며 스스로 위로한다. 협력업체와 성심성의껏 협상하고 오히려 그들에게 도움을 요청한다. 그래서 함께 잘되자고 다짐한다.

나를 둘러싼 것이 내 능력으로 된 것이 아닌 것은 모두에게 해당한다. 일터에서 대하기 힘든 사람과 함께 일해야 하는 것도 있지만, 잘 찾아보면 알게 모르게 나를 도와주는 사람도 적지 않다. 나를 미워하거나 나와 경쟁하는 사람들도 내가 먼저 요청하면 선한 마음으로 도와준다.

앞으로는 내가 일하는 것을 도와주기 위해 많은 동료들이 기다리고 준비하고 있다고 생각할 필요가 있다. 원래 세상도 직장도 내 노력으로만 이뤄진 것이 아니다. 누군가가 창업해서, 누군가가 키워서, 오늘 누군가의 노력으로 함께 일하는 것이다.

반대로 내 재능으로 다른 사람을 도울 수 있는 것이 하나라도 있다면 힘들다고 쉽게 지쳐서는 안 된다. 일과 일터는 거저 얻은 것으로 '주위에 감사하자'라는 생각이 나를 부자로 만든다.

꽃샘추위에서 얻는 위로

일상에서 자주 사용하는 단어지만, 곱씹어보면 우리에게 위로를 주는 단어가 있다. 사람마다 다르겠지만 '꽃샘추위'라는 자연현상을 지칭하는 단어가 그런 단어 중 하나가 아닐까 생각한다.

우리 인생을 되돌아보면 따뜻함보다 추위라고 느끼는 때가 더 많다. 기쁜 일은 쉽게 잊어버리거나 당연한 것으로 여기지만 시련은 스스로 오래 깊게 생각하고 때로는 확대하여 해석한다. 나약한 인간을 보여주는 특성 중 하나로 간주하기도 한다. 심해지면 정신과 치료를 받아야 할 병으로 발전한다. 그래서 직장과 가정에서 받는 추위(상처나 좌절 등)에 대비하여 위로의 시구를 하나둘 정도 가진 것은 커다란 자산이다.

꽃샘추위라는 단어의 의미는 꽃이 피는 시기를 시샘하는 추위라는 뜻이다. 샘이란 시샘의 준말로 남이 자기보다 잘되는 것을 싫어하고 배 아파하는 마음을 말한다. 다시 말하면 봄이 와서 물러가야 하는 추위가 화창한 봄날에 꽃이 피는 것을 달가워하지 않는 것이다.

우리의 인생은 이런 현상의 연속이라고 생각한다. 겉으로는 승진을 축하 받지만, 그보다 서너 배는 더 시샘을 받을 것이다. 있지도 않은 뜬소문이 난무하고 때로는 비방하는 괴문서가 나돌기도 한다. 같은 배 속에서 태어난 형제 중에서도 특출나게 잘 되는 사람이 있으면 화목보다는 질시로 발전되는 경우가 많다.

실제로 꽃을 시샘하는 추위가 어디 있겠는가? 자연스러운 시간적 흐름이 있을 뿐인데, 꽃샘추위라는 말이 일상화된 데에서 교훈을 얻어야 한다. 자신에 대해 안 좋은 소식을 접하면 '아! 나를 시샘하는구나. 좀 더 주위 사람들과 소통해야 되겠네'라고 생각하면 충분하다.

사실과 다른 일에 현혹되어 스트레스를 받거나 조급해할 필요가 없다. 자연적인 순리상 시샘 여부와 관계없이 꽃은 피게 되어 있다. 조금만 지나면 새롭게 돋아날 잎과 꽃을 기대하며 설렘과 기쁨으로 충분하지 않을까?

지금 겪고 있는 어려움을 꽃샘추위와 같다고 해석하면 조금은 견디기 쉬워진다. 봄을 이기는 추위는 없다. 나를 단련하고 더 큰 기회를 주기 위한 것으로 생각할 필요가 있다.

직장생활을 하다 보면 다양한 사람을 만나 뜻밖의 일을 하기도 한다. 회사가 팔리기도 하고 쪼개지기도 한다. 흔적 없이 사라지는 일도 있다. 그때마다 좌절한다면 직장생활이 너무 슬프다.

집 근처 산을 자주 간다. 겨우내 앙상한 가지만 가진 나무는 죽은 것처럼 보인다. 겉으로는 생명이 없는 것과 다름이 없다. 그렇다고 이런 나무들이 추위를 탓할까? 아니다. 봄을 맞이하기 위해 여러 가지를 준비하지 않을까?

겨울에 잎이 없음을 한탄할 것인가, 아니면 조금 후에 있을 꽃을 설렘으로 환영할 것이냐는 전적으로 나무의 몫이다. 시련의 계절은 반드시 찾아온다. 그럴 때 꽃샘추위에 깃든 의미를 생각하면서 스스로를 단련할 좋은 기회라고 생각해야 한다.

아침 신문에서 일본 프로야구 21세 투수가 최연소 퍼펙트게임을 거뒀다는 기사를 보았다. 13타자 연속 삼진 기록도 대서특필되었다. 한국은 물론 미국 메이저리그에도 없는 기록이라고 한다. 더 놀란 대목은 그다음이다. 시속 163Km의 구속을 갖고도 지난 1년간 등판하지 않고 트레이닝만 했다고 한다.

실력이 없어서 훈련하는 것이 아니다. 진정한 강자는 잘 준비하기 위한 겨울도 기쁨으로 맞이하는 것이다. 운명적으로 다가오는 시련도 실력이 없어서 그런 것이 아니라고 확신한다.

힘을 발휘하기 위해 리듬과 템포가 중요하다는 것은 상식이다. 높고 낮음이 있어야, 그리고 때로는 기다림이 있어야 뛰어오를 힘을 축적할 수 있다.

확실한 결론은 겨울이 봄을 이긴 적은 한 번도 없다는 점이다. 류시화 시인의 시 한 구절을 공유하고 싶다. 꽃샘추위에 시달린다면 너는 곧 꽃필 것이다.

별처럼 빛나는 상처

 아침에 일어나 잠을 잘 때까지 가만히 헤아려 보면 좋은 일보다 힘든 일이 훨씬 많다. 그러나 좀 더 세심하게 보면 좋은 일은 과소평가하여 짧게 누리고 곧바로 고민 모드로 돌입하는 나를 바라본다. 어쩌면 고민의 노예가 되는 느낌이다.

 자동으로 안 좋은 것을 찾아내고 안 좋은 것을 묵상하며 일어날 가능성이 매우 낮은 일을 되씹고 다시 온 몸과 생각으로 확산시켜 스스로 그것에 흠뻑 빠져든다. 90% 이상이 일어나지 않을 미래의 일을 걱정하고 있다는 어느 선견자의 고백이 나의 일상이라는 것을 확인하여 스스로 놀란다.

 오래 전에 판교 근처를 지나가다가 교회 건물에 크게 붙어있는 현수막을 본 적이 있다. '별처럼 빛나는 상처'라고 아주 잘 보이는 곳에 내걸려 있었다. 쉽게 이해할 수 없었다. 고난을 빛나는 것으로 받아들일 수 있을까? 자기 최면을 통해 스스로 몇 번 외쳐볼 수 있지만 '고난=행복'이라고 도식화하는 것은 앞뒤가 안 맞아 보인다.

세상살이에 앞뒤가 안 맞는 경우가 너무 많다. 아주 유명한 목사님들도 매일 감사가 넘치며 행복하게 살고 있다고 하는데, 사실 많은 상처를 갖고 있는 경우가 허다하다. 대표적으로 자녀를 먼저 보낸 경우도 많고 스스로 암과 함께 살아가는 경우도 있다. 심지어 교통사고를 통해 눈에 넣어도 안 아플 손녀를 먼저 보낸 경우도 알고 있다.

입사해서 큰 실수를 저지른 기억이 있다. 지금 생각하면 웃으면서 스스로 나를 단련시킨 좋은 경험이었다는 생각이 들지만, 그 때는 정말 회사를 계속 다녀야 할지를 두고 내 스스로 엄청나게 고민을 확대하고 확대하였다. 30년 이상이 흐른 지금도 생생할 정도로 좋은(?) 상처로 남아 있다.

직장인으로서 초년병 시절이었다. 특정 회사에 대해 안 좋은 이야기를 듣고 여럿이 있는 자리에서 이를 말했는데, 우연히 그 회사 사장이 이 사실을 알고 화를 내면서 누구한테 들었느냐고 물어왔다. 얼떨결에 나에게 말해준 회사 직원 이름을 대고 말았다.

그 직원이 회사에서 곤란한 입장에 처할 것이라는 것을 생각하지 않고 솔직하게 말해준 것은, 직원 보호는 물론 기초적인 신뢰

약속도 지키지 않은 것이다. 이 일로 선배에게 엄청나게 혼나고 퇴근 후에는 거의 혼수상태가 될 정도로 술을 마셨다.

또 한 번은 첫 해외출장을 앞두고 여러 준비를 했는데 여비 환율계산을 잘못(갑자기 환율이 올라 예산을 초과함)하여 제때 떠나지 못할 위기에 처했다. 이를 해결하기 위해서는 당시로선 죽기보다 싫고 어려웠던 임원을 찾아가 결재를 다시 받아야 했다. 출장 전날까지 끌다가 생각해낸 해결책은 현금보다 환율이 낮은 여행자수표를 구입하는 것이었다(지금 보면 너무 사소한 일인데 당시에는 엄청 큰 고민이었다).

코로나19로 많은 환자가 발생하였다. 나의 가족들도 예외가 아니었다. 내가 먼저 걸리고 비슷한 시기에 아내도 걸렸다. 그리고 기숙사에 살던 아들도 걸려 집으로 피신해 왔다. 그런데 완치되고 나니 마음이 많이 편해졌다. 얄팍한 의료지식에 의하면 항체가 크게 증가하여 다시 걸리기 힘들다고 위로해 주었기 때문이다.

이를 통해 '별처럼 빛나는 상처'가 다시 떠올랐다. '고난은 유익하다'는 원래 의미는 그것을 극복하는 과정에서 많은 것을 배우기 때문이다. 힘든 시기를 지나면 축복의 시간이 올 것이라는 확신이 생긴다.

고난을 통과한 사람들이 한결같이 고백하는 것이 있다. 나를 많이 단련시켜 이제 같은 고난이 와도, 아니 그 이상의 파고가 밀려 와도 보다 쉽게 견딜 수 있게 되었다고. 그래서 고난을 통해 많이 성숙해지고 지식보다 더 중요한 지혜를 얻어 삶을 더 잘 살게 할, 보이지 않는 근육을 키울 수 있었다고 고백한다.

작은 일이든 큰 일이든 고난은 항상 찾아온다. 다만, 우리의 선택은 그것에 바람에 흩날리는 먼지처럼 요동치게 반응할 것인가, 아니면 오늘도 행복을 만드는 근육을 키워주기 위해 받은 선물이라고 생각하느냐다. 지금 고난 중이라면 행복해지는 근육을 키우고 있다고 여기고 좋은 기회라고 스스로에게 명령해야 한다.

남이 알아주지 않을 때

 직장 생활에서 좌절하는 경우는 대부분 상사나 동료들이 성과에 대해 인정해주지 않기 때문이다. 특히 열심히 뛰었고 남보다 더 좋은 성과를 내놓았지만, 그 누구도 관심을 보이지 않는다면 평범하게 일해서 밋밋하게 일한 사람보다 더 실망하게 된다. 왜냐하면 기대가 크면 실망도 크기 때문이다. 그런데 사실 직장 상사나 동료가 제대로 반응하지 않고 성과를 평가절하하는 것은 부지기수로 일상이다. 또한 당초 의도한 것과 정반대로 열심히 하고도 오해를 사는 경우도 적지 않다. 심지어 너무 열심히 일해 의도된 왕따를 당하기도 한다. 모두가 자기중심적으로 생각하기 때문에 남의 좋은 성과를 제대로 보지 못하고 왕따에 참여한 직원들조차도 그 문제의 심각성이나 상처를 주고 있다는 점을 제대로 헤아리지 못한다. 이럴 때 1차적인 위로는 사회 생활하면서 귀가 따갑도록 들은 말에 기인한다. '때가 되면 모든 것이 사실대로 알려지게 된다.' 너무 조급하게 생각하지 말고 낙심하지 말라는 위로의 경구지만, 이것은 원칙일 뿐 현실은 그러하지 못하다. 그래서 스스로 열심히 일하고도 제대로 평가받지 못하는 경우 저마다 새로운 탈출구를 만들고 있다. 술 한잔하면서 상사나 동료를 원망할 수도 있고, 요즘 유행하는 블라인드 어플이나 회사 게시판에 익명의 글을 남겨 놓는다. 그래도 직성이 풀리지 않으면 멋있게(?) 사표를 던지고 회사 문을 나가기도 하지만, 얼마 지나지 않아 복수는커녕 일방적으로 손해를 보는 상황에 내몰린다.

입사 초기 때에는 '원래 세상은 불공평한 것'이라는 문구로 나를 위로하였다. 공정하지 않게 세상에 얼굴을 내민 것처럼 살아가는 과정도 불공정한 것이 당연하다는 해석이다. 손쉬운 해결방안이지만, 이런 일이 계속될 때에는 멘붕에 빠진다. 보다 수준 높은 해결책은 유명한 책에서 읽은 것인데 마음의 평안을 보다 쉽게 얻는다. '주위 사람에게 인정받으려고 너의 의로움을 헤치지 마라.' 원래 좋은 일을 하는 것과 그것을 보상받는 것은 별개라고 보는 관점이다. 좋은 성과를 내었거나 회사에 기여하는 것은 그 자체로 의미가 있다고 생각하라고 해석된다. 내가 좋은 성과를 내서 스스로 만족했으니 그것으로 족하며 월급을 주는 회사가 발전하도록 기여하여 회사의 발전과 더불어 내가 잘 될 것이기 때문에 별도로 칭찬은 필요치 않다는 관점이다. 동료의 박수나 물질 보상이 없지만, 어느 정도 공감이 가는 대목이다.

신앙을 갖고 있는 필자는 여기에 한 가지를 더하는 논리로 억울함(?)을 말끔하게 씻어낸다. 좋은 일을 하여 상을 받는 것은 현재의 세상과 천국에서 둘 중 하나를 택해야 한다고 성경은 기록하고 있다. 우리의 욕심은 착한 일을 해서 살아가는 동안 남들로부터 칭찬을 받고 하늘나라에서도 포상 받기를 원한다. 그런데 성경은 이것은 불가능하다고 말한다. 둘 중에 하나를 선택하는 게 맞다고 말한다. 사람에게 보이려고 하면 하늘나라에서 내리는 상은 없다. 너무나 당연하게도 같은 일에 대한 중복 표창(?)은 없다고 강조한다. 비슷한 논리로 선행을 할 때 오른손이 한 일을 왼손이 모르게 하라가 있다. 그래서 연말에 불우이웃 돕기를 하면서도 남이 모르게 조용하게 성금을 기탁하는 것은 화제가 된다. 처음부터 좋은 일을 하는 동기가 칭찬을 받으려고 하는 것은 허세이고 교만이라는 의미이기도 하지만, 몰래 해야만 하늘에 계신 절대자가 대신 갚아주신다는 말이다.

인간관계에서 속시원한 것은 당한 만큼 남에게 되갚는 것이다. 그러나 세상에 그런 논리는 성립하지 않는다. 한 대 맞았다고 남을 때리면 처벌 받는다는 점을 마음에 새겨야 한다. 그럼에도 직장에서 억울한 일을 접할 때 가끔 되갚아 주고 싶은 마음이 굴뚝같을 때가 있다. 당했으니 같은 정도로 복수하고 싶을 때 '맞았다고 같이 때리면 처벌을 받는다'는 점을 되새겨야 한다. 원래 복수는 인간의 영역이 아니다. 세상에서 못 받은 상을 하늘에서 주는 것처럼 복수도 절대자의 영역이라고 생각해야 마음이 편하다. 나를 위해 되갚아주는 악역은 신의 영역이다. 남에게 일을 부탁할 때도 염두에 둬야 할 생각이 있다. '거절당하면 어떻게 하나'라는 불안감에 휩싸이기 일쑤다. 확실한 한 가지는 관계가 상당히 나빠도 정중하게 부탁하면 대부분 들어준다는 점이다. 오히려 소원한 관계가 부탁한 것을 계기로 전화위복의 기회를 맞게 된다. 사과를 할 때도 안 받아주면 어떻게 하나 걱정이 앞선다. 그런데 경험상 10건을 하면 1~2개 정도 거절되는 비율로 매우 긍정적인 결과에 도달한다. 왜냐하면 부탁이나 사과는 상대방이 고개를 숙이고 손을 내민 것이기에 보다 쉽게 상대가 응하게 된다. 만약 받아주지 않아 불편하다면 이 역시 하늘에 계신 절대자가 받아 줄 것이라고 생각하면 편하다. 거절로 상처를 받았다고 생각할 필요가 없다. 내가 먼저 다른 사람을 복수하지 않고, 바로 탕감했다면 하늘에 공적을 쌓았다(저축을 했다)고 생각하면 된다. 회사에서 최고의 자산은 동료를 얻는 것이니 내가 오늘 상처를 받았으면 참고 저축한 셈이라고 치부해야 한다. 나중에 하늘의 상으로 돌아오고 빚은 절대자가 갚아주기 때문이다.

내 재능은 어떻게 만들어지는가?

"외국의 유명한 스카우터가 제 경기를 보기 위해 한국에 왔어요. 그래서 아주 비장한 각오로 스스로에게 다짐했죠. 무슨 수를 써서라도 잘 보여야 한다. 무조건 이겨야 한다. 무조건 잘해야 한다. 그런데 해당 스카우터가 한국에 머문 7~8번의 경기에서 모두 좋은 성적을 내지 못했어요. 그래서 나는 이제 끝났다고 생각했어요. 내가 진 경기를 했으니 망했다고 생각했죠. 좌절했어요. 실패했고 모든 것이 허물어졌는데 중요한 것은 이런 실패가 제 인생에서 악영향을 주지 않았다는 것을 발견했어요. 성공과 실패는 다른 것 같지만 같은 말이에요. 너무 힘들어서 능력 밖의 일이다, 난 여기에 재능이 없다고 느낀다면 여러분은 여러분의 꿈을 이루기 위해 제대로 가고 있는 겁니다. 왜냐하면 자신의 꿈을 이룬 모든 사람들은 모두 그 길을 지나갔기 때문이죠."

2002년 월드컵 신화의 주인공이자 명 해설가인 이영표 전 대표(강원FC)의 고백이다. 유튜브에서 우연히 본 이 고백을 씹고 또 곱씹으면서 가슴이 뛴다. 나만의 느낌이 아니길 바란다.

벅찬 감격으로 어려움에 대한 해석이 달라진다. 어려움에 대한 해석이 달라지면 인생이 달라진다고 감히 생각한다. 이영표 선수의 고백처럼 누구나 시련이 있고 이것을 어떻게 극복하느냐에 따라 그대로 좌절하느냐, 아니면 더 큰 성공을 이루느냐로 연결된다고 생각한다.

여기에 두 가지 원칙이 있다. 첫째, 누구나 어려움을 만난다는 것이다. 직장 생활은 원래 돈을 내는 것이 아니라 받는 것이니 시작부터 끝까지 어려움의 연속이다. 사장이나 오너는 다르지 않느냐고 말할지 모르지만 전혀 아니다. 마음에 맞지 않는 직원과 복장이 터지면서 일하는 것은 마찬가지이기 때문이다. 다만, 이를 겉으로 드러내놓고 일하느냐, 아니면 속으로만 담고 있느냐의 차이일 뿐이다.

둘째, 그 어려움을 디딤돌로 여기는 사람과 걸림돌로 생각하는 사람이 있다는 점이다. 똑같은 상황을 두고 완전히 정반대의 해석이 병존한다. 그러니 상황을 탓하는 데 머물 것인지, 일취월장하는 디딤돌로 생각할지는 순전히 선택이다. 그런데 이영표 선수의 고백을 듣고 나면 극복하기 힘든 난관이 다가왔을 때 디딤돌로 선택하는 사람들이 많아질 것 같다. 직장에서의 위기도 전화위복의 기회로 여길 것 같다.

미국인들에게 가장 존경받는 인물 중 하나가 바로 아브라함 링컨이다. 그는 가난한 통나무집에서 태어나 그 후로 많은 역경을 겪으면서 삶의 궤적을 그려내었다. 역경의 연속이었지만 성경과 독서로 모두 이겨내었다는 글을 읽었다. 그런데 그 다음 대목이 눈길을 붙잡는다. 인류 역사상 가장 위대한 인물 중 하나인 그는 '인생의 모든 역경을 경력으로 만들었다'고 한 줄로 평가하니 모든 것을 다 설명하고도 남았다.

직장 생활에서는 더욱 그렇다. 역경이 많았다는 것은 힘든 프로젝트를 많이 했다는 증거이고, 그만큼 실력을 쌓았을 것이라는 점을 확신시켜 준다. 진짜 고수는 경력 직원을 채용하거나 다른 부서 직원을 영입할 때 화려한 이력서에 눈길을 두지 않는다. 오히려 어려움 이후에 어떻게 행동했는지에 초점을 모은다. 앞으로 닥쳐올 힘든 상황에 휘둘리지 않고 능력을 발휘할 가능성이 높기 때문이다.

직장에서 실패나 좌절이 많았는가? 그럼에도 패기를 잃지 않고 있다면 그만큼 많이 도전했다는 이야기이고 그 결과에 관계없이 실력이 있음을 반증하는 것이다. 이전에 성공한 선배도 그랬고, 지금 성공하고 있는 동료도 똑같은 길을 걸었을 것이다.

일반인도 잘 아는 이스라엘의 다윗은 경영학적으로 성공한

CEO다. 일반인은 골리앗을 이긴 그의 능력에 초점을 맞추지만, 그의 인생을 깊게 들여다보면 그것은 시작에 불과하다. 그가 전쟁에서 이기자 그의 주군이었던 사울왕은 그를 시기하여 죽이려고 마음먹는다. 이에 다윗은 도망을 다니면서 동굴에 살기도 했고, 미친 척 하면서 침을 흘려 위기를 모면하는 10여년의 광야 생활도 있었다. 다윗이 이스라엘의 왕으로 우뚝 설 수 있었던 것은 최악의 시련이 그를 정교하게 다듬은 데 기인한다. 승승장구하는 뛰어난 장수보다 땅 바닥에 주저앉아 울 기력도 없었던 힘든 시기가 그를 겸손하고 인내하며 보석처럼 빛나는 인격을 갖추도록 씨를 뿌려 주신 것이다.

분명한 것은 직장 생활은 어려움의 연속이다. 그러나 끝이 없는 동굴이 아니라 터널이다. 그것도 보석처럼 빛나는 능력을 덤으로 주는 시간이다.

번아웃을 이기는 방법

'번아웃(Burnout)'이라는 단어가 직장에서 유행하고 있다. 번아웃은 근로자가 스스로 존재 자체를 부인할 정도로 타서 없어진 상태를 의미한다. 단순히 힘든 상태가 아니라 모든 힘이 소진되어 더 이상 일을 하기 힘든 나락에 떨어졌음을 설명한다.

10년 차 언저리에 조사업무에 매진하고 있었는데 높은 사람 앞에서 발표할 자료를 만들라고 해서 사무실에서 밤샘을 하게 되었다. 여러 시간 동안 이리 고치고, 저리 고치고 마무리를 하니 저녁이 아닌 아침 6시 10분이 되었다. 담당 팀장은 자기는 집에 들어가겠다면서 8시부터 있는 아침 강좌(당시 회사는 모든 직원에게 의무적으로 참가하라고 했음)에 들어가서 대리출석 싸인까지 해달라고 했다. 잠시 사우나에 가서 몸을 풀고 올 시간마저 빼앗긴 나는 꾸벅꾸벅 졸면서 아침 강의를 듣고, 9시에 정상적으로 사무실로 다시 돌아와 하던 일을 계속하였다.

당시 다른 팀의 아는 후배도 저녁 늦게까지 일을 하는 사례가 적지 않았는데 잠깐 졸다가 다시 일하겠다고 생각했는데 깨어보니 아침이 되어 가정에서 소동이 일어나는 사례가 적지 않았다고 한다. 해외 사무소 개소업무를 하던 다른 후배는 밤새 일하고 아침에 부인이 갈아입을 옷을 들고 회사로 출근(?)하는 일도 있었다.

2년을 모셨던 모 상사(임원)는 직원들이 이해하기 힘든 일 처리 방식으로 원성이 자자했다. 퇴근 시간이 약간 넘은 오후 6시 초반에 직원들을 불러 새로운 과제를 부여하였다. 저녁 먹고 올 테니 해놓고 있으라는 명령(?)을 내리고 사무실을 빠져 나간다. 참 어이가 없는 행동도 하루 이틀이지 도저히 참을 수 없었지만. 나뿐만 아니라 같은 본부 내 모두에게 그렇게 일을 시키니 당연한 것으로 생각하였다. 10시가 넘어서 사무실에 복귀한 그 상사는 그때부터 서류를 이렇게 고치고 또 새로운 주문을 하고 새벽 1~2시까지 붙잡고 있었다.

그렇게 서너 달을 끌었다. 자가용이 흔하지 않아 대부분 심야택시를 자비로 타고 처량하게 퇴근하였다. 눈이 와도 예외가 아니어서 새벽 2시에 눈을 맞으며 집으로 향한 적도 있었다. 그렇지만 출근 시간은 그대로여서 잠을 못 참고 업무시간 중간에 사우나를 잠시 다녀오기도 했다.

그러나 나중에 그 상사가 먼저 쓰러져 병원에 입원하는 일이 발생하였다. 그 사건 이후로 밤을 새우는 야근은 좀 줄었지만, 큰 행사를 앞두고는 여러 부서가 모여 밤을 새우는 것은 하나의 관행이었다. 이런 업무관행을 두고 당시에는 번아웃이라는 말을 쓰지 않았다. 업무능력은 체력과 주량이라고 여겨지던 시절이라 술 한 번 먹고 언제 그랬냐는 듯 다시 야근이 반복되었다.

물론 경제적 보상 차원에서 시간 외 수당이라는 제도가 있었지만, 그것은 형식에 불과하여 야근 여부에 관계없이 거의 모두가 받아 가는 고정수당이었다. 휴가는 적당히 안 가는 것이 미덕이요, 야근 관행은 직장생활의 당연한 의무라고 생각하였다. 한마디로 '일하지 않는 자 먹지도 말라'는 성경의 가르침에 충실한 시대여서 누구 하나 반대편에 서지 못했다.

그런데 이제는 번아웃이 이슈화되고 있다. 밤샘이 많기 때문이라고 생각하면 오산이다. 이제는 근무하면서 받은 스트레스가 번아웃의 결정적인 원인으로 지목되고 있다. 3년 차에도 오고, 4~5년차 대리에도 나타난다. 10년이 넘어도 반복된다. 그러나 스티브 잡스처럼 하루에 18시간씩 일해도 오지 않을 수도 있다. 일에 대한 양적인 부담보다 일에 대한 접근이 어떠한지가 그 출발점이기 때문이다. 이전에는 열정이라는 이름으로 일을 강요했다면 이제는 왜 일하다가 내가 놀고 싶을 때 놀 수 없느냐로 자문하는 근로자들이 많다. 왜 나에게 맞지 않는 일(맞지 않는 동료 포함)이 주어져 스트레스를 받게 하냐는 불만이 더 많다. 재택을 통해 출근할 필요가 없어진 신입직원에게 최고급 의자와 노트북이 배달되어 집으로 오자 만족하기 보다는 집에서 밥값이 더 많이 들어간다면서 재택수당을 올려달라고 했단다. 그래서 이제는 번아웃의 정의가 변한다. 직장 생활에 대한 이상과 현실의 차이에서 발생하는 스트레스로 재정의 된다. 또한 일과의 관계뿐만 아니라 사람 관계의 문제로 이해되기도 한다. 이런 관점에서 모두가 번아웃 라인에 서 있는 셈이다.

번아웃의 해결방안은 무엇일까? 번아웃이 왔다면서 3년여 다니던 회사에 사표를 던지고 세계일주를 떠나는 친척인 신혼부부를 두고 걱정 반 부러움 반이다. 확실한 것은 일이 삶의 전부는 아니라는 생각이다. 일하기 위해 살지 말고, 살기 위해 일해야 한다는 것도 옛말이다. 행복하지 않으면 일할 필요가 없다는 선까지 나아가고 있다. 그래서 매일 일에 대해 의미를 부여하거나 그것을 상쇄할 행복을 찾아야 한다. 작은 목표를 정해 성취감을 맛보는 것이 반드시 필요하고, 근무시간이나 휴가를 조정하여 삶의 여유도 누려야 한다. 사람 간의 상호작용이 번아웃의 촉매제가 될 수 있으니 주변을 자주 둘러봐야 한다. 직장인의 번아웃은 단순히 개인의 문제가 아니라 이제 직장을 지배하는 문화라고 여기고 함께 고민하며 개인은 물론 조직(회사) 차원에서도 솔루션을 모색해야 한다. 그래도 한 가지 확실한 번아웃 비법은 예나 지금이나 마찬가지라고 생각한다. 노동은 신성한 것이고, 스스로에게 부지런함은 절망적인 우울증을 치료하는 명약이다. 오늘 따라 이 문장이 더 크게 다가온다.

광야대학원을 아시나요?

"일생 동안 완벽을 추구했습니다."

오페라 작곡자로 유명한 주세페 베르디(Giuseppe Verdi)는 작품이 하나 완성될 때마다 늘 아쉬움이 남는다면서 모든 일에 더 공격적으로 도전해 완벽에 다가서려고 노력할 때 삶의 의미가 있다고 강조하였다.

그의 명작 '히브리 노예들의 합창'을 들으면 그 웅장함과 깊은 감동이 온몸으로 다가온다. 천부적 재능이 그를 이런 명작으로 인도했을까? 그 인생을 잠시만 돌아보면 그런 대답이 나오기 힘들다. 어려서부터 천재라는 호칭을 들었지만, 그가 오페라에서 처절하게 실패를 경험한 후에 명작이 탄생하였다.

단순히 재능의 좌절이 아니라 인생의 쓴맛도 그를 휩쓸고 지나가 다시 일어서기 힘든 상황에 내몰린다. 첫 번째 결혼 후에 행복한 가정을 잠시 이루었지만 얼마 지나지 않아 아내, 딸, 아들을 모두 잃게 되었기 때문이다. 그 아픔이 히브리 노예들의 잃어버린 조국에 대한 뼈저린 아픔을 공감하게 만들고 후에 조국 이탈리아의 통일로 가는 씨앗을 심게 되는 오페라를 만들어 최고의 스타가 된 것이다.

직장에 다니면서 공부를 하는 사람이 적지 않다. 인공지능(AI)으로 대변되는 새로운 지식과 기술은 구닥다리 지식으로는 한계를 느끼게 만든다. 회사가 비용을 지원해 주면 다행이지만, 그렇지 않았다면 자비로 충당해야 한다. 출석할 시간을 할애해 주면 감사하지만 안 되면 주말반이나 야간반에 등록해 주경야독해야 한다.

그러면 공부가 끝일까? 베테랑 직장인들이 언급하는 그다음의 대학원이 또 있다. 앞서 언급한 대학원이 선택이라면 모두가 반드시 다녀야 하는 광야대학원이 그것이다. 직장인 전공 필수인 셈이어서 피해갈 수도 없다. 과목은 끝없이 인내하기, MZ세대 이해하기, 불공정을 당연하게 받아들이기, 매일 손해 보기, 상사 눈치 보기, 속마음 안 들키기, 특근과 야근 자원하기 등 생각만 해도 끔찍한 과목들이다.

이런 과목들이 즐비한 대학이 바로 '광야대학원'이다. 광야는 낮에는 엄청나게 덥고 저녁에는 반대로 목숨을 앗아갈 만큼 큰 폭으로 온도가 하락한다. 광야에서는 물을 구하기도 힘들고 그를 도와줄 집도 친구도 없다. 그러나 어렵게 코스를 마치면 그 졸업장에는 그 어떤 곳에서 구하지 못하는 부상(副賞)이 따라온다. 보석처럼 빚어져 찬란하게 빛나는 능력과 인품의 주인공으로 다시 태어난다. 베르디가 천재이지만 아내와 자녀를 잃는 광야대학원을 나오지 않았다면 조국인 이탈리아를 정신적으로 통일시킨 멋진 오페라는 탄생하지 않았을 확률이 매우 높다.

이스라엘 역사를 보면 다윗이 위대한 왕으로 우뚝 선다. 지혜의 왕이자 그의 아들인 솔로몬을 먼저 떠올릴 수 있지만, 말년에 좌충우돌하면서 정도를 벗어난 솔로몬은 다윗을 견줄 수 없다고 본다. 그런데 골리앗을 물맷돌로 물리쳐 어린 나이에 일약 스타로 등극한 다윗에게 탄탄대로만 있었던 것은 아니다. 사실 누구도 경험하지 못한 험한 길이 그 인생을 가로막고 있었다.

그를 발탁한 사울 왕은 곧바로 시샘하는 상사로 돌변하여 목숨을 빼앗길 뻔한 일이 한두 번이 아니다. 목숨을 걸고 어렵게 얻은 아내 미갈도 사실상 빼앗기는 신세로 전락한다. 목숨을 건지기 위해 침을 흘리며 미친 척도 하고 적국으로 넘어가 구걸도 했다.

왕으로 등극한 이후에도 승승장구하는 모습이 아니다. 불륜으로 출산한 아들이 어린 나이에 그의 곁을 떠났는데 이는 인과응보로 치부할 수 있다. 도저히 이해할 수 없는 것은 사랑하던 셋째 아들 압살롬에게 쫓기는 기구한 인생도 맛본다. 아들이 쿠데타를 일으킨 것이다. 그가 보살피던 같은 민족들이 등을 돌려 돌로 쳐 죽이려 했던 아찔한 순간도 맞이한다. 최고의 왕은 최고로 어려운 광야대학원을 나온 후에 가능해진 것이다.

정기인사를 하고 나면 꼭 절대로 같이 일하지 못하겠다는 직원들이 곳곳에서 손을 든다. 되도록 이런 논란을 최소화하려고 노력했지만 역시 성공하지 못한 것이다. 그래서 질곡이 넘치는 직장은 어쩌면 당연하다는 결론에 도달하였다.

그렇지만 힘든 업무나 힘든 사람과 함께한 후에 더욱 단단해진 직원들이 승승장구하는 경우를 자주 보았다. 단련된 만큼 스트레스를 덜 받고 장애물을 쉽게 뛰어넘기 때문이다. 아무리 힘든 광야라도 길이 있고 사막에는 오아시스가 있으며 황무지에도 장미꽃은 핀다. 거의 예외가 없음을 30년을 지나 얻은 진리 아닌 진리이다.

부족한 것을 보느냐, 갖고 있는 것을 보느냐

모든 사람에게 공통적으로 나타나는 특징이 있다. 갖고 있는 것은 잘 보이지 않거나 작게 보이고, 없는 것이 크게 보인다. 즉 본능적으로 없는 것과 결핍된 것에 집중하는 것이 인간의 본성이다. 그런데 사람마다 그 정도가 다르다. 사실 갖고 있는 것이 더 많은데 그것을 완전히 잊고 오롯이 없는 것만 확대해서 보는 버릇이 있는 사람도 적지 않다. 거의 관성의 법칙처럼 노력하지 않아도 없는 것에 돋보기를 넘어 현미경을 들이미는 것이 우리의 일상이다.

만약 어떤 사람이 건강과 돈에 집착한다는 가정을 해 보자. 둘 다 없는 사람에 비해 이 중에 한 가지만이라도 갖고 있다면, 감사해야 하지만 결코 현실에서는 그러지 않다. 건강을 갖고 있는 사람은 충분히 만족할 수 있지만, 부족한 돈만 보고 스스로를 다스리지 못해 갖고 있는 건강마저 해치기도 한다. 반대로 돈을 풍족하게 갖고 있다면 이를 통해 건강을 증진하면 되는데 돈에는 집중하지 않고 건강에 초점을 두고 불만으로 날을 지새운다. 만약 건강과 돈을 갖고 있다면 없는 새로운 것을 하나 찾아내어 기어코 부족한 것만 묵상(?)하는 구렁텅이에 스스로를 몰아넣는다.

직장에서도 같은 원리가 작동한다. 직장 생활하는 10명 중 9명은 오늘도 출근하면서 스스로에게 부족한 것, 그리고 없는 것을 되새김질 한다. 비근한 예로 남보다 좀 빠르게 승진한 사람이라도 한 달을 넘기지 못하고 그 기쁨을 누리는 유효기간을 단축시킨다. 곧 다시 부족한 것에 확대경을 갖고 불만의 소용돌이에 밀어 넣는다. 그럼 동료에 비해 승진에 뒤처진 사람은 똑같이 한 달 만에 불만을 잊을까? 전혀 그러하지 못한다. 일 년 동안 회사와 상사에게 불만을 표하고 심지어 독기를 품는다. 거의 평생 간직하는 경우도 보았다.

거의 20여 년 전에 사내 감사를 통해 동료의 일 처리가 깔끔하지 못했음을 지적하면서 사규 위반을 이유로 경고를 날린 사례가 있었다. 검사역이었던 동기는 심하게 처리할 수 있었던 것을 완화해서 지적했다고 기억하는 반면 처분을 당한 당사자는 아무것도 아닌 것으로 사람을 힘들게 했고, 그것으로 인해 승진에서 불이익을 받았다면서 평생의 상처로 기억하고 있다. 결국 부족한 것만 바라보는 관성이 20여 년이 넘도록 작동하고 있는 것이다.

결국 직장 생활에도 부자와 가난한 자가 있다. 빈부는 결코 현직이 무엇이냐, 월급이 얼마인지로 결정되지 않는다. 집에서 아내와 자녀가 마음에 들지 않을 뿐만 아니라 직장에서는 상사는 물론 동료, 그리고 후배도 마음에 들지 않는다면 가난하다. 그러면 절대로 가정은 물론 회사 생활을 잘 할 수 없다. 철저하게 아내와 자녀가 있다는 것만으로도 기쁨이 넘친다는 사고의 틀 조정이 필요하다.

마음에 들지 않는 후배가 있다면 후배가 있다는 사실에만 집중해도 충분히 행복할 수 있다. 내가 그와 같은 길을 걸어왔다면 긍휼의 마음으로 바라보면 되고 실력이 없다면 나를 추월할 가능성이 없으니 기쁘게 대할 수 있다. 없는 것이 더 좋을 것 같은 동료나 후배가 있는 경우가 있다. 이런 경우 본인 스스로에게 집중하고 존재감을 확대하면 된다. 반대로 갖고 있는 것을 누리면서 그곳에 초점을 두고 있으면 부자다.

직장을 포함한 공동체 생활에서 중요한 것은 가진 것을 보는 훈련이 필요하다. 회사나 동료가 나에게 준 것을 보는 것도 같은 맥락이다. 명심해야 할 것은 그것은 노력을 통해야만 보인다는 것이다. 경우에 따라서는 억지로 해야 한다. 이런 과정을 통해 어느 순간 없는 것은 보이지 않고 갖고 있는 것만 크게 다가오고 그것을 누리는 경지에 오르게 된다.

일터는 소중한 곳이다. 인생의 성취감은 물론 존재감까지 만끽할 수 있는 곳이기 때문이다. 자신에게 부족한 것이 보이는가? 그것은 현상의 문제가 아니라 시각의 문제다. 환경을 탓할 것이 아니라 그것에 집중하고 있는 나의 시각(생각)을 탓해야 한다. 진정한 실력은 부족한 것보다 갖고 있는 것, 더 나아가 넘치는 것을 확대하는 태도에서 솟아난다. 이런 상황이 반복되면 자신은 물론 함께 일하는 동료도 행복해진다. 실력도 자동적으로 높아진다. 그리고 갖고 있는 것이 더욱 더 풍성해져 진정한 부자로 등극할 것이다.

개인 재무관리와 선진국(善進國)

 이전 회사에서 겪은 가장 골치 아픈 사건 중 하나는 직원 간 금전거래로 발생하는 분쟁이다. 자주 있지는 않았지만 발생하면 적지 않은 사람들이 관련되어 관리자로서 곤욕을 치르게 된다. 기본적으로 개인 간 거래로 격하시켜 당사자가 책임지는 것이 원칙이지만 반드시 그렇게만 처리할 수 없다. 회사에서는 개인 간의 금전적인 거래라도 암암리에 직급의 높고 낮음이 작용하기 때문이다.

 며칠만 쓰고 돌려준다고 월급날에 전화하면 후배로서는 거절하기 힘들다. 특히 같은 부서에서 상하간일 때는 심각성이 더하다. 이런 분쟁을 예방하기 위해 회사 내 금전거래는 절대 금지한다는 원칙이 필수적이고 수시로 교육도 해야 한다.

동기 중에 개인적인 돈과 공금을 잘 구분하지 못하고 남의 돈으로 돌려 막기 하다가 중도에 회사를 그만둔 사례가 있다. 그만큼 직원 간 금전거래는 당사자에게 치명상을 안겨준다. 한두 번 작은 거래가 큰 사건으로 비화되기도 한다.

미국에서 최고의 지폐는 주지하는 바와 같이 100달러짜리다. 그것에는 1700년대 인물인 벤저민 프랭클린이 들어가 있다. 그는 부에 대한 확실한 철학을 갖고 있기로 유명하다. 상식적인 수준의 철학은 물론 뛰어난 기지와 경구가 넘치는 '가난한 리처드의 달력(Poor Richard's Almanac)' 등은 많은 사람들에게 애독되었으며, 공리주의(가치 판단의 기준을 효용과 행복의 증진에 둠) 사상을 잘 표현한 것으로 유명하다. 그는 부가 늘어나면 걱정도 늘어난다면서 부자가 되고 싶으면 잘 버는 것이 아니라 잘 관리하는 것이 중요하다고 말했다.

특히 부자에 대한 정의도 바꿔야 한다고 말한다. 부자는 스스로 만족하는 사람이라고 정의하면서 가난한 것은 결코 부끄러운 일이 아니라고 주장하였다. 그는 부자가 되는 방법으로 일찍 자고 일찍 일어나서 건강을 획득하는 것이라고 다소 엉뚱하게 답안을 제시하였다. 그는 15분 단위로 시간을 관리하는 것이 부를 모으는 기본 바탕이라고 말한다. 관리의 중요성을 강조한 대목이다.

무엇보다 돈을 남에게서 빌리는 것에는 신중하라고 조언한다. 또한 그는 아주 작은 금액이라도 빌려준 사람은 잘 기억하는 반면 돈을 빌린 사람은 그 반대라고 말한다. 돈에 대한 철저한 약속 이행을 강조한 것과 맥락을 같이 한다.

적지 않게 들은 말 중에 친구나 형제와는 돈거래를 하지 말라고 말한다. 직장의 동료도 예외가 아니다. 본의 아니게 관계가 틀어질 수 있기 때문이다. 회사에서 돈을 빌려 달라는 청을 받으면 그 사람을 위해서라도 거절해야 한다. 그 사람은 여러 사람에게 동시에 돈을 빌려 돌려 막기를 하고 있을 가능성이 매우 높기 때문이다. 처음에는 약속을 잘 지키는 것 같지만 약속을 지키지 못하는 시간이 하루가 일주일로 늘어나고 제대로 전화도 받지 않는 상태로 발전한다.

돈을 두고 철저하지 못하면 모든 능력은 최하 수준으로 떨어진다. 최근에는 SNS가 발전하여 소문이 기존보다 7배나 빠르게 퍼진다고 말한다. 돈에 대한 부작용은 기존보다 7배나 더 크게 주위에 악영향을 확산시킨다고 생각한다. 쉽게 돈을 빌리고 벌 수 있는 수단이 많아 남의 것이라도 돈만 있으면 쉽게 벌 수 있다고 생각하기 때문이다. 돈을 억지로 늘리는 것은 앞서 말한 것처럼 근심을 늘리는 행위다. 적극적인 투자를 마다할 이유가 없지만 회사 내 동료의 돈이 들어가면 안 된다.

선진국이라는 용어가 각광받고 있다. 한자로 선진국(先進國)이 아니라 선진국(善進國)이어야 한다는 말을 본 적이 있다. 경제적인 면에 몰두한 나머지 모두가 돈에 몰입해 있음을 부인하기 힘들다. 그러한 선진국은 돈이 많은 것이 아니듯 개인도 착함을 통해 부를 쌓아야 한다.

많이 알려진 최부잣집 가훈이 생각난다. 일정 수준의 재산은 사회에 환원하고 흉년에는 땅을 늘리지 말라고 말한다. 또한 과객을 후하게 대접하고 주변 10리 이내에 굶는 사람이 없도록 하라는 것도 강조하였다.

기업이 지속적으로 발전하기 위해 ESG(Environmental, Social and Governance)를 고려한 폭넓은 시야가 강조되는 시기다. 개인도 직장인으로서 돈 벌기에 그치는 것이 아닌 선(善)을 확산시키려는 노력이 절대적으로 필요하다. 그것이 진짜 부자가 되는 길이기 때문이다.

결혼과 직장 생활의 공통점

결혼에 대한 뉴스가 매일 커다란 활자와 함께 신문지면을 점령한다. 대부분 부정적인 내용 일색이다.

젊은 청춘들이 결혼의 필요성에 공감하지 않아 비혼족이 늘고 있다는 팩트가 큰 흐름 중 하나다. 또 다른 사실은 점점 결혼하는 시기가 뒤로 밀려 결혼 적령기라는 말이 아예 없어지고 있다고 한다. 결혼을 포기하는 것도 늘고 우선순위에서도 뒤로 밀리는 느낌이다.

또 다른 흐름은 이미 결혼한 부부들이 여러 가지 이유로 쉽게 헤어진다는 점이다. '돌싱(돌아온 싱글)'이라는 단어의 보통 명사

화가 상징하듯, 이혼이 점점 많아지고 그 자체에 대한 부정적인 인식도 사라지고 없을 정도다. 결혼에 대해 그 누구도 선입견을 갖고 접근해서도 안 되고 독신이건 부부건 모두가 존중 받아야 한다는데 이론이 없을 것이다.

과연 행복한 결혼은 무엇일까? 불행하고자 결혼하는 사람은 없으니, 모두가 결혼을 통한 행복을 꿈꿀 것이다.

하지만 요즘에는 부부가 검은 머리 파뿌리 되도록 사는 것도 흔한 일이 아니다. 황혼이혼도 큰 흐름이니 오래 같이 했다는 것만으로 결혼을 잘 했다고 단정할 수도 없다.

필자가 결혼 30주년을 보내면서 듣고 배우고 읽은 '행복한 결혼'에 대한 선명한 기억이 있어 나누고자 한다. 확실한 것은 결혼이 서로 완전히 다른 환경에서 자란 사람끼리의 결합인데, 이런 모습이 물리적 결합을 넘어 화학적으로 발전하기 위해 서로를 어떻게 받아들일지 잘 준비할 필요가 있다.

많은 주례사에 흔하게 등장하는 단어가 희생하라는 것이다. 얼떨결에 주례를 섰던 필자도 그런 이야기를 장황하게 했다. 쉽고도 너무나 당연하기 때문이고, 인간관계에서 만병통치약에 가까운 처방전이기 때문이다.

그런데 희생이나 양보라는 말이 나오면 행복하고는 좀 멀어지게 된다. 화나도 참아야 한다는 말로 연결되어 답답해진다. 보다 속 시원한 결혼 성공의 키워드는 서로의 서포터가 되는 것이다.

오해하면 안 되는 것은, 결혼은 둘이 하나가 되는 것이 아니라는 점이다. 각자의 개성과 특성에 소금을 뿌려 숨을 죽이는 과정이 아니라, 각자의 특성과 장점에 거름을 주어 보다 잘 성장하도록 돕는 연합이다.

연합의 의미는 각자 본연의 핵심은 그대로 갖고 눈을 마주치는 것으로 정의하고 싶다. 같이 있지만 서로의 서포터가 되어 상대의 꿈을 응원하고 때로는 다그치기 보다는 그냥 지켜보는 것이다. 절대로 강요하는 것이 아니라 하고 싶은 일에 조언은 하되 일단 결정되면 미소로서 응원하는 것이다.

정부에서 출산율을 높이기 위해 다양한 정책을 쏟아낸다. 경제적인 지원이나 다양한 길잡이는 도움이 될 수 있다. 그러나 이런 정책은 보조적인 수단에 불과하다.

결혼에 대한 설렘이 오래 가고 부부간에 각자의 향기를 인정해 주고 서로를 밀어주는 것이 행복한 결혼의 핵심이고 출산율을 높이는 징검다리가 될 것이다. 그래서 결혼을 결정할 때 성혼선언문이 필요한 것이 아니라 내가 상대에게 어떤 서포터가 될지를 고민한 내용을 하객들에게 약속해야 한다.

결혼 상대자를 두고 고민할 때 확실한 잣대는 내가 어떤 서포터로 평생을 같이 할 수 있을까를 점검해 보는 것이다. 이미 결혼했다면 이 글을 읽는 오늘부터라도 부부간에 서로 서포터가 되길 다짐해야 한다. 서로 부담이 되고 있다면 해결책을 고민해야 한다.

이런 마음은 회사에서 동료 직원들을 바라볼 때도 똑같다. 직장 생활에서 가장 큰 고객은 바로 옆의 동료이기 때문이다. 회사에서 내가 다른 직원의 서포터로 서는 순간 상대방도 나의 서포터로 다가온다. 세상의 이치는 한길로 통한다.

꼭 필요한 차 한 잔의 여유

'플라세보 효과(Placebo effect)'라는 용어가 있다. 의사가 효과 없는 가짜 약이나 꾸며낸 치료법을 환자에게 처방하면서 긍정적인 믿음을 심어주면 병세가 좋아지는 현상을 말한다. 심리적 요인에 의해 환자 상태가 호전되는 현상으로 '가짜 약 효과'라고도 한다.

플라세보는 '기쁨을 주다' 혹은 '즐겁게 하다'라는 라틴어에서 유래하였다. 의사가 병과 관련이 없는 소화제나 비타민을 주면서, 잘 복용하면 곧 호전될 것이라고 말하면 실제로 그 효과가 나타나기도 한다. 특히 환자가 매우 신뢰하는 의사이거나 병원이거나 가격이 비싼 약이라는 정보를 주면 가짜라도 더 효과가 크다고 한다.

반대로 '노세보 효과(Nocebo effect)'는 진짜 약을 처방해도 그 약이 해롭다고 생각하거나 효과가 없을 것이라는 환자의 부정적인 믿음 때문에 약효가 떨어지는 현상을 말한다. 흐름은 정반대이지만 심리효과라는 기저 이론은 같다.

실제 생활에서 심리적 요인이 매우 중요함을 일깨우는 사례는 무궁무진하다. 외국의 유명한 의사가 한 말이 귓가에 맴돈다. 멀쩡한 사람도 병원에 자주 다니면 탈이 난다는 말이다. 병세가 악화되어서 치료가 필요한 경우는 어쩔 수 없지만 사소한 증세로 병원을 들락거리면 수명을 단축하는 자해행위라는 의미다. 병원은 확률적으로 기운이 넘치는 사람이 적은데, 그들과 함께 섞이면서 심리적으로 나약해진다는 논리다. 암 환자를 많이 치료하는 의사가 자신을 위해 무엇인가 흥미로운 생활을 하지 않으면 암에 걸리기 쉽다고 한다.

그래서 아프면 즐겁게 운동하는 사람 속으로 들어가야 하고, 웃음이 넘치는 취미활동이 반드시 필요하다. 모든 어려움은 에너지를 충전해야 극복할 수 있는데 대부분 그 걱정으로 밤을 새우면서 바닥으로 추락하고, 걱정하는 노이즈가 많은 곳으로 더 들어가 약을 먹어도 효력이 없어진다.

회사라는 조직도 마찬가지다. 오래 전 직장에서 건강검진 할 때마다 담당 의사로부터 들은 말이 생각난다. "술이나 담배보다 스트레스가 더 위험합니다." 세계에서 가장 오래 살아 기네스 기록에 올라간 이즈미 시게치요라는 일본인은 30도짜리 소주를 물로 희석한 후 데워 마시는 습관을 갖고 있었다.

검진결과서에 주의사항이 몇 개 있어 어떻게 해야 하느냐고 물으면 "괜찮아요, 즐겁게 운동하세요."라고 마무리한다. 필자가 중국에서 지낼 때 만난 현지 한의사도 스트레스를 받으면서 일하지 말라고 말했다. 아니, 누가 스트레스를 받으면서 일하고 싶으냐고 물으니, 대답이 걸작이다. "건강이 중요하냐? 일이 중요하냐?"

그 의사는 운동 중에 최고의 운동은 수영이라면서 강력하게 권했다. 이유가 특이하다. 근력을 강화하거나 심폐능력이 높아진다고 말하지 않는다. 운동하는 동안 땅 위의 일을 잊을 수 있고 물속이어서 다칠 염려가 없다는 게 추천의 이유다.

스트레스는 우울증으로 연결되기도 한다. 여자가 남자보다 3배나 많다는 글도 읽었다.

그 특효약은 믿거나 말거나 즐거운 상상이다. 매일은 아니지만 때로는 '참 태평이네요', '참 긍정적이네요'라는 말을 동료에게서 들어야 한다. 골프를 잘 치려면 가장 좋았던 샷을 상상하고, 타율이 높은 타자는 홈런 친 기억을 자꾸 재생하는 것이다.

사무실에서 차 한 잔을 들고 스스로 점검해야 한다. 나는 스트레스에 어떻게 반응하는가? 이것을 이겨내는 습관이 있는가? 아니면 잠시라도 스트레스를 완전히 잊게 하는 어떤 운동을 하고 있는가?

이런 사례가 없다면 돈도 시설(장소)도 필요 없는 즐거운 상상이 필요하다. 내가 있어 회사가 돌아간다. 내가 이 회사를 먹여 살린다는 발칙한 상상이 나, 더 나아가 회사를 위해 필요하다.

중요한 사실은 다른 동료에게 스트레스 전달자가 되어서는 안 된다는 점이다. 스트레스 증폭자가 되어서는 더욱 안 된다. 반대로 중간에서 스트레스를 제거하는 역할을 해야 한다.

때로는 지나친 책임감을 내려놓고 '야, 그것 별거 아니야, 가만히 있으면 저절로 해결돼'라고 생각하며 차의 향기에 빠질 필요가 있다. 뉴턴의 만유인력의 법칙처럼 나와 아무 상관이 없는 '우연의 힘'이 사과를 움직이듯, 세상은 내가 고민하지 않아도 잘 돌아간다.

스트레스 관리를 위한 변명

　직급이 올라갈수록 스트레스가 늘어난다. 스트레스는 책임과 비례하니 너무나 당연한 이치인데, 문제는 이를 대하는 태도다.
　유명한 정신과 의사는 강조한다. 직장생활에서 어떻게 하면 스트레스를 덜 받을 수 있는가? 그는 '방법이 없다가 정답'이라고 말한다. 덜 받은 방법이 있는 것이 아니라, 받는 것은 인위적으로 조절할 수 없고 '어떻게 잘 관리하느냐'로 접근해야 한다고 처방전을 제시한다.
　회사에서 어이없는 일을 당해 술을 먹고 잊으려 했는데, 집에 오니 더욱 또렷하게 생각나는 경우가 대부분이다. 상상에다 비약이 더해지기 일쑤이고 극단적인 생각이 풍선처럼 부풀려지면서 밤을 꼴딱 새기도 한다.

'이 회사는 나하고 맞지 않다'며 사표를 머리에 떠올리기도 한다. 잘했던 대다수 일은 사라지고 질책을 받은 1~2개 프로젝트가 모든 것을 덮어 버린다. 컵에 물이 반이나 남아 있는데, 없어진 반에만 몰두하는 셈이다.

스트레스를 잘 관리하는 최우선 해결책은 활동(Activity)을 확실하게 하는 것이다. 절대로 혼자 생각에 잠기지 말고 이를 벗어나기 위해 일과 전혀 다른 무엇인가에 시간을 할애해야 한다.

필자는 특별한 경우가 아니라면 회사 동료와의 술자리는 갖지 않는다. 회사 문제를 더 키워 확대·재생산하는 시간을 가질 가능성이 크기 때문이다.

또한 '스트레스는 절대로 혼자서 이기지 못 한다'는 전문가의 조언을 명심하고 직장 분위기와 익숙한 동료와 잠시 이별할 필요가 있다. 대신 좋아하는 스포츠나 취미 활동을 권한다. 평소 좋아하는 야외활동이 있으면 금상첨화지만 가족이나 친구와 어울리는 실내 모임도 좋다.

경험자의 고백을 소개한다. "회사에서 안 좋은 일을 당한 후에 자녀와 드론을 날리는 활동을 처음으로 했다. 오래전에 약속한 숙제라서 마음이 내키지 않음에도 억지로 했는데 의외로 가족에게 좋은 아빠라는 칭찬도 듣고 그 자체가 스트레스 해소에 너무 좋았던 기억이 있다."

이처럼 스트레스를 받으면 '나의 힐링타임'을 가져야 한다. 궁정적인 에너지가 발생하는 작은 도전에 시간을 투입하는 것이 필요하다.

둘째로 스트레스의 주요 통로인 젊은 세대에 대한 기본적인 인식부터 변경해야 한다. 기존에는 상사가 '나를 따르라'고 말하면 '나도 살고 회사도 살고'라는 인식하에 쉽게 뭉쳤는데, 요즈음 회사 내 비중이 급격히 늘고 있는 MZ세대는 '왜요?'라면서 고개를 뻣뻣하게 든다.

흔히 'MZ세대'라고 호칭하면서 이질감을 강조하는데 이를 '동생세대'라고 고쳐 부르니 이질감보다 살가움이 힘차게 솟아난다. 이전처럼 '왜 이렇게 다르지?'로 시작된 부정적인 인식은 사라지고 '내가 잘 안내해야지, 내가 잘 도와주어야지'라는 방향으로 급반전이 발생한다.

특히 코로나19 이후 소위 동생세대의 인식변화를 주의 깊게 새겨야 한다. 공동체를 강조한 회사는 소통을 위해 '한솥밥'을 강조하지만, 이들은 '밥 먹을 때만이라도 건드리지 말라'고 말한다. 이를 반영하여 직원 채용공고에 '회식 없음, 가족 같은 회사 아님'이 좋은 반향을 일으킬 정도다.

셋째로 일과 관련된 스트레스에 대해 내성을 키울 필요가 있다. 난관이 불쑥 솟아나면 당황하지 말고 '괜찮아 그럴 수 있어'를 수없이 외칠 필요가 있다. 이를 통해 감정과 반대로 생각하고 행동하는 훈련이 필요하다. 이를 내성 훈련이라고 말한다.

결국, 유능한 CEO나 리더는 스트레스를 받고도 충격을 합리적으로 관리하면서 빨리 원래 위치로 돌아가려는 탄력성으로 무장한 사람이다.

코로나19 팬데믹은 우리 모두에게 '빨리 극복하라'를 강요하지 않는다. 그것과 함께 더불어 살아갈 지혜인 위드 코로나19(With Covid19)를 강요하고 있다.

모두가 세대 차이가 벌어지고 있다고 말하지만, 더 큰 문제는 개인차이다. 사람마다 성향이 다양해지면서 좌충우돌이 자주 발생하고 모두가 쉽게 화를 낸다. 자기만 생각하고 남을 배려하지 않는다. 직무를 같이 할뿐 감정을 개입시키지 않는 노동의 시대라고 말한다.

때때로 스스로를 안아줄 '힐링 필살기'가 1~2개는 있어야 한다.

갑(甲)과 을(乙)은 순환한다

 해변에 가면 쉽게 만날 수 있는 색다른 돌들이 있다. 둥글둥글 매끄럽고 예쁜 돌들이 햇빛을 받아 반짝반짝 빛나는 것을 볼 수 있다. 그 돌들을 '몽돌'이라고 한다. 이 단어가 들어간 해수욕장도 있다.

 맨질맨질한 촉감으로 인해 단단한 돌이지만 부드럽다는 표현이 어울린다. '몽'은 둥글다는 뜻으로, 각진 것이 거의 없을 정도로 닳고 닳은 인고의 세월을 보여준다. 몽돌은 결국 차디찬 바닷물의 모진 공격에 견디면서 내공을 쌓은 결과물이다.

 비즈니스를 빛 좋은 여러 개의 포장지로 감싸지만, 민낯은 매일 단련되는 몽돌인 '을(乙)'로 살아가는 여정이다. 영원히 '갑(甲)'으로 산 비즈니스맨은 없고 모든 사람에게 갑인 비즈니스맨은 더 더욱 없다.

그래서 회사 생활을 하려면 가깝게는 상사에게, 밖으로는 거래처에 몽돌이 되겠다는 마음으로, 간과 쓸개를 다 빼놓고 살아야 한다. 보직에 따라서는 은행에 가서 아쉬운 소리를 해야 하고 세무서 등 관공서에도 허리를 깊게 숙여야 한다.

국내에서 혁신을 선도하는 어느 IT 회사의 부사장은 어떤 인재를 채용할지 항상 고민하지만 큰 원칙이 하나 있다고 말한다.

"어떤 인재를 뽑느냐가 회사 성장을 위해 가장 자주 하는 고민인데, 뽑기 전 기대와 채용 후의 결과에 큰 차이가 발생하기 때문이죠. 잘 만들어진 인성검사와 화려한 스펙이나 경력, 그리고 이력서를 잘 참조해도 예상이 빗나간 경우가 많아 채용을 후회하는 사례가 적지 않죠. 그래서 하나의 묘안을 생각해 냈습니다. 창업하다 실패해 들어온 사람을 우선 고려하고 있습니다. 그들은 업무에 대한 열정이 높고 직원 입장에서 회사에 대해 기꺼이 을의 입장이 되려고 합니다."

한번 창업에 실패한 사람은 일터의 소중함을 절감한 사람이고 돈을 버는 것이 얼마나 힘들지 알기 때문이다. 특히 경영자의 입장에서 책임감 있게 업무에 임해 회사 요구와 상관없이 겸손히 을을 자처하는 것이다.

혁신을 지속하려면 리더가 먼저 을의 입지로 내려와야 한다. 출발점은 호칭을 바꿔 수평적 조직문화를 만드는 것이다.

의사결정은 수직적이라도 소통은 수평적으로 하기 위해 영어 이름을 쓰는 것도 좋다. 영어 이름 뒤에 직책을 붙이거나 '님'자를 붙이지 않는다. 최고 경영자가 참석한 회의에서 신입직원이 말을 끊고 사장의 영어 이름을 부르고 자기 소신을 담대하게 전한다. 영어 호칭이 직급을 뒷받침하는 계단을 헐어 버린다.

평균 연령이 30대 중반인 회사가 발전하기 위해 채택한 영어 이름은 상급자를 을로 만들지만, 지속적인 혁신을 잉태하는 동력원이 되기도 한다. 모두가 스스로를 점검해볼 필요가 있다. 혹시 자신이 상급자로 갑인가? 아니면 '님'이라는 글자나 직책 없이 영어 이름만으로 쑥스럽지 않게 리더에게 다가갈 수 있는가?

진정한 을의 자세는 외부 고객을 대할 때 요구된다. 실질적인 업무가 중요하지 자세(형식)가 강조될 필요가 있느냐고 말하지만, 내용 못지않게 형식이 중요시되는 경우는 흔하다. 경쟁이 심한 경우 더욱 그러하다.

대기업이나 공공기관에서 퇴직한 후에 낮은 마음으로 새 사업을 시작하면서 자칭 '을'이라고 말하는 사람이 적지 않다. 그러나 이들은 옷만 을로 갈아입었지 몸과 마음은 여전히 갑을 유지하고 있어 진정한 을이 아니다.

을은 갑자기 만난 집채만 한 파도에 조난선을 타고 구명정을 기다리는 사람이라는 정의를 본 적이 있다. 인사할 때 허리의 각도가 달라야 한다.

밥을 먹을 때나 차를 탈 때, 그리고 계약서에 도장을 찍을 때도 갑과 을의 위치가 있다. 계약서는 오른쪽이 갑이고 2부를 만들어 옆을 맞대고 간인(間印)을 찍을 때 위는 갑이고 밑은 을의 자리다. 주제를 모르고 위에 찍으면 안 된다. 중간에서 밑으로 내려찍어야 갑을 당황하게 하지 않는다.

을은 전생에 죄를 지은 사람이 형벌을 받는 위치라는 표현도 있다. 그러나 속으로는 당당하고 담대해야 한다. 을의 위치를 경험하지 않고 바로 갑으로 간 사람은 거의 없다.

특히 모든 사람에게 갑으로 통하는 사람이나 자리는 없다는 사실을 되새기면서 힘을 내야 한다. 설령 현재 갑이라도 잠시라는 마음으로 겸손하게 나아가야 한다. 갑과 을은 언젠가 입장이 바뀌어 반드시 만나는 것이 인생이다.

열등감도 교만이다

 자기 자신과 나누는 대화가 생각이다. 필자는 생각이 삶의 거의 모든 것을 좌우한다고 여긴다. 같은 사안을 놓고 희망을 떠올리고 그 반대로 최악의 수를 상정하기도 한다. 상대가 자신이니 반응도 스스로 결정하기 때문에 다행이다.

 특히 회사라는 조직 생활을 하면서 받은 많은 반응에 대해 상대의 의견을 듣지 않고 스스로 반응하고 결론을 맺기도 한다. 그래서 때론 내가 회사 동료가 되기도 하고, 집에서는 다른 가족이 되기도 한다.

 공통점은 대부분 '악화일로'의 관성이 작용한다. 예컨대 회사에서 업무로 동료와 다투고 난 후에 그 원인과 향후 파장을 두고 스스로 질문을 주고 스스로 답을 받는데 대부분 비관적이다. 반대인 사례는 많지 않았다. 생각이 건강한 자신과 대화하면 긍정의 대답을 받지만 병든 자신과 대화하면 스스로 병을 초청하게 된다.

이런 상황에서 가장 경계해야 하는 것은 열등감이다. 열등감은 스스로의 자존감을 낮추고 때로는 능력도 무기력으로 돌변시킨다. 자신을 지나치게 높이는 우월감도 문제지만 자신을 열등감의 우리에 가두는 것도 같은 이치로 교만이라고 말하고 싶다. 왜냐하면, 조직은 개인으로 일하지 않고 서로 협력하고 회사라는 시스템을 통해 서로 돕는데 이를 평가절하하기 때문이다.

동료를 믿고 과감하게 나가야 한다. 내가 부족해도 동료가 채워주는 것이 회사이다. 이런 맥락에서 조직에서 지나친 겸손도 교만이다.

젊을 때 화상(전신 55%)으로 거의 모든 것을 잃은 사람의 책을 여러 번 읽은 적이 있다. 최근에 발간한 책에 '콧물이 흐른다. 기쁘다'라는 대목이 있다. 화상을 당해 40번 이상 피부 수술을 시행한 주인공은 코로 숨 쉬는 것이 매우 힘들다고 한다. 피부가 딱딱해진 결과다.

정상인이라면 여자로서 콧물을 기뻐할 리 없다. 그런데 상태가 좋아져 콧물이 흐르기 시작했으니 이제 코로 숨 쉬는 것이 가능해지고 기쁨이 샘솟고 행복하게 되었다고 강조한다.

이런 현상을 '외상 후 성장'이라고 말한다. 심리적 회복을 넘어 긍정적 변형(Transformation)에 도달하여 암흑 같은 환경에서 벗어나 대중 앞에서 당당하게 서게 된 것이다. 필자는 이런 기적이 스스로에 대한 자존감에서 나왔다고 생각한다.

'말이 씨가 된다'는 말처럼 자기와의 대화에서 해피엔딩을 주제로 대화를 하니 환경과 관계없이 실제가 해피엔딩으로 가고 있는 셈이다. 그 주인공이 최근 모교의 교수로 돌아와 화제가 된 적이 있다.

아무리 좋은 마이크를 사용하더라도 가끔 갑자기 '삑~'하는 큰 소음으로 인해 객석이나 강의 분위기를 망치는 경우를 종종 보게 된다. 어떤 장치의 출력이 입력 장치로 들어가서 증폭된 후에 다시 출력되는 일이 반복되는 현상을 하울링(Howling)이라고 말한다. 즉 마이크를 통해 전한 말이 스피커로 나오고 그 기계음이 다시 마이크를 통해 들어가 스피커로 증폭되는 과정을 반복한다.

비슷한 이치로 직장 생활에서 갖가지 환경에 내몰리고 다른 동료와 부딪치며 하울링이 발생한다. 자존감이 높으면 긍정을 증폭하지만, 그 반대면 부정을 증폭한다. 심지어 긍정에너지는 흡수하여 자기 것으로 만들고 부정적인 반응은 무시해 버리면 도움이 될 때가 아주 많다.

만약 조직 생활을 하면서 자존감이 없다면 부정은 무한대로 증폭하고, 시도 때도 없이 하울링을 울려대고, 아무리 주위에서 긍정을 외쳐도 듣지 못하고 박수를 보내도 보지 못한다. 심지어 긍정도 부정으로 치부하고 스스로 암흑의 터널로 빠져든다.

회사에서 성과를 냈음에도 욕을 먹었다고 가정해 보자. 회사는 원래 생각이 다른 사람들의 모집단이니 그런 일도 흔하다.

자존감 근육이 약하면 대부분 우울, 슬픔, 불안 등을 확대 재생산하고 자존감으로 무장한 사람은 '이해가 안 되네'라고 무시해 버린다. 왜냐면 잘못 평가한 상대방에게 문제가 있는 것이지 나에게 문제가 있지 않기 때문이다.

우리 인생은 필연적으로 스스로의 생각을 통해 하울링이라는 과정을 거친다. 감사와 긍정으로 하울링할 것인가, 아니면 부정의 사고로 스스로 나락으로 떨어질 것인가? 매일 매일 자존감을 높이는 훈련을 해야 한다.

최고의 날은 아직 오지 않았다

 4~5년 전에 제주도에서 열린 한 세미나에 참석한 적이 있다. 다른 내용은 거의 기억이 나지 않는데, 조만간 인간의 수명이 20~30년 정도 갑자기 늘어나 평균수명 120세가 꿈이 아니라는 골자만은 또렷하다.

 강사는 그 주요 이유로 바이오 의약품의 등장을 꼽았다. 기존 의약품은 화학약품이어서 부작용이 따르거나 장기 사용 시 효과가 낮아지는데, 바이오 의약품은 그런 부작용이 거의 완벽하게 제거된다는 설명이 따랐다.

 강연 내용의 진실성을 떠나 수명이 길어지리라는 것은 새삼스러운 이야기가 아니다. 성경에 의하면 오래전에는 인간의 수명이 길었다고 한다. 그 대표 주자는 969세까지 생존한 므두셀라라는 인물이다. 단순히 오래 산 정도가 아니라 187세에 라멕을 낳고 782년을 더 살며 아들딸을 낳았다고 하니 무척이나 건강하게 살았다는 것을 짐작해 볼 수 있다.

통상 인생은 마라톤이라고 말한다. 무엇이 중요할까? 처음부터 앞서 출발한 것이 기분을 좋게 할 수 있다. 흔히 금수저가 여기에 해당한다. 하지만 마라톤은 중간에 서너 명을 추월하기도 한다. 특출한 성과를 내어 동기들을 제치고 쾌속 승진한 것이 비슷한 상황일 것이다.

늦게 피는 꽃도 아름답다. 청춘 시절에 곧바로 스타로 자리 잡았다가 바로 추락하고 빛을 보지 못하던 배우가 60세가 다 되어서 스타가 되기도 한다.

성공에 대한 원칙이 없지만, 우연도 없다. 인생은 장거리 경주이니 전략이 필요하다. 그 핵심은 오랜 시간을 보내는 직장생활일 수밖에 없다. 보다 멀리 보고 즐겁게 직장에서 시간을 보내는 것에 대해, 정답은 아닐지라도 참고가 될 말을 전하고자 한다.

악마와 천사를 구분하는 기준이 있다고 한다. 당장 좋은 것을 먼저 취하도록 선동한다면 100이면 100 모두 악마다. 입에 단맛이 나는 것을 배 터지도록 먹게 유혹하는 것이 악마의 대표적인 행동이다.

스스로 당장 금전적 이익을 위해 그릇된 행동을 하는 사례가 같은 범주다. 실력은 중요하지 않으니 아는 사람을 찾아가 청탁을 하라고 귓속말을 하기도 한다.

이처럼 단기적인 이익에 맞춰 행동하는 사람의 특징은 마음이 쉽게 요동치고 좋지 않은 상황에 내몰리면 주위 사람에게 비난의 화살을 쉽게 돌린다.

천사는 반대로 행동한다. 지금 당장 좋은 것을 취하기보다는 먼 미래의 행복을 보고 하나하나 투자하고, 때로는 차근차근 실력을 쌓으라고 말한다. 지금 당장 즐겁지 않거나 열매가 없더라도 말이다.

최고의 날을 기대하면서 오늘을 즐겁게 사는 방법을 20년 전 회사 연수에서 배운 적이 있다. '성공하는 사람의 일곱 가지 습관'이라는 책으로도 소개된 그 방식이다.

미래에 좋은 날을 맞고 싶은가? 그럼 중요하지만 급하지 않은 일을 먼저 하라. 앞서 언급한 악마의 길이 아닌 천사의 길과 같은 이치다.

하루하루 허덕이며 무계획적으로 살아가는 사람의 특징은 중요하지 않지만 급한 일을 먼저 하는 것이다. 대표적인 예가 잘못 걸려온 전화를 받고 거기에 정신이 팔리는 것이다.

중요하지만 급하지 않은 일을 하는 사람은, 예컨대 업무(실력)와 외국어, 그리고 건강을 위한 운동 등에 자기 시간을 꾸준하게 투입한다. 중요하다는 의미는 미래에 더 큰 것을 가져다준다는 뜻이고 당장은 힘들고 별로 하고 싶지 않은 일일 수도 있다는 의미를 내포한다.

그러니 일에 임하는 방식을 변경해야 한다. 결과가 아닌 그 과정에서 즐거움을 찾아야 한다. 외국어를 예로 들면 해외 근무나 바이어를 만나 자유롭게 소통할 꿈을 꾸며 스스로에게 만족해야 하고, 운동을 시작했다면 하루하루 들어가는 배를 보거나 늘어나는 근육을 상상하면서 즐기면 된다.

또한, 중요한 일을 먼저 할 수 있도록 스케줄링을 해야 한다. 그날 해야 할 일을 중요도에 따라 A, B, C로 나누고 특별한 경우가 아니라면 가장 중요한 A는 반드시 하도록 해야 한다. 이런 습관이 쌓여야 '최고의 날은 아직 오지 않았다'는 희망가가 매일 마음속에서 울려 퍼질 것이다.

최고의 날은 나이에 있지 않다. 오늘 미래를 위해 투자하는 삶을 살았다면 그날이 최고의 날인 것이다. 나폴레옹이 했다는 말이 떠오른다. '불행은 언젠가 잘못 보낸 시간에 대한 보복이다.'

웃음은 과학이다

한 때 웃음 치료사가 되고 싶다는 생각을 한 적이 있다. 웃음 치료사는 사회적, 심리적, 정서적 문제를 안고 있는 사람들을 진단하고, 웃게 하는 활동을 통해 치유(긍정적인 감정으로 변화)하는 사람이다. 직업 사전에도 정식으로 명시되어 있다.

웃음이 건강에 좋다는 것은 모두들 알고 있지만, 웃을 일이 많지 않은 게 현실이다. 웃음으로 치료해야 하는 질병이 생긴 것은 웃음 부족이 심각하다는 방증이기도 하다.

사람을 웃기는 직업으로 개그맨들이 있지만, 웃음 치료사는 그와는 좀 차원이 다르다. 웃음을 통해 사람의 마음을 즐겁게 해주고, 그 영향으로 몸이 건강해지도록 돕는다는 측면에서 보다 실용적이다. 불안, 우울, 강박 등 부정적인 감정에 내몰려 있다면 더욱 절박하게 웃음을 찾아야 한다.

60여 곳의 기관에서 웃음치료사 민간자격증을 훈련 및 교육과정을 이수한 사람에게 발급하고 있다니 다소 놀랍다.

필자는 웃음이 운동 중 최고라고 생각한다. 틈틈이 시간을 내어 웃어야 한다. 상황이 웃게 만들면 금상첨화겠지만 억지로라도 웃어야 한다. 그래서 웃음은 선택이고 훈련이다. 근육을 움직이게 한다는 의미에서 운동이고, 땀은 나지 않더라도 정신적인 노폐물은 배출하니 일반 운동보다 한 수 위다.

일본이 낳은 세계적인 면역학자 오쿠무라 코우 박사는 내추럴 킬러 세포를 잘 설명하는 전문가로 명성을 날리고 있다. 그는 이 세포가 특정한 암세포와 바이러스에 감염된 세포를 인식하여 죽이는데 탁월한 효과가 있는데, 웃음이 해당 세포의 생성을 10배나 높여준다고 강조하고 있다.

특히 가짜 웃음(독방에서 혼자 억지로 웃는 것)도 면역력을 높이는 데 효과가 있다는 실험 결과를 내놓았다. 심지어 단거리 육상선수가 결승선 앞에서 웃고 나서 기록이 단축되었다고 말한다. 감정과 관계없이 웃는 표정만 지어도 얼굴 근육이 풀리는데, 뇌는 이를 실제로 웃는 것으로 인식하여 쾌락 호르몬을 분비한다. 경지에 오르면 내장인 콩팥도 웃게 할 수 있다고 한다.

세포 속에는 유전자인 DNA와 면역 체계인 T림프구가 있다. 이 림프구에서 암세포를 죽이는 면역 물질이 나오는데, 그 양은 생각의 지배를 받는다. 스스로 웃고 행복해하면 T림프구가 활발하게 활동하지만, 불평과 원망 등이 쌓이면 T림프구는 암세포나 병원균을 죽이는 대신 자신을 공격하는 적으로 돌변한다.

류머티즘성 관절염은 흔히 뼈와 관련이 높은 것으로 나이가 들면 생기는 것으로 이해된다. 주위 사람들과 관계가 좋으면 옥시토신(Oxytocin)이 나오고 우울하게 살면 옥시토신이 줄어 관절염 가능성이 높아진다고 한다. 옥시토신은 우울증 치료제로 사람 관계는 물론 뼈를 연결하는 관절도 치유한다는 공통점을 갖고 있다.

심리학자 윌리엄 제임스(William James)가 '행복하기 때문에 웃는 것이 아니라 웃기 때문에 행복한 것이다'라고 말하면서 웃음의 정신적 작용을 강조한 글을 보았다. 그는 감정적 고통을 치유하는 카타르시스(Catharsis, 정화작용)는 웃음이 지렛대 역할을 한다고 주장한다. 또한 웃음은 카테콜아민(Catecholamine)이나 엔도르핀(Endorphin)처럼 사람들을 활기차고 건강하게 하는 물질의 분비를 증가시켜 혈압 안정, 폐 속 잔류 공기 감소, 혈액 내 산소 증가, 말초혈관 순환 활성화, 소화 촉진, 근육 긴장 완화, 통증 감소 등으로 연결된다.

오늘부터 웃는 운동, 웃는 습관을 지닐 충분한 이유가 있다. 최근까지 웃음의 치료 효능이나 마음의 정화 능력이 과소평가 되어 심리적인 효과로 평가절하 되었다. 실제로는 효과가 없으면서 그런 척 느껴진다는 의미도 어느 정도 있었다. 그러나 알면 알수록 웃음의 긍정 효과는 증폭된다. 가장 스트레스를 많이 받는 직장에서 웃음이 필수적인 이유다.

웃음이 있어야 일할 수 있는 건강이 온다. 이런 의미에서 웃음이 능력이라는 말도 과장이 아니다. 직장에서 나 혼자 있을 때 틈틈이 웃는 습관이 절실히 요구되는 시대다. 대가를 지불하지 않고 마음껏 써도 된다. 그리고 조금 여유가 있다면 다른 사람을 웃게 만드는 노련함이 필요하다. 상황과 관계없이.

행복한 직장 생활을 위한 멘토

 2017년 당시 미국 대통령이었던 도널드 트럼프가 한국을 방문해 국회에서 연설한 적이 있다. 그는 연설에서 세계 최고의 여자 골프대회인 US여자오픈에서 한국 선수들의 두드러진 성적을 극찬했다. 숫자를 1에서 4까지 헤아리며, 한국 선수들이 1위에서 4위까지 모두 차지했다면서 손뼉을 치고 축하한다고 말했다.

 요즈음 여자골프는 최고의 인기 곡선을 그리고 있다. 인기를 뒷받침하는 세계적인 한국 선수들이 두터운 층을 형성하고 있어 보는 이들을 즐겁게 하고 자부심을 느끼게 만든다.

 이런 쾌거 뒤에는 세계 최고의 무대인 LPGA에서 25승을 거둔 박세리가 있어 가능했다. 그를 본받기 위해 열심히 훈련하는 '세리키즈'가 우후죽순처럼 고개를 내밀고 있어 한국 골프의 앞날은 현재보다 더 창대할 것이라는 데 이론이 없다.

샐러리맨으로 시작해 금융 분야에서 최고의 자리인 그룹 회장에 오른 이의 신문 인터뷰가 눈길을 끈다. 특히 젊은 CEO들과 만난 멘토링 강연에서 멘토인 아버지에 대해 이야기한 대목이 인상적이다. 그는 아버지를 평생 멘토로 삼고 있으며 그에게서 배운 것이 최고의 자산이라고 전했다.

'좋을 때 헬렐레하지 말라'는 말이 가장 먼저 다가온다. 이 문구를 전화기에 붙여 놓고 끊임없이 되새기며 리스크 관리의 중요성을 배웠다고 한다. 회사나 비즈니스는 항상 굴곡을 점철하기 때문에 IT버블이나 금융위기가 언제든지 재발할 수 있다는 생각을 갖고 조심하고 조심했다고 한다.

두 번째로 아버지에게 배운 내용은 '누울 자리를 봐 가며 다리를 뻗어라'는 격언이다. 나 편한 대로 내 마음 내키는 대로 행동하는 것이 아니라 환경을 잘 살피라는 의미다. 해외시장을 개척할 때 국내 상황이 아닌 현지 시장을 밀도 있게 분석해야 하며, 이의 일환으로 상품의 수급은 물론 생산 가능 연령대 비중의 추이, 인구수, 국민의 근성 등 내밀한 자료도 중요하게 살핀다고 강조하였다.

이어 아버지가 새벽에 밭을 가꾸던 것을 보고 항상 현장 확인에 나서고 시장과 현장에서 답을 찾으려고 노력했다고 강조하였다.

필자는 회사에서 만난 멘티들과 20여 년의 인연을 이어오고 있다. 특별히 도움을 준 것은 없지만 자주 식사하면서 생활 이야기를 나누었다. 가끔 이벤트를 통해 집으로 초청하여 식사를 같이 하고 한강에서 유람선도 가족들과 함께 타면서 삭막한 업무현장을 벗어나 교제의 폭을 넓혔다.

다행히도 멘티들의 어려움을 들어주는 것으로 문제가 해결되는 경우가 많았으며 서로의 고민을 나누면서 나만의 문제가 아니라 우리의 문제임을 알게 되니 어려운 과제가 평범한 과제로 전락하는 기적(?)을 여러 번 맛보았다.

연장자인 내 입장에서도 젊은 직원들의 고민을 더 잘 이해하게 되었고 내 경험을 공유하면서 스스로 마음을 다부지게 하는 계기로 활용하였다. 회사를 옮기면서 감사패도 받고 캐릭터 선물도 받으면서 회사 내에서 조건 없이 이어지는 멘토링이 얼마나 좋은지 실감하였다.

세상을 살아가면서 모델이 필요하다. 그곳이 회사라면 더욱 그러하다. 그런 삶의 모델이 가까이 있다면 엄청난 복이다.

그런데 닮고 싶은 모델은 그냥 주어지는 것이 아니다. 아니 누가 준다고 자동으로 나의 모델이 되는 것이 아니다. 내가 선택해 그를 모델로 받아들여야 한다.

그의 궤적을 닮아가는 것은 인생을 훨씬 쉽게 살 수 있는 지름길을 알려준다. 단순한 이론이 아니라 보고 들은 것이야말로 실질적인 답안이기 때문이다. 또한, 스스로 해결할 수 없는 난관을 만날 때 쉽게 만나 고민을 나눌 수 있는 선배는 엄청난 자산이다.

그가 해결해 줄 수 없는 일도 적지 않다. 그러나 고민은 저 밑에 있는 마음을 끌어 올려 솔직하게 서로 이야기하고 표정을 교환하는 것만으로도 해결의 실마리에 들어선다.

많은 스트레스는 솔직하게 마음을 드러낼 상대가 없어서 생긴다. 인생에서 참다운 친구 3명만 있어도 성공한 인생이라고 말한다. 직장에서 멘토 1명만 있어도 성공한 것이다.

험담

  회사에서 가장 삼가고 조심해야 할 일이 무엇일까? 여러 가지가 언급될 수 있지만, 필자는 단연 험담을 꼽는다. 회사는 조직으로 움직이는 집단이다. 그 힘은 서로 협업하는 데서 나온다. 그런데 험담은 그 경쟁력을 원천 봉쇄하는 부작용을 야기한다.

  칭찬의 말은 꿀처럼 달아 인간관계의 영양제나 치료제 역할을 하지만, 험담은 날카로운 칼이 되어 사람을 벤다. 그리고 마침내 복수로 이어져 해당 직원은 물론 회사 전체를 끝없는 추락의 길로 안내한다.

  험담에 대한 이채로운 정의도 있다. '다른 사람을 칭찬하는 것이 아니고는 모두가 험담'이라는 것이다. 애매한 말도 여러 명의 입을 거치면서 부정적인 기류로 흐르고 평범한 말도 악의적으로 해석되는 것이 인간사이기 때문이다.

오래전에 노사협상에서 사측 실무자로 참여한 적이 있다. 식사를 겸한 자리였는데 분위기가 너무 험악하여 식사는커녕 제대로 대화가 진행되지 못할 정도였다. 그런데 필자를 더 힘들게 한 것은 그다음이다. 노조가 속보 등을 통해 협상 결과를 일방적으로 직원들에게 공지했는데, 이 과정에서 사측 대표 중 한 명을 거명하면서 험담을 한 것이다.

있지도 않았던 일에 양념을 더하니 그 사람은 완전히 정상인이 아닌 사람처럼 묘사되었다. 한편으로 노조 전략상 다소 과장할 수는 있다고 생각했으나, 필자는 팩트 중심으로 해명하는 데 상당한 어려움을 겪었다.

나중에 시간이 흘러 그 험담은 협상에 참여했던 모두에게 상처로 남았다. 거친 용어와 과장을 반복하면서 서로에 대한 평판이 나쁘게 굳어진 것이다.

언젠가 잘 아는 분에게, 너무 억울하여 꼭 험담하지 않고는 참을 수 없는 상황일 때 어떻게 해야 할까를 상의한 적이 있다. "일단 억울한 일은 세상에 너무 흔하고 나만 당하는 것이 아니라는 생각을 해야 한다. 이기적인 생각과 편견은 누구에게나 일상이다. 다만, 이것을 마음에만 담아두고 스스로 소화하느냐, 아니면 배설하여 주위를 더럽게 하느냐로 나눠진다. 그래서 꼭 소리를 지르고 싶으면 혼자 있을 때 하거나, 아니면 하늘을 보고 하라"는 말을 들었다.

사방이 갇혀 있더라도 하늘은 항상 뚫려 있고 내 편이라고 생각하고 마음껏 큰 소리로 외치라는 의미다.

좀 더 성숙해지면 험담을 하지 않는다는 수준을 넘어, 험담의 전파를 차단하는 역할을 수행해야 한다. 누군가 그런 소리를 한다면 더 이상 전하지 말고 자기 선에서 끊는 것이다.

주위에서 누가 험담으로 목소리를 높인다면, 그럴 리가 없다면서 오히려 설득해보는 건 어떨까. 분명히 오해가 있을 것이라고 강조하면서 말이다. 왜냐하면, 험담은 그것이 사실이라도 전파해서는 안 되는 것이기 때문이다. 사실이라는 강한 믿음을 갖고 험담을 하면 양심에는 문제가 없다고 생각할 수 있으나 험담은 아예 존재하지 않아야 한다는 것이 최고의 리더십이다.

험담은 전파력이 상상을 초월한다. 사내 메신저가 발달한 요즘 안 좋은 말은 순식간에 퍼진다. 빛의 속도로 전파되고 심지어 생중계되기도 한다. 또 녹음 파일 형태로 나돌기도 한다.

정치판에만 야합과 술수가 있는 것이 아니다. 회사에도 존재할 수 있다. 건강한 회사나 직원들은 험담에 대해 원칙을 갖고 있어야 한다. 그 말을 나에 대한 것으로 생각하고 짚어봐야 한다. 누가 나에게 사실 여부와 관계없이 그런 말을 한다면 내가 좋아할 것인가? Yes라는 답을 얻을 수 있는 내용만 전해야 한다.

회식에서 최고의 안주는 상사에 대한 험담이라고 한다. 그런데 그때 더욱 조심해야 한다. 그 모임에는 한두 다리 건너 그 상사와 친한 사람이 있어 내용이 반드시 전달되기 때문이다.

험담의 유혹에 빠질 때 새겨야 할 말이 있다. 비난은 자신이 부족하다는 것을 의미하며 스스로의 내면에 통제력이 없다는 것을 드러내는 것이다. 즉, 험담은 자기 부족감을 키우고 자존감을 낮추는 소통 방식인 것이다. 나아가 스스로의 내면을 해치는 악순환을 만들어 낸다. 상대를 비난하여 문제를 자기에게 빨리 유리하게 반전(해결)하려는 취지가 담겨 있는 게 험담인데, 상대가 그것을 듣는 즉시 반사적으로 방어하는 본능이 발휘되어 더 크게 공격해 오기 때문에 해결이 아닌 싸움이 되는 것이다.

아침 키스

'아침 키스가 연봉을 높인다'라는 제목의 책이 있다. 저자로부터 그 책을 선물 받았으나, 처음에는 제목에 애정이 가지 않았다. 때문에 적지 않은 책들처럼 바로 책장으로 직행하는 신세가 됐다.

나중에 책 제목이 특이하고 궁금증을 불러일으켜 몇 장을 넘기니, 페이지가 술술 넘어갔다. 남녀 간의 이해(소통) 방식에 근본적으로 엄청난 차이가 있다는 것이 이 책자의 골자였는데, 저자가 매일 아침 출근할 때 부인으로부터 키스를 받는다는 점이 인상적이었다.

저자는 출근하는 남편(부인)에게 건네는 따뜻한 포옹이나 볼 키스가 하루를 견디는 데 큰 힘이 된다며 추천했다. 하루의 기분은 아침에 결정되는데, 부인의 사랑을 전달받아 웃으면서 시작하면 개인의 경쟁력이 높아진다는 것이다.

아침에 웃으면 하루가 대박이고, 찌푸리면 쪽박이라는 대목도 잊히지 않는다. 즐겁게 시작해야 능률도 오르고 동료들과 협업에서도 창의성이 발휘되어 뛰어난 성과를 낸다는 주장이다. 그러니 그의 연봉이 20~30% 높을 수밖에 없다고 결론을 맺는다.

필자가 아는 젊은 청년에게 이 책을 빌려주었더니, 그 청년은 아예 자비로 그 책을 더 사서 지인들에게 나눠 주었다면서 고마움을 표했다.

좀 쑥스러운 이야기지만, 나도 아침마다 축복 기도를 받고 출근한다. 아내가 내 머리에 손을 얹고 절대자에게 올리는 기도의 내용은 복잡하지 않다. 오늘도 잘 지켜 주시고, 사람과의 만남 가운데 축복의 통로가 되게 해달라고 간구한다. 능력을 주셔서 맞닥뜨리는 문제도 잘 해결해 달라고 기도한다.

출근하는 발걸음이 훨씬 가벼워지고 부정적인 생각과 출근 병이 씻은 듯이 사라진다. 누군가가 나에게 즐겁게, 그리고 적극적으로 회사 일을 하는 비결이 무엇이냐고 묻는다면 아침마다 받는 아내의 축복 기도라고 말하고 싶다.

특히 업무적으로 만나는 사람에게 축복의 통로가 되어 달라고 하는 대목은 나를 숙연케 한다. 내가 좋은 사람을 만나야 한다는 것은 어쩌면 우연이나 행운일 수 있지만, 내가 다른 사람의 축복 통로가 되어야 한다는 것은 언행에 무척이나 조심해야 한다는 것을 의미하기 때문이다. 단순히 좋은 말을 넘어 실력도 있어야 하고 선배를 잘 뒷받침하고 후배를 잘 지도하는 것도 포함된다.

자녀들에게 매번은 아니지만 되도록 많이 문을 나설 때 축복 기도를 해준다. 애들이 별로 좋아하지 않기 때문에 아주 짧게 한다. '빛이 있으라'라고 구호로 할 때도 많다.

맞벌이가 많은 요즘에 같이 현관문을 나서면서 서로에게 아주 짧게라도 칭찬과 긍정의 말을 전하길 추천한다.

조금 과장하면 출근은 군인이 전투하러 나가는 것과 같다. 이때 인생의 동반자로 생사고락을 같이하는 배우자가 힘을 돋우는 말이나 행동을 한다면 힘든 일을 대할 때 투지가 배가될 것이다.

여성 CEO가 많지 않은 우리나라에서 외조라는 말은 흔치 않다. 남편이 부인의 직장생활을 잘 보살피는 것으로 내조의 반대말이다.

한 여성 CEO는 신문 기고를 통해 결혼 직후부터 시작하여 CEO가 된 후에도 출근할 때마다 남편으로부터 '싸우지 말고, 잘난 척하지 말고, 열심히 하고 와'를 한결같이 듣고 있다고 밝혔다.

지금까지 일하는 데 이 말이 큰 힘이 되고 있고 스스로를 고난 속에서 버티게 했다며, 배우자의 응원에 새삼 감사한다고 글을 마무리하고 있다. 너무 평이할 정도로 직설적이지만 진심이 녹아 있어 서로 간의 깊은 신뢰가 없으면 불가능한 축복이자 기도라는 생각이 든다.

필자에게 고래는 칭찬과 연관되어 있다. 30여 년 전 입사 초기에 교육을 받으면서 인상 깊게 읽었던 책의 제목이 '칭찬은 고래도 춤추게 한다'였다. 조련사가 고래에게 어떻게 칭찬할까? 물고기를 주거나, 배를 긁어주어 친밀감을 표시하거나, 장난감을 주면, 고래는 훈련을 쉽게 소화한다.

얼마 전 로펌에서 활약하는 장애인 변호사 드라마가 높은 인기를 끌었다. 설레는 마음으로 첫 출근을 하는 그녀를 응원하기 위해 상상의(마음속의) 고래가 지하철에 등장한다. 주인공과 교감하는 고래는 때로는 빌딩 사이를 유영하면서 힘든 인생길을 안내하는 빛의 역할을 한다.

치열한 경쟁을 상징하는 대형 로펌에서 자폐인 우영우는 고래를 마음속에 키우며 필요할 때마다 만나서 도움을 받는다. 세상이 아닌 고래와 대화하고 교류한다.

앞서 언급한 '아침 키스가…' 저자가 한 강연에서 이런 질문을 받았다고 한다. 배우자가 없으면 누구와 키스해야 하나요? 그 답은 '거울을 보면서 스스로에게 이 정도면 쓸 만한데…'라면서 스스로 칭찬하는 것이다.

너무 평범함에 대한 감사

매일 아침 지인이 보내오는 감사의 글들을 읽는다. 이 가운데 일부다.

"1. 늦잠을 자게 하심을 감사 2. 지하철을 정시에 타게 하심 감사 3. 늦잠에도 지각하지 않음을 감사 4. 아침에 물 한 잔을 마시게 하심을 감사 5. 출근할 수 있는 건강에 감사."

그가 보내온 5개의 감사를 보면서 깊은 감동을 느낀다. 보는 각도에 따라 전혀 감사가 필요 없을 것 같은데, 진정 감사가 넘친다. 크게 좋은 일이 있어야 감사함이 나올 것 같은데, 현실은 정반대인 것이다. 너무 시시한 감사 제목이라는 생각이 들 정도다.

그 다음 날 또 감사의 글이 도착한다.

"1. 저녁을 함께 먹는 아내가 있어 감사 2. 안부전화를 할 부모님이 계셔 감사 3. 봄날의 개나리를 보게 하심에 감사 4. 아침 햇살에 감사 5. 오늘도 건강을 주셔서 감사."

이번 내용 역시 지난번과 크게 다르지 않다. 너무 일상적인 내용이고 나도 똑같은 상황이어서, 나는 감사하고 있는지 반성하게 된다.

그렇다. 여기서 진리가 발견된다. 감사는 결코 환경과 여건에 있지 않다. 매일 매일 감사의 글을 나누는 입장에서 감사는 평범한 일상이 그 대상이어야 더 의미가 있고 우리 인생에 긍정의 힘을 더 심어 준다.

만약 감탄하고 엄청난 이익을 줄 내용만 감사 대상으로 삼는다면 우리는 한두 번 감사하다가 그만둘 것이다. 내용상 특별하여 감사가 당연한 것으로 여겨지면 그 사람만의 것으로 제한된다. 다른 사람 입장에선 감사함이 곧바로 사라지고 공감하지 못하게 된다.

어찌 보면 감사할 필요가 없는 사실에 감사하는 것이 진정한 능력이라는 생각이 든다. 누구나 할 수 없으니 더 가치가 높아지는 이치다.

감사가 일상의 루틴이 되면 모든 것이 달라질 수 있다. 감사가 감사를 낳고 오늘이 인생에서 가장 기쁜 날이 되는 것이다. 감사가 내 능력 안에서 관리되니 내가 만들어 낼 수 있다.

더 중요한 것은 내가 조직 내 다른 사람에게 보다 기쁘고 친절하게 다가갈 수 있는 디딤돌이 된다는 점이다. 감사함으로 모든 것이 무장 되어 있는 사람이 어찌 상대에게 거부감을 야기할 수 있겠는가?

우리가 죽어서만 천국을 가는 것이 아니다. 진정한 천국 생활은 이 세상에 살아 있는 동안 맛보아야 하고 지금 내 인생에 끌어들여야 한다. 그 키(Key)는 감사함으로 내 마음을 채우는 것이다. 그 양이 늘어날수록 다른 것이 헤집고 들어간 틈은 점점 작아져 결국에는 감사로만 삶의 공간이 채워질 것이다.

'감사는 기적'이라는 표현을 본 적이 있다. 우리의 삶과 가정이 죽은 고목과 같을지라도 감사로 인해 꽃이 피어나기 때문이라는 설명도 붙어 있다.

짧은 인생을 살아가면서 저마다 목표를 정해놓고 숨 가쁘게 달려간다. 속도에 신경 쓰고 결말에 일희일비하니 나 스스로는 물론 주위의 아름다운 풍경을 볼 틈도 없다. 반대로 어둠에 휩싸여 아예 달려볼 준비도 하지 않는 경우도 적지 않다.

어떤 사람이 죽어서 하나님 앞에서 섰다고 한다. 너무 힘들게 살아온 나머지 하나님께 따지려고 잔뜩 벼르고 있었다. 아니, 태어나게 했으면 좀 잘살게 해야지 왜 아무것도 주지 않았냐는 불만으로 가득 찼기 때문이다. 그에 대한 하나님의 대답은 큰 창고를 보여주면서 너를 위해 네 집 창고 안에 이런 선물을 잔뜩 모아 놓았는데 왜 사용하지 않았냐고 물었다고 한다.

평범함에 대한 감사가 없으면 보물은 보이지 않는다. 어릴 적 소풍에서 보물을 찾는 사람만 찾고 대부분은 빈손인 것은 보물이 없어서가 아니다. 평범함이 선물이라고 생각하고 더 낮은 자세로 우리의 삶을 해석해야 한다.

소풍 때 보물은 우리의 손이 안 닿는 나무 가지 끝에 있는 것이 아니라 나무 밑동에서 발견되는 법이다.

즐거움으로 일하는 프로선수

　안중근 의사가 쓴 글씨를 보면 시공을 초월해 새삼 존경심이 우러나온다. 그 중 하나가 '일근천하무난사(一勤天下無難事)'다. 부지런하면 천하에 어려운 것이 없다는 뜻이다.
　여러 형태의 독립운동과 옥중에서의 당당함으로 한국인은 물론 일본인에게도 존경을 받는 안 의사의 글자들을 보면 그 출발점이 무엇이었는지 쉽게 짐작할 수 있다. 조국의 해방을 위해 열심히 뛰었을, 목숨마저 아깝게 여기지 않고 동분서주했을 모습이 그려진다.
　흔히 일부는 기교도 부리고 묘수도 찾아내면서 난관을 극복하기도 하지만, 대체로 부지런히 업무를 준비하고 실행에 옮기는 사람이 승리하게 되어 있다. 특히 리더라면 한 번 더 고민하고 한

발 더 뛰어야 한다.

뛰어난 스타들의 사진을 보면 감동이 밀려온다. 우리가 잘 아는 애틀랜타 올림픽 은메달리스트인 마라토너 이봉주는 요즘 원인 모를 병으로 고통의 나날을 보내고 있지만, 조만간 멋지게 뛰는 모습으로 우리에게 다시 돌아올 것으로 믿는다.

그가 발 위에 선글라스를 올려놓고 찍은 사진을 보면 아주 특이한 점이 발견된다. 흔히 뛰기 힘들어 군대 가는 것이 면제되는 평발이다. 오래 걷기도 힘든 평발을 가지고 마라토너로 우상이 된 것이다. 자료를 보면 그의 오른발과 왼발의 길이가 다르다고 한다. 보기에 따라 엄청나게 큰 약점인데 연습에 연습을 더하는 불굴의 의지로 세계적인 선수로 발돋움한 것이다.

지금도 현역으로 활약 중인 골프선수 신지애의 손바닥 사진을 보면 도저히 여자의 손이라고 볼 수 없다. 연습을 하도 많이 해서 손바닥에 그립의 검은 색이 배어 있을 정도다.

세계 최고의 화려함 속에 살고 있는, 모두가 부러워하는 축구선수는 어떨까? 2002년 한일 월드컵 스타 박지성은 피부가 울퉁불퉁한 발 사진을 인터넷에서 쉽게 검색할 수 있다. 엄청나게 많은 상처가 아물기도 전에 또 다른 상처가 난 듯 생채기가 셀 수 없을 정도로 많다. 다리만 보면 영양이 부족한 발처럼 보이기도 한다.

세계적인 축구선수 리오넬 메시도 성장호르몬 결핍증으로 키가

150cm까지 밖에 클 수 없다는 진단을 받았지만 꾸준히 치료를 통해 169cm까지 자랐다. 아버지는 철강소의 육체노동자로, 어머니는 파트타이머 청소부로서 생계를 이어가고 있어 입에 풀칠하기에도 빠듯해 고향에서 식당 종업원으로 일하기도 했지만 엄청난 후천적 노력을 통해 반전을 이루었다. 연습을 통해 쌓은 실력으로 신체적 핸디캡을 뛰어 넘은 대표적인 사례다.

발레리나 강수진의 발(특히 발가락)은 감동과 전율이 느껴진다. 발가락은 상처 정도가 아니라 기형처럼 보인다. 한두 개가 아니고 모든 발가락이 처참하게 뭉개져 있다. 도저히 정상적인 여자의 발가락이라고 말할 수 없다. 오직 땀과 눈물, 그리고 노력에 노력을 더했다. 하루 연습시간은 18시간이 정상이고, 10분만 틈이 나도 연습했다고 고백한다. 한 시즌에 200~250개의 토슈즈를 사용한다.

베테랑이 되기 위해 1만 시간의 연습이 필요하다는 말이 있다. 세계 최고 수준에 올라서기 위해 1만 시간 이상 투자한 사람이 많을 것이다. 회사원의 노력은 축구선수와 발레리나처럼 개인으로 두각을 받지 못할 수 있다. 그러나 이들의 공통점은 끊임없는 노력이 필요한 프로라는 점이다.

더 중요한 사실은 맡은 바 일(운동)을 즐거움으로 감당해야 지속적인 노력이 가능하다는 점이다. 휴식에서도 즐거움을 찾아야 하지만 일하면서도 같은 동력(즐거움과 부지런함)이 있어야 한다.

경쟁자에 앞서는 방법

입사하여 주위 동료들을 보니 모두 쟁쟁한 스펙을 갖고 있었다. 심지어 우리 회사에 입사하기 위해 1년 동안 기를 쓰고 다시 공부하여 들어왔다는 동기도 있었다.

동기끼리 편하니 서로 웃고 떠들고 매월 1회 만나 잡담을 주고받았지만 입사로부터 3년이 경과한 후에 승진 시험을 같이 봐야 했다. 당시 생소한 컴퓨터 활용이라는 과목도 있었고 외국어로 에세이도 써야 했다. 마침 새로 취임하신 회장님은 글로벌 시대에 영어가 필수라고 하면서 전 직원을 토익공부에 내몰았다.

어느 날 갑자기 '졸면 죽는다'는 군대 상관의 호통이 생각났다. 무엇인가 해야 한다는 절박감에 내몰렸다. 편하던 동기는 심하게 표현하면 '밟고 올라가야' 하는 경쟁자가 되었다.

그래서 자기계발에 대한 새로운 다짐이 필요했다. 직장생활이 장기 레이스인 점을 감안하여 내 스스로 새로운 이론을 만들었다. 항상 되새긴 '꼬리론'이 그 주인공이다.

내가 입사 동기들과 비교할 때 꼬리에 해당해 사소한 잘못을 하거나 조금만 회사 사정이 안 좋으면 맨 먼저 잘릴 것이라고 스스로 주문을 한 것이다. 이로 인해 힘들이지 않고 공부에 매진할 수 있었고 더 배우는 것이 내가 행복해지는 지름길이라고 생각하여 공부를 게을리 하지 않았다.

이런 이론을 세우는 데는 대학교 은사의 한마디가 크게 영향을 미쳤다. 일반기업과 은행, 그리고 공공성격의 회사를 두고 입사를 저울질 할 때 선택기준을 명확하게 제시해 주셨다. 조금 더 배우고 스스로 실력을 키울 수 있는 가능성을 보고 회사를 선택하라. 아주 명확했다.

공부하거나 책을 보는 것을 즐겁게 받아들였다. 그래서 입사 후 승진시험을 어렵지 않게 패스할 수 있었다. 모르는 내용이 나오면 통째로 암기하면 된다고 생각했다. 승진시험 때 어렵게 느껴진 영어 에세이와 인터뷰도 미리 예상 문제 3~4개를 고르고 통째로 암기하여 다른 주제가 나와도 단어만 바꾸어 활용하였다.

회사 생활이 5년을 넘기면서 석사와 박사과정에 도전하였다. 당시로는 적지 않은 시간과 사비를 많이 들여야 했기 때문에 처음에는 망설여졌다. 애들과 놀아주는 시간도 부족할 것 같았다. 그런데 학위 공부를 하지 않으면 무엇을 할 것인가라는 자문자답에 방향이 명쾌하게 다가왔다.

애들과 같이 놀아주는 것도 중요하지만 아빠가 열심히 공부하는 모습을 보여주는 것이 더 없이 중요하다는 생각을 하였다. 박사 학위자가 넘치고 회사 업무에서 별로 도움이 안 된다는 생각도 들었지만, 최소한 묘비석에는 박사라는 단어를 쓸 수 있을 것이라는 생각에 스스로 웃기도 하였다. 그로부터 20년 후에 연구부문 최고 지위에 올라가는데 박사 학위가 큰 원군이 되었다.

어느 날 갑자기 전혀 모르는 중국어를 시작한 에피소드가 있다. 고양이에게 쫓겨 구멍으로 들어간 쥐가 살기 위해 꾀를 내었다고 한다. 쥐구멍 앞에서 고양이가 다시 나올 쥐를 잡기 위해 숨어 대기하고 있다는 것을 알고 쥐 울음 대신 개 소리를 내었다고 한다. 그러자 고양이가 착각한 것으로 판단하고 다른 곳으로 갔다는 어설픈 조크다. 고양이가 사라진 것을 안 쥐는 여유 있게 나오면서 자기 새끼에게 이렇게 말했다고 한다. '글로벌 시대에 살아남기 위해 2개 국어는 할 줄 알아야 한다.'

그래서 얼떨결에 중국어 공부를 시작하였다. 그러나 저녁반에 등록하고 딱 한 잔만 하고 학원에 가라는 주위의 꼬임에 빠져 첫날부터 결석하였다. 그래서 바로 새벽반으로 바꾸고 '졸면 죽는다'는 각오로 학원을 먼저 들러 출근하였다. 그 덕에 중국에서 7년을 근무하며 글로벌 동향을 적지 않게 체험하는 행복을 맛보았다.

20여년이 흘러 '꼬리론'에 대한 생각이 무뎌질 쯤 6개월마다 최소한 이력서 한 줄을 늘리자고 스스로에게 다짐하였다. 추가의 기준은 엄격하지는 않지만 책을 한 권 정도 쓰는 것이라고 다소 높게 잡았다.

 끊임없이 자기 실력을 높이거나 도전하는 것은 피곤할 수 있다. 그러나 미래는 오늘 내가 하는 일에 의해 결정된다는 영어문장(Our future depends on what we do in the present.)을 보면서 오늘도 기쁨으로 꼬리를 모면할 나만의 무기를 찾는다.

오늘의 목표는 잘 견디는 것

데드포인트는 장거리를 달릴 때 뛰기 시작한 지 얼마 안 되어 숨이 차며 고통을 느끼게 되는 극단적인 시점을 말한다. 운동 강도가 강할수록 '데드포인트(사점)'에 빨리 도달한다.

트레이닝을 잘 쌓은 사람에게는 사점이 강하게 느껴지지 않는다. 또한 느껴지더라도 그 후에 엔도르핀이 솟는 시점이 온다는 것을 잘 알고 힘을 낸다. 고통 후에 성취에 따른 기쁨을 알기 때문에 잘 견딘다. 그래서 주저앉지 않고 거침없이 돌파해 나간다.

이를 증명한 사람이 바로 이봉주라는 마라토너다. 우리에게는 부산 아시안게임에서 마라톤 금메달을 딴 사람으로 잘 알려져 있다. 그런데 그는 평발이자 짝발이다. 즉 빨리 걷기도 힘들어 옛 시절 군대 면제 조건에 해당했던 몸이다. 그는 훈련을 거치면서 신체적 결함은 물론 데드포인트를 잘 이겨내어 다른 선수보다 더 나은 경력을 자랑한다.

회사 생활에도 데드포인트가 다가온다. 출근하면 처음 3일은 그야말로 모든 것이 낯설고 모든 사람이 마음에 들지 않는다. 점차 안정감을 찾지만, 신입직원 일부는 일주일 안에 그만둔다. 1차적인 고비인 셈이다. 제대로 회사를 알아보지도 않고 자기에게 안 맞는다고 쉽게 결정한다.

두 번째 고비는 3년 내에 찾아온다. 입사자의 3분의 1이 3년 내에 그만둔다고 한다. 대한민국 최고의 직장은 3명 중 1명이 1년 내에 퇴사한다. 회사가 비전이 없어 보이고 힘들기로는 자신이 최고라고 믿기 때문이다. 직장 생활의 데드포인트가 다가온 것이다. 필자는 30여 년을 같은 직장에서 다니다가 이직하여 CEO로 있지만, 결론은 회사별로 큰 차이가 없다는 점이다. 모든 것이 힘들지만 주위 사람을 믿고 서로 힘을 합치느냐, 아니냐의 문제로 귀결된다고 생각한다.

일반적으로 회사에서 가장 채용을 기피 하는 사람은 자주 회사를 옮기는 사람이다. 서로 믿고 신뢰하기보다는 조금만 어려워도 바로 퇴사할 사람으로 보기 때문이다. 기업도 근로자와 비슷한 데스밸리, 죽음의 계곡이 있다. 데스밸리는 창업한 기업이 설립 3년 전후 겪는 위기를 말한다. 이를 이겨내야 성숙기에 접어드는데 창업자의 47%가 3년 내 문을 닫는다는 통계가 있다.

종교에서 믿음도 마찬가지라는 생각이 든다. 특별한 계기가 있어야 믿음이 성숙해진다. 성경에서 아브라함은 아들을 바쳐야 한다는 하나님의 명령에 순종함으로써 데드포인트나 데스밸리를 넘어서 믿음의 아버지로 거듭난다(실제로 바치는 일은 일어나지 않는다).

회사가 직원을 믿고, 반대로 직원이 회사를 완전하게 신뢰하게 되는데도 특별한 계기를 필요로 한다. 큰 어려움이 닥쳐올 때, 특히 회사가 난관에 봉착했을 때 같이 힘을 합한 근로자들 간에는 남다른 애착이 생겨난다. 경영자와 근로자가 서로 양보하고 한발 더 뛴 과거는 역사가 되고 그 기업의 스토리가 된다. 시간이 흘러 그 기업의 전통이 된다. 어려울 때 더욱 강해지느냐, 아니면 반대로 무너지느냐는 거의 모든 기업에게 다가오는 리트머스 시험지다. 모든 경영자와 근로자가 넘어야할 쉽지 않은 봉우리다.

근로자가 데스밸리를 통과하기 위해 필요한 엄청난 성숙함이나 대단한 성과는 어떻게 가능할까? 얼핏 보기에 불가능했을 대단한 성과도 오늘 한발 잘 걸어온 것에 기인한다. 아니 무너지지 않고 잘 견딘 것에서 출발한다. 오늘 전진하지 못하고 제자리에서 잘 견딘 것이 성과이고 그것은 축제를 벌이기에 충분하다.

대단한 것은 오늘 잘 견딘 것을 먹고 산다. 그러니 오늘 성과를 내지 못했다고 실망하거나 좌절할 필요가 없다. 더욱이 초조해할 필요가 없다. 세차게 몰아치는 세파 속에서 잘 견딘 업적(?)

이 쌓이면 큰 족적으로 다가온다. 커다란 성과도 오늘 잘 견딘 것에 대한 다른 이름이다. 어쩌면 직장인에게는 매일이 데스밸리일지도 모르겠지만, 시선을 달리할 때 불현듯 영광(기쁨)의 순간이 다가온다. 이봉주 선수가 짝발과 평발에만 주목하지 않고 고통의 시간을 넘어서 얻을 열매를 기대하면서 웃었던 것처럼.

Chapter II

슬기로운 내공 쌓기

오늘은 선물, 변신은 보물

　매년 연초가 되거나 직장에서 새로운 보직을 받은 때에 커다란 꿈을 갖고 원대한 계획을 세운다. 대부분 작심삼일(作心三日)로 끝난다고 하더라도 도전하고 또 도전해야 한다. 계획을 세우는 것 자체가 과거를 돌아보고 현재를 점검하며 미래에 대한 희망을 드높일 수 있는 기회이기 때문이다.

　목표를 세운다는 것은 보이지 않는 것을 보게 하는 첫걸음이라는 말이 있다. 이런 혜안이 현실적으로 다소 불가능하다고 할 수 있지만, 계획에 계획을 더하면 어렴풋하던 미래가 더욱 선명해진다는 의미다. 우스갯소리로 작심삼일이라도 슬퍼하지 말라고 말한다. 삼일마다 새로 계획을 세우면 하고자 하는 목표를 매일 달성할 수 있다는 논리다.

흔히 현재를 영어로 Present라고 말한다. 이 단어는 잘 아시다시피 다른 뜻이 있다. 바로 선물이다. 현재를 잘 사는 것은 선물이다. 누구나 똑같이 매일 8만6400초가 배달되어 활용할 수 있다. 저축할 수도 없으니 잘 사용해야 한다. 그게 선물인 이유는 어제 유명을 달리한 누군가가 그토록 더 살고 싶었지만, 허락되지 않는 시간이기 때문이다.

그러나 오늘을 잘 살기 위해, 현재가 선물이 되기 위해 당장 준비하고 목표를 세워야 한다. 이를 통해 과거에 얽매인 내가 아니라 새로운 나로 변신한다면 현재는 선물을 넘어 보물이 된다.

입사 초기에 좋아했던 말이 있다. 바로 '일신우일신(日新又日新)'이 그 주인공이다. 은나라를 세운 탕왕이 세숫대야에 그 글귀를 써놓고 매일 보면서 자신의 행동거지를 돌아보고, 새로운 계획을 실천하니 자신도 모르게 성군이 되어 있었다는 이야기는 모두가 알 정도로 유명하다.

많은 직장인에게 필요한 것은 아주 잘 세운 계획이 아니라 자주 새로운 계획을 통해 과거의 자기를 버리고 다시 태어나는 것임을 시사해 준다. 목표나 계획은 거듭남을 전제로 하고 있다. 어쩌면 우리의 가장 나쁜 습관은 과거에 매몰되는 것이다. 회사에서 한번 나쁜 트라우마를 겪으면 헤어나오지 못하는 직원들이 적지 않다. 그들에게 상담 등 심리적 치료도 필요하겠지만, 도전하려는 목표를 세우는 것이 특효약일 수 있다.

업무가 아니라 개인적인 바람이어도 좋다. 목표를 통해 새로운 것을 추구해야 과거의 악몽(?)에서 보다 빨리 벗어날 수 있다. 가만히 앉아서 벗어나려고 하면 그 상황만 계속 되새김질 하면서 스스로 확대 재생산하게 된다. 잠이 안 올 때 자려고 억지로 노력하면 더 잠이 오지 않는 이치와 같다. 빨리 새로운 목표를 세우고 나는 새로운 피조물(창조물)이라고 주문하면서 방향을 틀어야 한다.

우리 인간은 영혼과 몸으로 구성되어 있다는 글을 본 적이 있다. 영은 인간의 정체성을 표현한 것이고 혼은 생각이다. 생각인 혼은 영과 몸을 연결해주는 매개체 역할을 한다. 몸은 육체를 의미한다. 우리가 새롭게 된다는 것은 당연히 육체의 변화가 아니라 정체성인 영의 변화를 의미할 것이다. 죽으면 껍데기인 육체는 흔적도 없이 흙으로 돌아가지만 영은 영원히 존재한다고 한다.

당연하지만 영은 만져지지 않는다. 그래서 계획과 실천을 통해 변해도 스스로는 변한지도 잘 모른다. 차분하게 하루하루 조금씩 변하는 방법은 롤모델의 생각을 훔쳐서 흉내 내는 것이다. 용감한 장수라도 전쟁터에 나설 때 두렵고 떨릴 것이다. 그런데 '이순신 장군이라면 어떻게 했을까?'를 생각하면 행동이 달라진다. 직장도 마찬가지다. 롤 모델인 상사의 얼굴을 그리고 '그라면 어떻게 했을까?'를 되새기면 답이 나온다. 회사 밖에 있는 존경하는 다른 사람 이름을 속으로 외치며 그의 생각과 행동을 따라 해도 된다.

직장에서 가장 좋지 않은 케이스는 아무런 계획 없이 살아가는 것이다. 계획은 단순히 업무 성과를 높이기 위한 목적이 아니다. 개인적인 차원에서도 계획이나 목표를 세워야 새롭게 출발하는 기점을 만들 수 있다. 장거리 경주인 직장에서 스스로 마음을 다 잡고 새롭게 변신할 수 없다면 희망이 없다.

회사는 월급을 주는 대가로 많은 것을 희생하라고 강요한다. 그것을 극복하면서 새로운 나로 거듭나기 위해서는 필요할 때마다 수정하고 새로 계획을 세워야 한다. 이런 과정을 통해 회복탄력성이나 스트레스에 대한 내성도 보다 높아질 수 있다. 일신우일신은 궁극적으로 일취월장(日就月將)으로 통한다. 매일 새로운 계획과 실천을 통해 실력이 점프하는 것이다. 이 과정에서 남보다 못한 결과를 내거나 아예 포기할 정도로 실패를 하면 스스로에 대해 분노를 가져야 하며, 때로는 고개를 숙이고 겸손할 필요도 있다. 이것을 기업가 정신이라고 압축하기도 한다.

회사가 창업단계를 벗어나 성공의 궤도에 진입하기 위해서는 작거나 큰 실패를 반드시 수반한다. CEO는 문제점을 투명하게 인정하고 데이터관리 등 합리적인 방법으로 개선할 때 추가 투자를 받을 수 있다.

직원이 회사에 들어와 승진하고 CEO까지 오르는 길도 마찬가지다. 발전하지 않는 회사에 투자가 없듯이 업무몰입을 하지 않고 시간만 때우는 직원이 CEO가 될 수 없다. 같은 이치로 회사는 발전하지 않는 직원에게 투자하지 않을 것이다.

감사가 경쟁력이다

최근에는 정년 퇴임하는 사람들이 많지 않지만, 필자의 입사 초기만 해도 퇴사는 거의 정년 퇴임을 의미했다. 고용의 유연성이 낮은 현실에서 재취업은 쉽지 않았다. 이것이 가능해도 월급 등 근무여건을 개선하여 전직하는 것은 극히 어려운 일이었다. 그러나 이제는 한두 번 직장을 옮기는 것이 필수적인 과정이 되어가고 있다.

필자는 중국에서 7년 정도 살았는데, 중국인들은 월급을 높이기 위해 자주 이직을 한다. 그래서 중국 직장인의 회사당 평균 재직기간은 30개월을 약간 넘는 수준이라는 이야기를 들었다.

평생직장보다 한두 번의 이직이 대세로 자리 잡았지만, 더 없이 감사할 일은 오늘도 출근할 곳이 있다는 것이다.

청년실업이 큰 문제인 상황에서 출근할 직장을 갖는다는 것은 작지 않은 축복인데, 입사 후 어느 정도 시간이 흐르면 초심을 잃는다. 축복이라는 생각보다는 다른 회사와 여러 가지 여건을 비교하기 시작하면서 감사와 기쁨은 썰물처럼 빠져나간다. 직장 만족도 하락으로 이어지고 업무에도 집중하지 못하면서 실력과 관계없이 뒤처진 직원으로 분류되어 버린다.

회사에 다닐 수 있다는 감사는 오래 유지되어야 한다. 만나는 사람마다 좋은 사람일 수 없지만 그래도 긍정의 눈으로 바라보고 감사로 대하려는 노력이 필요하다. 싫은 사람과 같은 프로젝트를 하게 된다면 사장님이 나를 크게 쓰시려고 단련시킨다고 최면을 걸 필요가 있다.

오랫동안 모신 어느 선배는 항상 좋은 동료를 붙여주고 돈(월급)까지 준다고 월급날마다 감사의 표시를 주위 사람이 모두 듣도록 큰 소리로 이야기하곤 했다. 오래 전 월급날에는 사무실에서 현금을 나눠주었다고 한다. 월급을 받는다는 것이 실감 났을 것이다.

30여 년 전 월급날에 급여명세서를 종이로 받은 적이 있다. 현금은 통장으로 들어갔지만 명세서 자체로도 현금을 받는 것과 비슷한 감격이 있었다.

우리 회사는 좋은 회사라고 하면서 자화자찬하는 선배도 본 적이 있다. 월급이 많다는 것에 자부심을 느끼는 것이 아니라 밀리지 않고 제때에 월급이 나온 것을 높이 산 것이다. 감사하니 회사 일도 즐겁게 대한 기억이 가득하다.

지인이 암에 걸려 병원을 다녀온 후에 대화를 나눈 적이 있다. 엄청난 스트레스와 걱정으로 얼굴이 어두울 것이라고 생각했는데 현실은 정반대였다. 신앙적인 부분도 있었지만 비교대상을 변경하자 웃음이 절로 나왔다고 했다.

병원에 가보니 자기 힘으로 걷지 못하는 사람이 엄청 많았다고 한다. 자기가 걸어서 병원에 가고 서 있는 것 자체가 행복이라고 목소리를 높인다. 그러면서 오늘 맑은 하늘을 주시니 감사하고 더불어 좋은 공기와 날씨를 주시니 더욱 감사하다고 강조한다.

사실 아프지 않을 때에는 별로 감사함을 느끼지 못했는데 몸이 불편하게 되니 정상인 것이 얼마나 좋은 상태였는지 알게 되어 오히려 감사할 일은 지금이 더 많다고 한다. 기분이 좋아지니 빠르게 건강도 회복되고 있다.

요즈음 지인들과 매일 감사 제목을 교환하고 있다. 적을 때는 하루에 5개이고, 많으면 15개를 쉽게 써 내려간다. 그런데 처음에는 감사한 것을 5개 채우는 것도 쉽지 않았다. 시간이 흐르면서 감사에 감사가 꼬리를 문다.

과거와 현재의 감사는 물론 미래에 희망 사항을 담은 감사는 더욱 매력적이다. 선불을 받아 감사하니 그동안 과거와 현재에만 의존했던 감사와는 차원이 다르다. 억지로 감사 제목으로 올려놓으면 그 내용이 실제로 감사할 수준의 결실로 다가온다.

사소한 일로 아들과 목소리를 높였지만 나중에 보니 이것도 감사 제목이다. 아들이 아빠를 믿었고 살갑게 생각했으니 반대 목소리를 낸 것이다. 더 대화해야겠다는 느낌표를 덤으로 받았다.

감사는 환경이 아니고, 더구나 조건은 더욱 아니다. 내 마음속에서 스스로 꺼내는 것이라는 것을 알았다. 가족은 물론 직장에서 만나는 사람에게 보내는 감사는 삶의 원동력이다.

한마디 말, 만병통치약

  일본의 한 회사는 기계에도 '감사 경영'을 도입하였다. 동전을 넣고 누르면 길거리 음료수 자판기가 다음과 같은 말을 하게 했다. '선택해주셔서 감사합니다.' 이 기계가 같은 자판기 중 매출이 가장 높았다고 한다.

  같은 이치로 어느 치과병원은 CT 촬영을 하면서 '걱정하지 말라'고 환자에게 위로의 말을 전하는 음성기능을 추가하였다. 더불어 촬영 후에는 '잘 도와주셔서 안전하게 끝났다'는 음성을 들려주었다. 그 결과 환자들이 촬영실에서 웃으면서 나왔다. 인상을 쓰면서 방사선에 노출된 것 아닌가 걱정하던 이전의 모습은 자취를 감추었다. 단순한 기계음에도 사람의 마음이 달라지고 행동의 변화도 끌어낸 것이다.

이런 영어 문장을 본 적이 있다. 'Death and life are in the power of the tongue.' 여기서 혀는 말을 뜻한다. 언어철학자들은 말이 입을 떠나는 순간 새로운 상황을 만들고, 이는 다시 창조하는 힘으로 작동하며 공동체를 연결하는 힘으로 작용한다고 주장한다.

같은 의미로 언어가 생사를 결정하고 창조를 야기한다는 문구도 있다. 엄청난 선언이고 한편 두려움마저 느껴진다. 그만큼 그 위력이 크다는 점을 강조한 것이다.

작은 불이 엄청난 산림을 불태운다. 아니 생명의 씨를 말리는 엄청난 힘을 발휘한다. 반면 불은 최고의 철강을 만들고, 맛을 극한 수준으로 끌어올린다. 혀가 우리 인생에서 불과 같은 메커니즘으로 작동한다.

온전한 사람의 기준은 말을 어떻게 하느냐로 달려 있다. 조직에서 인사 관련 말은 쉽게 퍼져 나간다. 부정적인 편견이 섞이면서 개인을 힘들게 하고 때론 조직과 회사 전체를 깊은 나락으로 추락하게 한다. 아예 말을 하지 않는 것이 나을 때가 훨씬 많다는 생각도 든다. 그러나 칭찬은 고래도 춤추게 한다는 말처럼 업무성과를 180도 개선하기도 한다.

'말의 힘'이라는 책을 읽으면서 충격을 받은 부분이 있다. '너는 네가 한 말이 네 귀에 들린 대로 될 것이다.' 흔히 말은 상대방에게 향한다고 생각한다. 그러니 너무 쉽게 다른 사람을 정죄하고 비방한다. 자기도 그렇게 못하면서 끊임없이 다른 사람에게 요구하고 때론 이치에 맞지 않는 것을 강요한다.

그런데 그것이 스스로를 옥죄는 부메랑으로 돌아온다. 특히 지금 내가 한 말이 당장은 물론 미래에 열매로 돌아온다는 대목도 강렬하다. 5년 후, 10년 후 회사에서 어떤 역할을 하고 싶은가? 오늘 그것을 말하고 스스로에게 자주 들려주면 성취된다는 논리다.

실제로 고위직에 오른 많은 사람 중에 신입부터 스스로에게 다짐하고 동료나 심지어 상사에게 그 자리에 오르겠다고 자주 언급한 사람은 예외 없이 된다고 한다. 신입직원이 당돌하게 원장이 되겠다고 하고, 사장이나 회장이 되겠다고 포부를 밝힌다. 말이 실행되는 것을 여러 번 보았다.

말은 그냥 소리가 아니라 힘이 있다. 선한 말은 최고의 치료약이라고 한다. 건강에 중요한 역할을 하는 적혈구는 눈 깜작하는 사이에 120만 개가 뼈(육체)에서 생산된다고 한다. 동시에 같은 숫자의 적혈구가 120일의 수명을 다하고 죽는다. 선한 말이 마음을 즐겁게 하여 뼈에 양약이 되어 적혈구를 더욱 늘린다는 글을 본 적이 있다.

여러 사람이 함께 일하는 회사에서 더욱 혀(말) 사용에 신중하고 신중해야 한다. 인간이 새와 짐승, 그리고 벌레조차도 길들일 수 있으나 자신의 혀는 길들이지 못한다고 한다. 매 순간 조심하고 조심해야 하는 이유다.

조직원으로 말을 함부로 하면서 존경받는다는 것은 포도나무에 무화과가 열리기를 바라는 것이며, 염전에서 맑은 생명수가 나오기를 바라는 어불성설이다. 오늘 선한 말로 동료를 살려야 하고 무엇보다 선한 말로 나의 미래에 희망의 빛을 비춰야 한다.

 내 말이 기쁨, 아름다움, 감사, 만족 등을 만들 것인지, 아니면 다툼, 비방, 이간 등을 만들지는 내 의지에 달려 있다. 말이 인생을 좌우하는 키인 것처럼 회사에서 하는 말은 그 사람의 능력이다.

꼬리론과 적당한 긴장

　긴장이라는 친구는 부담스럽고 두렵기도 하지만, 때론 필요한 존재다. 사전적으로는 사람이나 그 신체 조직이 수축되거나 흥분되었을 때의 상태를 의미한다.

　전쟁터에서 화살이 시위를 힘차게 떠나기 위해서는 긴장(팽팽함)이라는 동력원이 필요하다. 마찬가지로 직장에서 긴장이라는 친구는 자세를 가다듬고 주위를 살피고 최선의 해답을 얻기 위해 모든 지혜를 동원하게 만든다. 긴장할 때 실수도 많이 하지만 긴장하지 않고 최고의 성적을 낸다는 것은 역시 불가능하다.

　입사 후에 모두 자신이 최고라며 목소리를 높이다가 좌절하는 경우를 많이 보았다. 모두가 '머리'가 되겠다고 앞다퉈 뛰다가 망가지기도 한다.

필자는 항상 스스로를 '꼬리'라고 생각하고 회사에 업무에 임하였다. 방심하면 도마뱀이 꼬리를 끊고 도망가듯 자칫하면 회사에서 나를 버려, 설 땅이 없어질 수도 있기에 조금 더 긴장하자고 스스로 다짐했다.

입사 초기에 상존했던 적당한 긴장은 삶에서 활력소로 작용한다는 선배의 말은 지금도 생생하다. 쉬운 일은 실수할 가능성이 큰 일이라는 그 선배의 조언은 긴장이 왜 필요한지 일깨워준다.

긴장이라는 것이 얼마나 중요한지 은퇴한 선배들을 보면 쉽게 확인된다. 같이 업무를 할 때 만해도 활력 넘치던 선배를 퇴직 후에 몇 개월 만에 만나면 '폭삭 늙어버렸다'는 수식어 이외에 다른 말이 생각나지 않는 경우를 자주 경험했다. 집에서 자유 시간이 많으니 스스로를 잘 가꾸고 피곤하지도 않으니 피부도 좋아질 것 같지만, 현실은 정반대다.

무제한 자유는 단기간에 좋아 보이지만 얼마 가지 않아 절대 무기력으로 연결된다. 그래서 퇴직자에게 '백수가 과로사한다'는 말을 들을 정도의 바쁜 스케줄이 필수적이다.

요즘 입사한 직원들은 '워라밸(Work-life balance)'을 매우 중시한다. 중요하고 필요하다고 당연히 동의한다. 그런데 아무런 긴장도 없이 워라밸이라는 깃발 아래 개인적인 생활만 강조한다면 직장에서 키워야 할 실력은 등한시되고 자신만 만족하는 외딴 섬에 살 우려가 커진다.

어떤 일을 하든 '적당한 긴장'을 즐길 수 있어야 한다. 이를 위해 자신이 처한 환경을 자주 되새겨 봐야 한다. 최근 히트한 드라마 '파친코'에서 모자수로 열연한 재일교포 3세 박소희의 성공 스토리는 진한 감동을 준다. "나는 자이니치(在日, 재일 한국인)라는 것이 자랑스럽다"고 인터뷰에서 말했다. 이런 다짐은 그가 항상 '강인해져야 한다'는 긴장을 안고 살도록 만들었다.

일본의 명문 사립대인 와세다대에서 무역학을 전공한 그에게 배우라는 직업은 더 큰 긴장을 요구했다. 미국으로 이민하면서 일본어가 자신이 있어 적지 않은 기회가 올 것으로 생각했다. 그러나 일본 국적이 아니면 일본인 배역을 맡을 수 없다는 규정은 긴장을 최고치로 끌어 올린다.

일본어가 능숙해도 일본인 배역을 못 맡는 기막힌 현실을 어떻게 타개해야 할까? 그래서 액션 연기라도 맡기 위해 무술을 연마하기 시작한다. 그에게 긴장의 연속이라는 미래는 더 많은 기회로 연결되고 있다.

긴장은 우리에게 미래를 위해 투자를 하게 만드는 긍정의 힘을 내뿜는다. 전공한 것을 회사에서 활용한다고 전혀 공부를 안 하는 직원이 적지 않다. 일과 배움은 관계가 없다고 단정하기도 한다.

인간관계가 모든 것을 결정한다고 이곳저곳 기웃거리기도 한다. 줄을 잘 섰다고 실력도 없이 미래를 낙관하기도 한다. 매일 보고서를 쓰면서 '어떻게 하면 보고서를 잘 쓸 것인가'라는 책 한

권에도 투자하지 않는 게 현실이다. 긴장이 없기에 나타나는 부작용이다.

이탈리아 박물관에는 벌거벗고 앞머리만 무성한 특이한 남성 조각상이 있다고 한다. 몸 전체를 벌거벗은 것은 모두의 눈에 잘 띄게 하려는 것이요, 앞머리가 많은 것은 나를 보았을 때 쉽게 잡게 하려는 것이며, 뒷머리가 없는 것은 지나가면 절대로 잡을 수 없어 만회가 힘들다는 것으로 흔히 '기회'를 상징적으로 표현한다.

미리 준비해 잡아야 하는 기회를 내가 지배하기 위해 '매의 눈으로 쳐다보는 적당한 긴장'이 필수적인 무기로 사용되어야 한다. 그래서 직장에서는 긴장을 즐길 준비가 되어 있어야 한다.

거울에서 찾는 깊은 뜻

"물에 비치면 얼굴이 서로 같은 것 같이 사람의 마음도 서로 비치느니라."

비기독교인도 참고하면 좋을 말씀들이 빼곡한 성경의 잠언에 나오는 말이다. 여기서 '물에 비치면 얼굴이 서로 같은 것 같이'를 두고 여러 가지 해석이나 깊은 뜻이 있겠지만, 확실한 것은 거울의 기원을 찾을 수 있다는 점이다.

지금으로서는 상상하기도 힘든 상황이지만 수천 년 전에는 자신의 모습을 스스로 확인하는 거의 유일한 방법은 연못이나 호수와 같이 흐르지 않는 물의 표면에 얼굴을 비추는 것이었을 것이다. 바람이 일어 작은 물결만 있어도 선명도가 크게 떨어지는 어려움도 감수해야 한다. 지금처럼 너무나 선명한 거울을 갖고 나를 어느 때나 볼 수 있다는 것이 얼마나 편리하고 손쉬운 일인가?

이후에 돌을 잘 다듬어 거울로 사용하였고, 그 다음은 금속을 통해 자신을 보는 것으로 진보하게 된다. 금속으로 된 최초의 거울은 기원전 3000년경 이집트인들이 구리를 갈아서 만들었다고 한다. 이어 기원전 2000년 무렵에는 중국에서 청동을 소재로 거울을 제작하는 신기술을 선보였다.

물보다는 크게 진보했지만 돌, 구리, 청동 등은 아무리 매끄럽게 갈아도 선명도에 한계가 있을 수밖에 없었을 것이다. 12세기가 되어서야 유리의 제조 기술이 거울을 통해 빛을 보게 되었다. 주석과 수은을 결합하는 위험한 공정을 통해 거울은 물론 보석이 만들어지게 된 것이다.

19세기에 이르러 은과 알루미늄 도금이 새로운 거울 제조공정으로 출현하면서 대량생산이 가능하게 되었다. 우리가 너무나 편리하게 사용하는 다양한 금속 등 소재를 통해 탄생한 거울도 수천 년의 땀과 노력의 결정체라는 생각이 들자 거울에 대해 감사함이 넘쳐난다.

아주 저렴하게 구입하여 내가 나를 볼 수 있게 만든 거울은 상징하는 바가 크다고 생각한다. 원래 인간은 만물의 영장이지만 스스로를 볼 수 없도록 창조되었다. 사실 거울에 비친 나의 모습은 거울에 투영된 것일 뿐 엄밀하게 이야기하면 직접 보는 것은 아니다.

그러나 내가 나를 보는 것은 불가능하지만 다른 사람이 나를 보는 것은 너무나 쉽다. 이는 삶의 지혜로 연결된다. 나에 대한 나의 아집을 내려놓고 다른 사람의 의견을 구해야 한다는 점을 반영한 것이다.

조직체로 활동하는 기업에서는 고객의 목소리를 경청해야 하고 가족 등 인간관계에서도 다른 사람의 의견을 듣는 소통이 무엇보다 중요하다. 입은 하나인데 왜 귀는 두 개냐는 질문에 듣는 것이 말하는 것보다 2배나 중요하다는 것을 상징한다는 말도 있다. 거울도 비슷한 맥락의 시사점을 안겨준다. 스스로를 자주 돌아보고 다른 사람과 소통하라는 의미로 해석하고 싶다.

우리 인생 가운데 좋은 거울은 물체를 그대로 비추는 선명한 거울이 아니라 나의 단점과 오판을 솔직하게 이야기해 주는 옆의 동료일 것이다. 만약 이런 반응이 없거나 그런 통로가 없는 조직에 몸담고 있다면 오늘날에도 물에 비치는 거울을 갖고 있는 사람이나 조직이고, 중간 수준이라면 돌이나 청동으로 제작된 거울에 기댄 사람이다.

속 시원하게 소통하는 그런 조직에서 활동한다면 굳이 거울이 필요 없을 수도 있다. 다른 사람이 잘 도와주기 때문이다.

시간과의 동행 VS 시간과의 역행

 윤시내라는 가수가 언론과 인터뷰를 하면서 하나의 조건을 내걸었다고 한다. 그 내용을 보기 전에 그 이름을 보자마자 그녀의 히트곡이 뇌리에서 줄줄이 넝쿨처럼 소환된다. '열애', 'DJ에게'라는 노래의 멜로디가 익숙한데, 가장 이색적이었던 노래는 뭐니 뭐니 해도 '공부합시다'다.

 "빨간 옷에 청바지 입고 산에 갈 생각하니~~ 눈 깜빡이고 앉아(우우우우) 무얼 생각하고 있니? 하얀 신발 챙모자 쓰고 바다 갈 생각하니~ 안 돼 안 돼 그러면 안 돼 안 돼 그러면 낼모레면 시험 기간이야 그러면 안 돼(안 돼~~) 선생님의 화난 얼굴이 무섭지도 않니 네 눈앞에 노트가 있잖니? 열심히 공부하세."

 그녀는 여전히 40kg이 안 되는 몸무게를 유지할 정도로 가사처럼 자신에 대한 관리에 철저하고, 맹장 수술 다음 날에도 약속을 지키기 위해 무대에 섰다고 한다. 그 힘의 원천은 나이를 잊고 활동하는 것이고, 모든 인터뷰와 대화에서 나이는 금지어다. 여전히 현역으로 왕성하게 활동하는 그녀에게 '시간은 거꾸로 흐른다'가 인터뷰 제목이다. 그래도 궁금해서 인터넷으로 그녀의 출생 연도(1952년생)를 슬쩍 확인해 본다.

50년간 의사라는 직업을 통해 봉사 스토리를 써내려 온 할머니 의사 이야기는 감동을 넘어 필자의 마음에 폭격을 가한다. 직업은 무엇이어야 하는가를 되새기게 한다. 그동안 하루에 적게는 80명, 많으면 200명을 넘는 어린 환자들을 돌봤다. 이를 일해온 시간으로 환산하면 돌봐준 환자는 얼추 6만 명을 넘어선다고 한다.

서너 끼를 굶고 찾아온 아이도 많이 봤고 국내에서 입양이 되지 않아 해외로 보낸 어린 환자도 적지 않았다. 상당수가 부모로부터 버려진 데다 장애가 있어 마음을 아리게 했지만 얼마 후에 버젓이 정상적인 생활인으로 꿋꿋하게 살고 있다는 소식을 보내올 때 감동은 최고조에 달한다. 뇌성마비였던 아이가 미국으로 입양되었다가 재활의학 전문의가 되어 할머니 의사를 찾아온 이야기는 감동 그 자체다. 1933년생인 할머니 의사 이야기다.

요즘 모든 직업과 직장 생활에 'MZ'라는 말이 도배된다. 세상이 전광석화처럼 바뀌고 있음을 실감한다. 손바닥에 있는 작은 휴대폰 하나로 모든 일을 처리할 수 있다. 팀원들 모두가 참여해

토론도 하고 수십억이 들어가는 프로젝트를 검토한 후에 결재까지 휴대폰에서 이뤄진다.

생활로 눈을 돌리면 발품 팔지 않으면서 마음껏 아이쇼핑을 하면서 옷을 구매하고 지인에게 돈도 보낸다. 해외에 가지 않아도 필요한 뉴스를 골라서 보고 마음껏 명소를 탐방하면서 동시에 스포츠 중계도 엿듣는다.

MZ세대가 주로 사용하는 축약어를 알지 못하면 대화에 끼어들지도 못한다. 단순히 상식 부족이 아니라 시대에 뒤떨어진 패잔병 취급을 한다. 모르는 단어가 단톡방에 튀어나와도 잘 물어볼 수가 없다. 체면을 구기는 데 그치는 것이 아니라 실력이 없는 사람으로 평가될 수 있기 때문이다.

직업을 두고 극단이 존재한다. 시간의 흐름을 잘 따라가야 한다는 것이 제1의 원칙이다. 기술이 발전하고 있으니 뒤처지면 죽는다는 것이 정답이다. 수천 년간 밥 짓는 기술은 땔감을 잘 활용하면 되었지만, 수십 년 전부터 전기와 가스로 밥을 짓다가 이제는 수십 초면 가능한 '햇반'이 젊은이들의 사랑을 받고 있다.

새로운 기술이 탄생하자 많은 것들이 자취를 감추고 휙휙 지나간다는 느낌이다. 어떻게 생존해야 할지 현기증이 난다.

그런데 더 중요하고 근본적인 것은 시간을 역행한다. 시간이 갈수록 더욱 빛을 발하고 있다. 할머니 의사처럼, 시간에 굴하지 않는 가수처럼 나가야 한다. 자신의 장점을 찾고 처절하리만큼 적극적으로 이를 유지하고 관리해 '아름다운 스토리'를 만들어야 한다.

또한, 직장인으로 사회에 기여하는 것도 소홀히 다뤄서는 안 된다. 직업은 자신만을 위해 존재하지 않는다. 오늘 그런 곳을 향해 한걸음, 아니 반걸음이라도 나갔다면 성공적인 직장 생활을 한 것이다.

회사에서 오늘도 걸어야 한다. 그렇지 않으면 죽는다는 각오로, 시간을 앞서서 걸으며 좋아하면서도 고귀한 것을 추구해야 한다.

마지막 1%의 힘, 끈질김

무슨 일이든 '어떻게 시작했느냐'보다 '어떻게 끝냈느냐'가 더 중요하다. 그런데 곰곰이 생각해 보면 시작한 일은 무척 많은데 잘 마무리한 일은 손에 꼽을 정도다.

최근 〈끈질김〉이라는 책을 읽은 일이 있다. 저자는 자신이 무엇이든지 쉽게 그만두는 전력이 있다면서 스스로를 되돌아보았다.

미혼일 때는 어떤 여성과 두세 번 데이트하고 나면 더 이상 만나고 싶지 않았고, 피아노를 배우기 시작했다가 6개월을 넘기지 못했다고 한다. 그 후에는 기타를 사 달라고 부모님을 졸라 비싼 기타를 얻어 열정적으로 연습했지만, 뜨거운 마음도 몇 달 만에 식었다.

운동도 예외가 아니었다. 야구를 하다가 2년 만에 그만두었고 골프와 육상도 한 철을 넘기지 못했다. 책 읽기도 마찬가지였다고 고백했다. 대부분 서너 챕터를 읽고 서고로 직행했으며 숙제로 강요된 책을 제외하고는 마지막 장에 이르지 못했다.

아마 우리 모두의 자화상이 아닐까? 그러나 회사 내 조직원으로 이런 사람은 환영받지 못한다. 특히 프로젝트에 대해 초기에는 왕성하게 시동을 걸었으나 얼마 못가서 조용히 꼬리를 내리는 경우는 더 문제다.

그럼, 어떻게 끝내느냐를 결정하는 것은 무엇일까?

대기업 인사담당자에게서 이런 말을 듣고 충격을 받았다. 입사 후에 3년 정도면 임원이 될 사람이 거의 결정된다는 것이었다. 그 싹은 단순히 능력이나 스펙이 아니라 몸에 체득된 끈질김과 간절함이라는 설명이 따랐다.

순간적으로 재치나 아이디어를 내놓아 스타가 되기도 하지만 성과로 연결되기 위해서는 절박함이 있어야 한다. 그렇다. 사람은 쉽게 변하지 않아 싹을 보면 열매의 튼실함을 엿볼 수 있다는 말이다.

보고서를 만들 때 한 번 더 보고 다른 사람이 점검하지 않는 측면을 더 검토하는 사람이 있다. 상급자에게 보고하기 전에 다시 숫자를 뚫어지게 체크하는 사람이 있다. 계산이 잘못되거나 오탈자로 모든 것이 무너질 수 있기 때문이다. 지금은 흔하지 않지만 문서 페이지가 뒤바뀌고 중간에 백지가 들어간 채 보고했던 기억도 있다.

자료를 만들 때 이런 마음을 갖고 임하라고 말한다. 물은 100℃에서 끓는다. 그러나 1도 차이인 99℃에서는 물이 끓지 않는다. 내가 만든 제품이 목표에 도달했는지 여부는 노력에 비례하지 않는다. 마지막 100분의 1의 노력이 첨가되었느냐에 의해 결정된다.

너무 억울하지 않을까? 100분의 99를 잘했는데 한 사람은 실패를 하고, 다른 사람은 마무리를 잘해 반대 결과를 얻는다. 그래서 마지막 1%는 비율에 따른 노력이 아니다. 마무리는 앞의 모든 내용을 결정하는 '화룡점정(畵龍點睛)'이다.

'명불허전(名不虛傳)'이라는 말이 있다. 특정인의 명성이나 명예가 헛되이 퍼진 것이 아니라는 뜻으로, 이름날 만한 까닭이 있음을 이르는 말이다.

조직논리가 강하고 인간관계에 의해 진로가 좌우된다고 하는 기업에서도 무적의 무기가 하나 있다. 명불허전을 가능케 하는 것은 마지막 1%라는 간절함과 절박함이다. 모든 과정이 중요하지만 마지막 1%가 진짜 내 실력이라는 끈질김을 배양해야 한다.

모두가 바른 자세로 회사 일을 하겠다고 커브형 신형 의자를 산 이야기를 들었다. 바른 자세가 집중도를 높이고 건강을 챙길 수 있다면서 단체구매를 통해 마련했지만 2주를 버티지 못하고 모두들 불편하다고 사무실 한구석으로 밀어 놓았다고 한다. 그들에게 자세 교정 의자가 있었지만 자세를 교정한 사람은 없었다.

꾸준하게 어떤 일을 한다는 것은 불편함과 어색함을 수반한다. 그래서 습관이 성공의 DNA로 되기 위해서는 1만 시간의 법칙이 필요하다고 말한다. 물이 끓기 위해 마지막 1%가 모든 걸 결정한다는 것을 회사 업무에서도 되새겨야 한다. 그래야 결과물이 달라진다.

자기 주관만 넣은 보고서보다 객관적인 자료를 넣어 논리를 세워야 한다. 그런 자료가 없으면 직접 설문하면 금상첨화다. 설문하기 힘든 상황이라면 직접 발로 뛰어 사례조사를 통해 핵심을 찾아내야 한다. 내가 쉽게 할 수 있는 것은 누구나 쉽게 할 수 있다. 결과는 마지막 1%만 기억하고 그로 인해 모든 것이 완성된다.

아버지 학교의 놀라운 교훈

 필자는 북경에서 7년을 살았는데, 가장 좋은 추억으로 남은 이벤트가 아버지 학교에 참가한 것이다. 교회에서 주도한 것이지만, 내용은 평범하고 일상적인 것으로 구성되었다. 매주 토요일에 서너 시간을 투자해 5주간 참여한 것으로 기억되는데, 평상시에 인식하지 못하던 점을 많이 일깨워준 계기가 되었다.
 학교 하면 배우는 곳이라 딱딱할 것 같았는데 학생끼리 같은 아버지로서 대화를 나누며 스스로를 되돌아볼 수 있어 좋았다. 특히 일부 참가자는 미혼인 경우도 있어 미리 좋은 아버지를 준비하기 위해 왔다는 말을 들었을 때 진한 감동이 밀려 왔다.
 우리 인생은 사실 많은 것을 모르고 씨줄과 날줄을 엮어간다. 한치 앞도 내다보지 못하면서 모든 능력을 갖고 있는 것처럼 행동한다. 혈연으로 이어진 자녀와 달리 결혼으로 맺어진 부부관계는 인생을 살면서 쌓은 지식을 총동원하여 결론을 내보지만, 그 무엇 하나 속 시원한 것이 없이 상식과 이성을 혼합한 잡탕 수준의 지식에 근거한다.

더 큰 문제는 이런 판단이 최고의 결정이라도 되듯 남의 말을 경청하지 않고 상대방을 쉽게 정죄한다는 점이다.

아버지 학교에서 가장 좋았던 점은 자연스러운 토론을 통해 스스로의 단점을 발견한 것이다. 그런데 놀라운 사실은 그 단점이 나의 아버지에게서 그대로 물려받았다는 것이다.

교육 기간 동안 아버지에 대한 회상의 시간을 갖는다. 10년, 아니 20년 전으로 돌아가 내 안에 들어와 있는 아버지를 세심하게 조망한다. 필자는 이미 세상을 떠나 안계시지만 아버지를 기억의 창으로 소환하는 데 어려움이 없었다. 여러 형제의 막내로 자라 많은 추억이 있었다.

대학에 갈 때 왜 재수를 막았을까? 왜 어려서부터 집안일을 그렇게 많이 하게 했을까? 여러 가지 사건들이 주마등처럼 지나간다. 세월이 흘러도 강력한 선명함으로 다가오는 것이 적지 않다.

아버지에 대한 장점과 단점을 끝없이 적다 보니 갑자기 탄식이 나왔다. 상당수가 나의 생활 태도와 같았기 때문이다. 특히 내가 아버지의 단점이라고 적었던 사실 중 대부분을 내가 그대로 답습하고 있었다.

내가 가장 싫어했던 점은 아버지가 술을 드시고 큰 소리를 지르며 동네(시골마을)로 들어오는 것이었다. 그런데 나도 기분 좋게 한잔하고 퇴근할 때 아파트 벨을 누르지 않고 문 앞에서 딸의 이름을 크게 부르는 버릇이 있었다. 나름 살가움을 가족에게 표시하는 방법이었는데 아내와 딸은 이런 행동을 무척이나 싫어했다. 동네 창피하다면서 꼭 고치라고 했는데 나는 대수롭지 않게 생각하고(사람마다 생각이 다르니) 밀고 나갔다.

아버지 학교 후반부에 촛불을 켜고 회개하고 반성하는 시간이 되었을 때 수십 년 전의 나와 현재의 딸의 얼굴이 오버랩 되면서 깨달았다. 내가 기분에 따라 했던 행동이 딸이나 아내에게는 상처가 될 수도 있었겠구나? 곧바로 나쁜 습관을 고치는 계기가 되었다.

덩달아 다른 습관들도 스스로 짚어 보는 계기가 되었다. 좋은 것은 물려주고 나쁜 것은 내 때부터 끊어야 좋은 유산을 남기는 아버지가 되는 것이 아닐까?

아버지 학교에서 배운 또 다른 장점은 억지로라도 가족들의 장점을 찾아야 한다는 것이다. 1~2개가 아니라 수십 개를 발견해 내는 훈련이다. 딸과 아들이 좋은 이유가 20개를 넘어가면서 억지로 찾게 된다. 엄청난 창작 실력이 있어야 하나가 추가된다.

그런데 나중에 다시 훑어보면 '모두가 맞다'에 고개가 끄덕여진다. 우리는 나의 장점에 취해 남의 장점을 과소평가하는 경향이 있다. 그래서 좋은 가족관계를 위해 훈련이 필요하다.

상처는 가까운 사람에게 많이 받는다고 말한다. 기대한 것이 많으면 상처도 많이 받기 때문에 당연히 그럴 것이다. 그런데 나는 세상에서 가장 중요한 역할을 잘 수행하기 위해 아버지에 대한 책을 제대로 읽은 적도 없고 고민한 시간도 길지 않았다.

30년 이상 직장 생활을 하면서 어떻게 하면 직장 생활을 잘할까를 고민한 흔적 역시 별로 없다. 동료의 장점을 찾기보다는 불평으로 날을 지새웠다. 서너 시간만 투자해도 당장 직장 생활이 변할 수 있다. 오늘 당장 서점으로 달려가 즐겁게 직장 생활을 하는 방법을 찾으라고 강력하게 권한다.

극단적 관점의 변화

 필자가 사는 동네에 '머리 못하는 미용원'이라는 간판을 단 가게가 있다. 아마 다른 곳에도 있을 것이다. 도대체 머리를 깎으라는 것인지 아닌지 헷갈리지만 과장하거나 속이지 않는 착한 마음을 느껴 문을 열고 들어간다. 종종 손님들이 문전성시를 이루기도 한다.

 '엉터리 생고기'라는 간판을 떼로(프랜차이즈) 내건 식당도 있다. 엉터리란 사전적으로 보기보다 매우 실속이 없거나 실제와 어긋나는 것을 말한다. 고객을 끌기 위해 고기의 품질을 강조해야 하는 것이 당연한 일반적인 식당의 경영전략과는 맞지 않는다. 그러나 엉터리라는 접두어는 해장국, 갈비 등에 붙어서 고객에게 사서 먹으라고 한다. 여기서 엉터리는 뜻은 심정적이나 실질적으로 달라진다. 세련되지는 않았지만, 정감이 넘치고 푸짐하게 음식을 제공한다는 의미로 이해된다. 모두가 속이려는 세상에서 순박하게 장사하고 있다는 역설적인 표현이다.

직장 생활에서도 역발상이 필요하다. 매일 힘들고 어려운 일이 줄을 서서 다가온다. 아니 어떤 때에는 떼로 덤벼든다. 이를 잡아먹지 못하면, 잡아먹힐 것 같은 숨 막히는 순간에 철강의 제조 과정을 떠올린다. 대장간에서 풀무로 철을 단련하지 않고는 강한 농기구로 태어날 수 없는 것처럼 나에게 큰일을 맡기기 위해 예비고사를 치르고 있다고 생각하며 힘을 낸다. 스트레스가 많다면, 그만큼 나의 능력을 높게 평가한 것이라고 스스로 위로한다.

매일 매일 업무량이 많아 늦게까지 회사에서 일을 처리한 결과 아침에 일어나기 힘들다면 이런 처방전이 필요하다. 오늘 피곤하다면 그것은 어제 열심히 산 것에 대한 증거로 칭찬받기에 충분한 조건을 갖추었으니 즐거워하라. 담금질과 스트레스 과다는 회사에서 중책으로 가는 디딤돌이고 능력을 인정받을 기회라는데 이의가 없을 것이다. 아침마다 스트레칭 운동을 하고 있다. 그 후에 몸에 변화가 없다면 시간을 낭비한 것이다. 고통을 참고 비틀고 굽히고 숙이는 고통을 겪고 나면 스트레스 해소는 물론 유연성도 높아지는 포상을 받는다.

수면 부족을 이야기할 때에도 관점의 변화가 필요하다. 만약 충분히 자서 더는 잠이 오지 않는다면 승진에서 누락될 만큼 충분하게 게을러진 것이다. 지극히 경계해야 할 상황이다.

반대로 아침에 힘들게 눈을 뜨고 부리나케 서둘러 출근했다면 오늘은 어제 지불한 대가로 인해 추수만 하면 된다. 어찌 시간을 쪼개 매진하는 씨 뿌림의 부지런함이 없이 풍성하게 추수할 수 있겠는가?

연초가 되면 모두가 올해는 힘든 해가 될 것이라고 말한다. 회사는 위기에 휩싸였다고 임직원들은 입을 모은다. 위기(危機)의 '기'라는 글자에는 특별한 의미가 있다. '틀'이라는 뜻으로 어떤 일의 가장 중요한 계기나 조건을 말한다. 의미가 정반대처럼 보이는 기회(機會)에도 같은 '기'자가 사용된다. 다시 말해 위기는 기회를 불러오는 양면성을 갖고 있다는 말이 된다. 위기일 때 개인은 자산을 모을 기회가 생기고, 직원은 승진할 기회가 다가온다.

따라오는 경쟁자가 급증하는 고비를 잘 넘기면 시장은 무풍지대가 된다. 평상시에는 직원 간 능력 차이가 잘 구분되지 않지만, 위기에서는 확연하게 구분되는 특징도 있다. 결론적으로 위기에 움츠러들기보다는 새로운 도약의 기회이자 자신의 능력을 발휘할 시간이 다가온 것으로 받아들여야 한다.

'인생은 아름다워'라는 영화를 보았다. 그러나 실제 내용으로 들어가자마자 인생은 아름답지 않다는 사례의 연속이다. 암에 걸린 여주인공은 극단적 비관으로 모든 환경을 걷어찬다. 그러면서 '죽기 전에 해야 할 일'이라는 타이틀 하에 글을 써 내려가다가 반전을 맞이한다.

'아름다운 인생에서 꼭 해야 할 일'로 제목을 바꾸면서 남편과 자녀도 소중한 자산으로 변한다. 같은 내용이지만 제목을 어떻게 붙이느냐에 따라 정반대로 바뀐다. 이 주인공은 죽음을 앞둔 시기지만 잔치로 인생을 클라이막스까지 끌어 올린다.

베트남의 축구영웅인 박항서 감독이 베트남 선수들에게 수없이 강조한 말이 있다. "절대로 고개를 숙이지 말라. 축구를 하는 것은 가족, 동료, 국가 등을 위해 하지만 궁극적으로는 자신을 위해 하는 것이다. 패배를 겪더라도 스스로 좌절하거나 동료를 비난할 필요가 없다. 많이 져봐야 승리할 줄 알기 때문이다." 죽음, 실패, 고개 숙임 등으로 나를 둘러매지 않는 이상 이제 승리할 시간이다.

유명한 성경 속 인물인 요셉은 형제들에게 팔려서 옥에도 갇힌 신세가 된다. 그러나 좌절하지 않는다. 전능자가 어느 환경에서든지 함께 있다고 믿기 때문이다. 나중에 적국의 총리가 된 후에 자기를 판 형제들에게 복수하기보다는 고난(가뭄)으로 모두가 죽음의 위기에 내몰릴 때 적국의 양식을 형제와 아버지에게 나눠주며 감싸 안는다. 형제들이 요셉을 판 것(고난)은 미래를 준비하기 위함이라는 역설적 해석으로 복수 대신 축복을 선택한다.

자신만의 임팩트 있는 브랜드

 중국어 브랜드를 만들 때, 발음도 원래 문화권(영어나 한국어 등)의 그것과 비슷하면서 뜻도 좋다면 금상첨화다. 대표선수가 코카콜라다. 코카콜라는 중국어로 '커코우커러(可口可樂)'로 발음되기 때문에 원음과 비슷하고 '입을 즐겁게 한다'는 뜻으로 해석할 수 있어 상품(음료)의 이미지를 동시에 잘 표현했다는 평을 듣는다. 더 나아가 사용한 한자도 쉬워 중국 시장을 파고드는 데 브랜드가 일등공신이었다는 평가다.

 최근 스타벅스가 입점하면 그 건물이 망할 일은 절대 없다는 말에 모두가 동의할 정도다. 해외는 물론 국내에서 스타벅스의 브랜드 인지도는 탁월을 넘어 독보적이다. 스타벅스 CEO는 "세계에서 최고로 존경받는 브랜드로서 고객의 영혼을 고취하고 이에 자양분을 공급하여 영속적이고 위대한 기업이 되는 게 목표"라고 밝힌 바 있다. 강렬함과 비장함이 묻어난다.

빈민가 출신인 그는 영혼과 소통하는 커피를 만들기 위해 '커피에 대한 최고의 전문가'라는 인재에 대한 목표와 '사랑받기를 사랑하라'는 리더십 슬로건을 만들었다. 세계 최고의 브랜드는 우연이 아니라 혼신을 다한 자세에서 탄생한 것이다.

애플의 슬로건은 'Think different'이다. 문법이 맞느냐는 논란도 있지만, '무엇인가 다른 것을 찾는다'는 의미에서 강한 인상을 준다. 어떤 일을 할 때 세상을 바꿀 수 있다고 믿을 만큼 해당 업무에 충분히 미쳐야 한다는 배경이 스며있다고 한다.

IBM은 'Make a Difference'라는 비슷한 슬로건으로 회사 이미지를 높이고 있다. 어떤 이는 두 회사의 것을 합하여 'Think different, then make a difference'라는 새로운 슬로건을 주창했다.

회사나 제품은 브랜드나 슬로건으로 존재감을 과시한다. 그에 따라 기대 이상의 성과를 거두기도 하고 그 반대로 고배를 마시기도 한다. 핵심은 얼마나 경쟁하는 회사나 제품과 차이를 부각하느냐다. 이전에는 잘 만드는 것(오랫동안 고장 나지 않고 사용하거나 소비)이 대세였다면 이제는 무엇인가 차이가 있어야 선택받는다.

이제 평생직장은커녕 같은 회사에서 동일 직급에 오래 머무는 것이 무능력이 된 시대다. 국내 최고의 회사도 직원 이탈을 걱정하고 있다. 월급에 확실한 성과급, 그리고 스톡옵션과 자유로운 근무 분위기를 내세우는 회사들이 많아진 것도 이 때문이다.

소위 '네카라쿠배(네이버·카카오·라인·쿠팡·배달의민족)'가 우수 인재의 블랙홀이 되고 있다. 조금만 몸값을 높여 준다면 미련 없이 일터를 옮긴다. 이전에 '동료가 좋고 분위기가 맞아 옮기지 못 한다'는 감성파는 설 땅이 없다. 심지어 5~10%만 더 줘도 옮긴다고 말한다. 어차피 최종 종착지가 아니라 더 높은 곳으로 가기 위한 징검다리로 보기 때문이다.

직장인 90%가 이직 기회를 보고 있다는 설문 결과도 본 적이 있다. 최근 잡코리아가 남녀직장인 928명을 대상으로 조사한 결과 현재 적극적으로 이직을 준비 중이라는 비율이 32.4%이고 수시로 채용공고를 살피는 중이라는 응답은 57.7%에 달했다.

이직이 항상 만사형통의 길은 아니지만, 실력이 있다면 누가 말리겠는가? 다만, 꼭 냉철하게 짚어봐야 할 대목이 있다.

우선, 자기 브랜드를 돌아봐야 한다. 이루고 싶은 꿈과 목표가 분명해야 하고 외부 전문가 집단과 네트워크도 견고해야 한다. 더불어 'Different'하고 '사랑받기를 사랑하기'에 큰 문제가 없어야 한다.

두 번째로, 새로운 회사가 어떤 점에서 나를 원하고 내가 그것을 만족시킬 수 있는가를 따져 봐야 한다.

셋째, 최소 6개월마다 자신이 어떤 경력에 어느 분야의 강점을 가졌는지 스스로 명확하게 쓰면서 새로운 것을 1개 이상 추가해야 한다. 기업이 성장하기 위해 연구개발(R&D)이 필요하듯 개인적으로도 월급의 10% 정도는 자신에게 재투자해 새로운 분야에 대한 실력을 추가해야 한다. 평생직장이 없어졌다는 것은 평생 하나의 기술이나 업무 전문성으로 밥벌이를 할 수 있는 상황이 아니라는 말이다. 기술변화가 초스피드로 진행되고 있기 때문이다.

내가 자주 옮기면서 그것을 뒷받침하는 무기가 없다면 점프가 아니라 추락일 수 있다. 오늘부터 내 브랜드를 만들어라. 스타벅스 정신처럼 채용하려는 CEO의 영혼을 고취할 그 무엇이 있어야 한다.

월급과 경쟁력

취업 희망자들이 회사를 선택하는 기준은 무엇일까? 30여 년 전 필자가 입사할 때는 단연코 월급 총액이 중요한 잣대였다.

월급만을 위해 직장생활을 하는 것은 아니지만, 일하는 보람은 통장에 찍히는 금액이 좌우한다고 해도 과언이 아니다. 갈수록 회사별로 임금 격차가 커지고, 같은 회사에서 같은 직급이라도 급여가 다른 것은 이제 뉴스가 아니라고 하지만 현실은 전혀 다르다.

국내에선 기업의 95%가량이 오래 다니면 월급이 많은 연공서열형 체제를 채택하고 있다. 이는 1990년대와 2000년대 초반 진행된 높은 물가상승률, 그리고 한 번 회사에 들어가면 좀처럼 옮기지 않는 관행과 무관하지 않다.

필자보다 연차가 10년 정도 앞선 선배가 입사할 때 월급으로 3

만 원을 받았다고 말했는데, 필자는 신입사원 초기에 60만 원 정도를 받았다. 10년 만에 상전벽해 수준이다.

오래전 5년이면 임금이 '더블(연평균 인상률 약 15%)'이 된다는 말이 나돌았다. 1990년대 초반만 해도 한해에 두 자릿수 임금인상률이 흔했다.

필자도 입사 후 3년이 됐을 때 파업을 통해 20% 안팎의 임금인상률을 쟁취한 적이 있다. 당시 은행의 이자율이 20%를 웃돌았으니 높은 임금인상률은 어쩌면 당연했다.

그러나 연차가 높아질수록 뛰어오르는 임금 구조는 스스로 족쇄가 되기도 한다. 경영이 어려우면 가장 먼저 내세우는 대책은 사람을 줄이거나 임금을 삭감하는 것이다.

필자가 전에 근무했던 회사는 입사할 때 직원이 600명을 넘었으나 퇴사할 때는 300명을 밑돌았다. 구조조정이라는 명분으로 단번에 60여 명이 떠밀려 나가기도 하였다.

말이 구조조정이지 실상은 연차가 많은 고임금자를 내보내는 것이다. 일반적인 인상률을 제외하고 근속연수 1년당 2.5%씩 올라가는 자동 승급에 한동안 웃었지만, 결과적으로 그것이 칼날이 되어 돌아온 셈이다.

이는 회사가 사업을 조정하여 필요 없는 일을 하는 사람을 내보내는 것과는 거리가 멀다. 그러다 보니 지금은 '고임금=권고 퇴직 고위험군'이 상식처럼 여겨지고 있다. 누구든지 대신할 수 있는 일을 하고 있다면 더욱 그러하다.

필자는 중국에서 7년간 근무하면서 흥미로운 경험을 하였다. 그곳에선 연가급률이 아예 존재하지 않는다. 얼마 전까지는 퇴직금 규정도 없었다.

더 관심을 끈 것은 같은 사무실에서 근무해도 개인별로 임금인상률이 다른 것을 너무나 당연하게 생각한다는 점이다. 대신 근거를 제시하고 상당 기간 협상을 해야 한다는 부담이 있다.

만약 임금인상률에 만족하지 못한다면 근로자는 이직하고, 회사는 다른 사람을 채용해야 한다. 일정 시간이 흐르면 저성과자만 그대로 남고, 고성과자는 똑같거나 비슷하게 임금을 올리는 한국식 임금인상 방식에 만족하지 못하고 이직해 회사의 경쟁력이 저하된다.

다른 외국계 기업들이 한국계 기업에서 이직하려는 사람을 선호한다는 말까지 나왔다. 이직자들 대부분이 고성과자이고 업무처리에 기본기가 탄탄하다는 장점을 알고 한국기업 재직자들을 집중적으로 스카우트해 갔다. 특출한 성과를 제대로 보상하지 못하니 한국기업은 '우수 인재 공급소'라는 혹평을 들어야 했다.

임금은 직무(하는 일의 난이도)와 성과에 기반을 두어야 한다. 이제는 모두가 인정하는 철칙이다.

그러나 한국기업 대부분이 이를 제대로 실천하지 못하는 것이 현실이다. 심지어 한국이 자본주의 국가라는 점이 신기할 정도로 임금에서 평등주의가 난무하고 있다는 말도 나돈다.

한 중소기업은 이익을 삼등분으로 소진한다. 3분의 1은 반드시 급여 인상에 사용한다. 다만, 골고루 나눠주듯 인상하지 않는다. 제대로 일한 사람을 제대로 대우해 준다(주주의 몫도 이익의 3분의 1이다. 나머지는 내부유보를 하여 미래에 대비한다).

단순히 연차가 높은 사람을 내보내면서 혁신이고 구조조정이라고 말하는 것은 이제 사라져야 한다. 60세 전후의 근로자가 신입직원과 같은 임금을 받을 수 있고, 전문성을 확보하고 있다면 연차와 관계없이 제대로 보상을 받아야 한다.

반대로 일시적으로 특별한 경우에 임금이 삭감되는 것도 받아들이고, 다른 사람보다 더 좋은 성과로 2~3배 높은 임금인상률을 적용받는 사례도 일상화되어야 한다. 물론 공정한 평가와 피드백 기반이 선행되어야 한다.

모든 직원의 임금을 동일하게 올린다면 그 회사는 미래가 없다. 단순히 성과급을 말하는 것이 아니다. 기본적인 임금인상률이 성과와 직무에 따라 달라져야 한다.

평가방식도 상대평가로는 미흡하다. 기여한 정도에 따라 들쑥날쑥한 임금인상률로 연결되어야 한다.

재택은 재테크 근무의 약자?

▼
▼

 코로나19 팬데믹 이후 재택근무가 자연스럽게 확산됐다. 출퇴근을 없애 업무효율을 높일 수 있다는 장점이 있지만, 부작용도 적지 않다. 대표적인 것이 재택근무 시 개인적인 시간 남용, 특히 재테크에 사용하기가 매우 용이하다는 점이다. 그래서 '재택은 재테크의 약자'라는 말까지 나돈다.

 온라인에서 아래와 같은 글을 흔하게 본다.

 "안녕하세요? 오늘은 팀원의 코로나19 감염으로 인해 재택근무를 하면서 했던 비트코인 마진 거래 재테크 후기를 포스팅하겠습니다. 마진 거래의 장점은 언제 어디서든 24시간 동안 접해볼 수 있다는 점이에요. 또한, 1분, 2분, 5분마다 본인이 선호하는 시간을 선택하여 진행 가능합니다."

주식시장에도 진입해 차트를 켜놓고 업무를 본다는 내용도 들어 있다.

재택은 공간적인 분리로 인해 대놓고 개인 업무를 해도 제재할 마땅한 방법이 없다. 촌각을 다투는 주식거래나 가상화폐 딜은 고도의 집중을 요하기 때문에 업무처리에 대한 산만함은 불가피하다.

파이어(Fire)족이 늘면서 재테크는 이제 취미를 넘어 개인의 능력이 되고 있다. 파이어족은 경제적인 자립(Financial Independence)을 의미하는 'Fi'와 조기은퇴(Retire Early)라는 뜻의 're'를 합성한 것으로, 30대나 40대에 경제적 자립을 이루어 조기 은퇴를 추진하는 사람들을 일컫는다.

이런 성향의 직원은 직장에서 대놓고 재테크 정보를 교류하며 근무시간을 넘나들며 활발하게 활동한다. 컴퓨터에는 업무용 SNS와 재테크용 SNS가 동시에 켜져 있다. 업무창은 조용한데 재테크 창은 불이 나기도 한다. 문제는 일반 사무실 근무할 때도 업무시간에 휴대폰을 통해 이런 재테크가 가능한데, 이제는 집에서 하니 그 누구도 이를 제재하지 못한다.

최근에는 모범 직원의 기준도 변하고 있다. 회사 입장에서 일 잘하는 직원이 최고이지만, MZ세대에게 유능한 직원의 기준은 일은 적당히 하면서 재테크에 뛰어난 사람이다. 이런 직원에 대해 본받기 경쟁이 과열되면서 근무 분위기도 어수선해진다.

모 기업에서 직원 징계를 두고 소동이 있었지만 흐지부지되었다. 징계 대상자로 거론된 직원의 경우 업무는 그야말로 최소한으로 그치면서 부동산 투자에서 단연 두각을 보인 인물로, 회사 내는 물론 외부에서도 적지 않은 유명세를 타고 있었다. 일천한 근무경력에도 남다른 노력 끝에 벌써 강남에 50억 원대 아파트를 보유하고 있을 정도다.

그는 회사 업무가 끝나면 곧바로 재테크 모임으로 달려가고 SNS에도 자기만의 꿀팁을 지속적으로 올리면서 추종자(?)들을 관리하고 있다. 회사 내 동료나 후배와의 대화도 재테크로 도배한다고 전해진다. 한 수 배우기 위해 그와 식사하거나 커피를 마시려는 경쟁도 치열하다.

인사와 감사부서에서 조사에 나서 징계할 사유를 찾기 위해 노력했으나 모두가 허사였다고 한다. 해당 직원은 근무시간 중에 재테크를 했다는 기록이 없고, SNS에 정보를 올리는 것도 근무시간을 철저하게 피했다. 근무에 지장을 초래하고 있다는 심증은 갔지만 명확한 근거를 찾지 못한 것이다.

직원 입장에선 재테크도 중요하다. 어쩌면 재택근무 시 재테크가 주업이고 업무는 부업일 수 있다. 회사에서 주는 월급만으로는 더는 집을 구입할 수 없다는 좌절감에 휩싸이면서 재테크를 무조건 평가절하 할 수 없는 상황이다. 재테크 성적이 결혼에 지대한 영향을 미친다는 말도 있다. 일부 직원은 재테크 종잣돈을 마련하기 위해 잠시(?) 회사에 취직해 일하고 있다고 공공연히 말하기도 한다.

  회사와 직원의 이해관계가 정반대인 상황에서 업무 집중이나 평생직장이라는 용어는 사치 정도가 아니라 구시대의 유물이다. 결국, 재테크보다 더 재미있게 일할 수 있는 분위기를 만들 수밖에 없다. 아니면 회사와 직원이 같이 커간다는 비전이 뿌리를 내려야 한다. 직원에게 업무냐, 재테크냐를 압박하면서 양자택일하라고 할 수도 없다는 게 현실이다.

직장을 자주 옮겨야 성공하는 시대

　지인의 자녀는 4년제 대학에서 전자공학을 전공했지만, 자신의 적성과 맞지 않는다는 이유로 아예 취업을 준비하지 않고 코딩 수업에 매진하였다. 시중에 관련된 교육기관이 많아 배우는 데 큰 문제가 없었다. 높은 수업료가 부담이었지만 부모님께 의존하여 고비를 넘겼다.

　매주 팀별로 프로젝트 목표를 설정하고 실습과 이론을 밀도 있게 교육받아 단기간에 실력도 키웠다. 팀원들과 나머지 공부에도 매진하여 경력자에 버금갈 응용력도 생겼다. 그가 수료한 과정은 이수만 하면 서류전형 없이 모두가 선망하는 회사에 바로 면접을 볼 수 있는 특전도 주어진다.

　각고의 노력 끝에 신입 연봉이 4000만 원을 넘는 중견기업에 입사하였다. 그러나 가족들의 축하도 잠시, 그는 입사한 지 서너 달 만에 새로운 회사를 찾아 나서고 있다. 그동안의 고생을 보상받기 위해 좀 더 조건이 좋은 회사를 찾고 있다는 것이다.

그래도 경력을 인정받으려면 3년 이상은 같은 회사에서 견디어야 하는 것 아니냐는 아버지의 충고에 대해 '나 때는'이라는 시대착오적 발상이라며 단번에 거절했다. 일단 코딩교육을 받으면 중소기업으로의 취업을 멀리한다는 말도 나온다. 들어갔다가도 언제든지 이직할 생각만 한다고 한다.

최근 이런 움직임은 IT업계 개발자 인력난이 도화선이 되었지만, 배경에는 젊은 직장인의 이직에 대한 기본 개념이 변화가 자리 잡고 있다.

중국 직장인들의 특이한 점은 같은 회사에 머물러서는 급여 점프가 불가능하다는 점을 간파하고 항상 좀 더 좋은 회사로 이직할 기회를 엿보고 있다는 점이다. 상급자가 팀장으로 있는 상황에서 능력이 뛰어나도 그 선을 넘을 수 없기 때문에 급여와 상위 직급을 약속하는 회사로 옮기는 것을 당연시했다.

지인을 통해 회사를 옮기는 것도 자연스러운 일이다. 특혜가 아니라 좋은 직원을 추천하는 것에 대해 긍정적인 평가가 일반적이다. 중국 근로자의 평균 근속기간(34개월)이 3년에도 미치지 못해 한국의 3분의 1 정도에 불과하였다. 중국 진출 한국기업 내 근로자의 52%가 3년 내 이직하겠다고 한 조사 결과와도 상통한다.

국내에서도 능력자는 남고 부적응자가 회사를 옮긴다는 수십 년간 이어져 온 논리가 깨지고 있다. 능력자가 직장을 먼저 옮기는 시대다. 아니 직장을 되도록 많이 옮겨야 성공하는 시대라는 말도 있다.

2022년 6월에 정부 기관이 내놓은 자료에 따르면 청년 임금노동자의 24.1%만이 이직 경험이 없이 첫 일자리를 지속하고 있는 반면 75.9%는 한 번 이상 일자리를 이동했다. 청년 임금근로자 4명 중 3명은 적어도 한 번 이상 일자리를 이동한 셈이다.

첫 일자리 유지비율은 남성(26.4%)이 여성(22.3%)보다 약간 높고, 학력별로는 고졸 이하 16.1%, 전문대졸 23.2%, 대졸 이상 30.5% 순으로 학력이 높아질수록 첫 일자리 유지비율이 높았다. 그런데 재미있는 사실은 이직을 통해 새로운 기술과 경험을 습득하여 최상위 소득계층으로 이동했다고 보고서는 분석했다. 또한 자격증이 있는 전문직은 일자리 이탈 가능성이 큰 것으로 조사되었다.

나이가 많다는 이유로 직장에서 존경을 받는 시대는 지났다. 그러나 경험이 많은 사람에 대한 존경에는 이론이 없을 것이다. 이직이 조직 적응 실패에서 발생한다는 낙인도 이제 거둘 때가 되었다.

능력만 있다면 직장이동은 보수를 높이고 경험을 풍부하게 한다. 그런데 아직도 한국은 노동 유연성에서는 세계 꼴찌에 가깝다. 대표적인 것이 육아를 위해 직장을 그만둔 경력 단절자에게 재취업은 여전히 무서울 정도로 높은 장벽이라는 사실이다. 노동 유연성이 높아져야 기업도 신규 채용에 적극적이고 근로자도 자기계발에 앞장서 보다 좋은 대우를 받는 기회에 도전할 것이다.

  더 좋은 대우를 위해 나가려는 자와 능력자를 잡으려는 회사의 절충점은 정확한 평가와 보상이다. 회사와 근로자 모두의 발전을 위한 것이지만 개인별로 임금인상률을 달리하는 것은 한국에선 여전히 요원한 숙제이다. 또한, 이직의 장점을 논하기 전에 곧 나갈 자를 뽑는 최고 경영자는 없을 것이라는 점도 직원들은 새겨야 한다.

슬픈 퇴직과 직업 리모델링

얼마 전 고등학교 친구를 만났다. 공기업에서 전도가 유망한 친구였는데, 임금피크 적용을 받아 아예 보따리를 싸게 되었다고 했다.

문제는 그다음이다. 집에 있기 뭐하니 이곳저곳에 이력서를 내밀었지만, 전혀 호응을 얻지 못했다. 1억 대 후반의 급여를 받았던 그가 차디찬 세상을 만만하게 본 것이다. 나름대로 회계 전문가로 실무지식과 다년간의 경험으로 무장했지만, 새로운 직장을 얻는데 무기가 되지 못했다.

그래도 어느 정도 시간이 흐른 후 새로운 직장을 얻었다는 소식이 들려왔다. 고등학교 동창이 경영하는 회사에 회계 담당으로 입사하게 되었으며, 급여는 연간 3000만 원이라고 했다. 건강하고 능력도 자신이 있었지만, 몇 개월 사이에 소위 '몸값'은 거의 6분의 1로 줄었다.

퇴직 후 새로운 직장에서 대폭 낮아진 임금으로 일자리를 이어가는 것을 '신임금피크제도(자발적 임금피크제도)'라고 칭하기도 한다. 그래도 그는 일할 수 있어 얼마나 기쁘냐고 스스로 위로하고 있다.

재취업은 그래도 운이 좋은 케이스다. 50대이나 60대 초반에 회사 문을 나서면 그야말로 광야가 펼쳐진다. 누구도 거들떠보지도 않고 친한 친구에게 찾아간다고 전화해도 반갑게 맞아주지 않는다. 어렵게 만난 친구는 재취업 알선 이야기가 나오자 밥이나 먹고 가라고 말을 막는다. 가능성 없는 이야기를 선제적으로 가로막는 압박이다.

다시 만나 어렵게 경력과 능력을 자랑하자 말로 하지 말고 글(이력서)로 써오라고 말한다. 그러나 실제 분위기는 마지못해 보기는 하겠지만 기대하지 말라는 의미다.

그런데 이력서를 작성하고 자기소개서를 자판으로 치면서 '왜 이리 쓸 것이 없는가?'를 절감하며 스스로 좌절하게 된다. 그는 스스로가 CEO라도 나를 고용하지 않겠다는 결론에 쉽게 도달할 것이라는 냉정한 자평이 내려진다고 고백했다.

나름의 기술이나 특기가 있으면 재취업은 쉬워지지만, 금전적으로 제대로 된 보상은 포기해야 한다. 호텔에서 일한 유명한 세

프도 정년에 도달하면 임금을 대폭 낮추는 조건을 수용해야 직을 유지할 수 있다.

그럴싸한 주방장 등 타이틀도 내려놓아야 한다. 시간적 여유가 좀 더 주어지는 장점이 있지만, 하루아침에 직위가 역전되기 때문에 자존심도 내려놓아야 한다.

시설이나 기계를 다루는 기술직이나 단순 노무직은 정년퇴직 후에 최저임금에서 약간 덧붙인 금액으로 재취업하는 붐이 형성되고 있다. 경영자 입장에서는 노하우가 많고 기계를 잘 아는 사람을 아주 낮은 임금(통상 기존 직장의 2분의 1 이하)으로 붙잡을 수 있다.

자격증을 갖고 역할을 제대로 수행하면 65세까지 늘어난 근속 연한이 이제는 70세로 향하고 있다. 책임감으로 무장하고 경험이 많고 임금까지 저렴하니 CEO들이 선호한다.

재취업의 목적은 생활비 보전과 상당 부분 관련되어 있다. 특히 4대 보험을 통해 만약에도 대비하고 높은 건강보험료로 연결되는 지역가입자를 피하려는 의도도 있다.

집 한 채와 차량 1대만 있어도 수십만 원을 훌쩍 넘기는 지역가입 건강보험료를 월급쟁이라면 수만 원대에서 방어할 수 있어 최고의 효율을 자랑한다. 최근 엄격해지고 있지만, 부인과 노부모도 피부양자 명단에 덤으로 올릴 수 있다. 기존처럼 직장생활 하는 자녀에게 슬그머니 이름을 올리던 관행에 철퇴가 가해지면서 건강보험료 해결을 위해 직장을 다닌다는 중장년층이 늘고 있다는 것은 이제 상식이다.

임금 수준과 관계없이 직장을 가져야 하는 또 다른 이유는 건강관리와 밀접하게 관련되어 있다. 일정한 시간에 특정한 장소로 출근하는 것은 건강관리를 위해 무엇보다 중요하다. 그곳에서 지인을 만나고 교류하는 것은 스트레스 해소는 물론 삶에 대한 근력을 키워 건강한 노년으로 향하는 데에 디딤돌이 된다.

50대 중반을 넘겼다면 이제는 급여보다 지속적으로 시간을 보내는 일이 우선이다. 자녀가 결혼할 때 '현직'이라는 타이틀은 자존심을 드높여 주는 디딤돌이자 덤이다.

Chapter III
고수의 직장 생활

월급 속에 감춰진 비밀

성경에 나오는 에피소드 중 하나다. 아침에 농장 주인이 밖에 나가서 일할 품꾼을 찾아 데리고 온다. 요즘 표현으로 하면 인력시장에서 구인에 성공한 것이다. 그런데 그 주인이 점심때가 가까울 무렵 다시 길가로 나가 구직을 못한 사람들을 발견하고 그중에서 인부를 또 구한다. 오후에도 같은 행동을 반복한다. 심지어 해가 저물기 시작한 오후 5시쯤에도 인력시장에 들러 구직을 못한 사람에게 일자리를 만들어준다.

같은 날 일을 했지만 근무시간이 달랐던 인부들의 품삯은 어떻게 될까? 근무시간이 다르니 일당도 달랐을 것이라는 일반적인 예상은 빗나간다. 성경에는 해당 일에 1시간을 일했든, 8시간을 일했든 동일한 품삯을 지급했다고 나온다.

당연히 일을 많이 한 사람이 불만을 제기할 것이다. 더 많은 시간 일했는데 왜 같은 금액을 주냐고. 대답은 명쾌하다. "당신을 채용할 때 약속한 금액을 모두 지급했는데 제3자의 일당을 보고 문제 제기하는 것은 온당치 못하다."

실제로 거의 모든 근로 현장에서 임금에 대한 불만이 항상 존재한다. 중소기업은 물론이고 대기업도 예외는 아니다.

임금에 대한 사전적 정의는 '근로자가 노동의 대가로 사용자에게 받는 보수, 급료, 봉급, 수당, 상여금 따위이며 현물 급여도 포함한다'로 되어 있다. 현실은 이런 정의가 중요한 것이 아니라, 실제로 얼마를 받느냐가 더 중요하다. 거의 대부분의 근로자들이 자기가 일한 만큼 받지 못한다고 생각한다.

그런데 다행히 절대 금액에는 큰 불만이 없다. 내가 이미 알고 들어왔고 근로계약서를 통해 합의한 내용이기 때문이다. 문제는 앞의 에피소드에서처럼 내가 다른 사람보다 능력이 뛰어나거나 일을 더 많이 했는데(성과를 더 많이 낸 경우도 포함), 내 임금이 동료와 같거나 반대로 낮다는 데 있다. 자본주의에서 모두가 공감하는 내용인 '배고픈 것은 참지만 배 아픈 것은 못 참는다(不患貧而患不均)'는 것과 일맥상통한다.

그러나 월급을 일하는 것에 대한 대가로만 해석해서는 안 된다. 내가 한 일에 대한 대가는 월급의 절반정도에 불과하고, 나머지는 듣기 싫은 말을 듣고, 같이하고 싶지 않은 사람과 함께 일한 데 대한 보상이라고 생각해야 한다. 그래야 속이 편해진다.

월급을 내가 한 일에 대한 결과물로만 국한하면 슬퍼지고 운신의 폭이 좁아지면서 스트레스에 시달리게 된다. 생각을 바꾸니 회사 생활이 훨씬 편해지고 스트레스도 급하강했다.

회사가 잘 맞지 않아 전직하고 싶다는 사람이 의외로 많다. 그들에게 전하고 싶은 이야기는 이렇다. '회사에 만족해서 다니는 사람이 얼마나 될까?'

회사 생활이 매일 기쁘고 출근이 행복하다면 월급의 절반은 토해내야 한다. 앞의 논리대로 일한 값은 월급의 절반이니. 따라서 월급에 대한 정의를 바꿀 필요가 있다. 월급의 절반은 듣기 싫은 말을 들은 대가이고 나머지는 일을 한 것에 대한 값이다. 당사자의 정신건강과 행복한 직장 생활을 위한 사고의 대전환이다.

만약 스트레스가 없는 회사에서 마음에 맞는 사람들과만 일하고 싶다면 월급 절반을 반납하거나 아니면 스스로 창업에 나서 사장이 되어야 한다.

그렇지만 잊어서는 안 된다. 회사의 오너가 되어도 스트레스는 없어지는 것이 아니라 오히려 더 많이 쌓일 수 있다는 사실을.

그래서 주위에 내 마음에 탐탁하지 않은 사람이 있다면 그 사람이 내 월급의 절반을 주는 사람이라는 사고전환이 필요하다.

나의 월급은 나 혼자 일해서 받는 것이 아니라 함께 일해서 받는 것이다. 그래서 월급을 주는 동료에게 감사하고 마음에 들지 않는 직원에게도 먼저 다가가야 한다.

때론 져줘야 한다

미국에서 야구 열기는 그 어떤 스포츠에 뒤지지 않는다. 세계 최정상의 뉴욕 양키스팀은 메이저리그 동부지구에서 2022년 6월 말 현재 1위를 달리고 있었다. 34승 15패로 승률이 0.694였다. 같은 지구에서 2위로 달리고 있는 팀은 28승 20패로 한참 뒤처진다.

축구의 종가인 영국 프리미어 리그에서 손흥민이 활약하는 토트넘의 21/22년도 정규리그 성적은 22승 11패로 4위다.

이들 팀은 세계적인 선수끼리 모인 리그에서 선두권이지만 의외로 승승장구만 하지 않는다. 패배가 적지 않다. 원래 선수들의 실력은 최고일지 모르지만, 그날의 컨디션과 감독의 작전, 그리고 동료 선수와의 호흡 등에서 성패가 갈린다. 철저하게 준비하고 상대의 약점을 거의 완벽하게 파악하고 있을 정도이지만 반드시 승리로 연결되지 않는다.

두말할 필요도 없이 항상 같은 팀이 이기고 진다면 이것은 스포츠 게임이 아니다. 이것이 세상살이 이치다.

우리는 직장생활을 하면서 실패에 너무 크게 낙담한다. 특히 실패도 아니면서 다른 사람에게 약간 힐난을 당한 것조차 오랫동안 가슴에 담는다. 세계적인 선수와 팀도 항상 이기기만 하는 것이 아니고, 특히 선수 모두의 실력이나 작전을 보면 절대로 질 수 없는 게임에서 대패하는 경우를 쉽게 찾을 수 있다는 점을 감안하면, 직장에서는 항상 승승장구해야 하고 다른 동료보다 앞서야 한다고 생각한다는 것은 이치에 맞지 않는다.

같은 회사 동료는 스포츠로 보면 같은 팀의 선수이다. 서로 도움을 주고받는 사이라면 때론 공적을 다른 사람에게 돌리는 것도 당연하게 생각해야 한다.

더욱이 소중한 동료라면 이익을 나눌 때(특정 프로젝트 공과를 나눠 평가받을 때) 한두 번은 일부러 져줄 필요가 있다. 동료가 가끔 져주는 것이 결코 밑지는 장사가 아니다. 이를 통해 나중에 쉽게 도움을 받을 수 있고 평판에서도 좋은 점수를 받을 수 있다.

당신은 외향적인가, 아니면 내향적인가? 쉽게 대답하기 힘들다. 상당수 사람이 양면성을 갖고 있기 때문이다.

회사에서 제일 문제가 있는 유형은 스스로는 신중형이라고 말하면서 남에 대해서는 쉽게 평가하는 사람이다. 자기에게는 관대하고 남의 잘잘못은 속사포를 동원하여 직설적으로 평가한다. 도대체 어떤 면이 신중하다는 것인지 이해되지 않는다. 본인 스스로만 신중하다고 말하는 것은 아닌가? 그러면서 약간이라도 손해를 보는 일이 있거나 제대로 평가받지 못했다고 생각하면 상처 될 말도 쉽게 한다.

문제는 그다음이다. 자신은 뒤끝이 없기 때문에 모든 것을 쉽게 잊는다면서 주관적으로 비평한 후에 아무 일이 없었다는 듯이 얼마 가지 않아 기억조차 못 한다. 다른 사람이 상처를 받았다는 말이 들리면 속이 좁아 그런 것을 맘에 담아 두냐면서 오히려 역공을 취한다. 사교성이 없는 사람이라는 설명까지 덧붙이면서 한 번 더 난처하게 만든다. 이런 유형은 승리만 기억하고 승리만 중요하고 다른 사람의 패배는 기억하지 않는 편집증 환자다.

냉철하게 되돌아보면 우리가 패했다는 것(내가 양보했던 것)에 대해 상대도 비슷하게 생각하는 경우가 많다. 조직에서는 승리와 패배가 아니라 패배와 패배라는 평가가 난무하기 일쑤다. 패자만 있는 것이다. 그래서 조직 생활을 잘하기 위해서는 평상시 생각하는 것보다 훨씬 많은 횟수를 확실하게 져줄 필요가 있다. 그래야 회사가 성장하고 자신의 평판이 개선되어 앞서 뛸 수 있다. 어려울 때 도움을 받을 수도 있다.

결국 의도적으로 져주면(자기희생을 하면서 남의 일을 도와주기) 이기는 것이다. 이런 족적을 남겨야 회사에서는 역설적으로 이길 수 있다. 남에 대한 비판은 어쩌면 다른 사람에 대한 시기와 질투이고, 다른 사람의 장점을 칭찬하고 도와주는 것은 내 속에 큰 열매를 맺을 나무를 심고 있는 것으로 생각해야 한다.

후배를 상대로도 조언자, 치료사, 보호자로서 높은 곳에만 서면 좋은 관계는 깨진다. 내가 더 낮아지면 쉽게 해결될 일들이 의외로 많다. 동료에게 져주는 것이 진정한 고수의 전략이다.

즐거운 출근이어야 한다

"출근을 힘들어하는 직장인들의 특징은 무엇일까요?"

인사관리(HR) 전문가가 필자에게 메일로 보내온 문장이다. 어떤 이는 나만 보면 못 잡아먹어 안달인 상사와 선배가 있을 때라고 말하고, 좀 더 어린 후배는 보이지 않는 눈치와 뒷담화가 있을 때라고 말한다. 특별히 할 일이 없어 자리에 앉아 있기 일쑤고 다들 바쁘고 중요한 일을 하는데, 내가 하는 일을 보면 한없이 낮은 수준일 때 출근이 즐겁지 않다고 말하는 이도 있다.

그 반대도 있다. 말도 되지 않는 도전적 업무와 촉박한 마감 업무를 계속 해야 할 때도 같은 마음을 품는다고 한다. 이밖에 어느 순간 구석으로 밀려 있는 책상을 볼 때, 점심시간에 혼자이고 싶고 회식도 동료와 함께하고 싶지 않을 때, 튀지 말고 주변 사람과

형평을 맞추라고 의사결정을 안 해 주는 상사를 볼 때 출근이 힘들다고 말한다.

이를 한마디 결론으로 묶으면 조직에서 스스로가 외로운 섬이라는 느낌을 받을 때 출근은 즐겁지 않다고 할 수 있다.

직장인 중 일하기를 원천적으로 좋아하는 사람은 얼마나 될까? 아마도 거의 없을 것이라는 생각이 든다. 그러니 월요병이 생기고 직장에서 받은 스트레스로 인해 병원을 가기도 한다.

이렇게도 쉽게 해결책을 찾지 못하면 업무나 부서를 바꿔 달라고 하고 회사를 옮기기도 한다. 다음은 회사를 직접 차리는 창업에 나서기도 한다. 그런데 회사를 옮기거나 창업하는 것도 좋은 대안이 아니라는 것을 곧 알게 된다. 심지어 좋은 기술이 있어 창업해도 마케팅이 신통치 않아 더 큰 시련을 맞이해야 하고, 번뜩이는 아이디어도 실제 현장에서 맥을 추지 못하는 경우가 적지 않다.

이런 과정을 통해 깨달은 지혜는 회사는 원래 좋은 사람들, 더 적나라하게 말해 나와 맞는 사람들의 모임이 아니라는 점이다. 원래 힘든 곳이고 심지어 출근하는 것이 두려운 곳이다. 좀 과장하면 나를 잡아먹으려는 늑대(상사와 동료)와 나를 추월하려는 여우(후배)가 가면을 쓰고 있는 곳이다.

그럼 출근하고 싶은 사람은 누구일까? 회사가 배울 것이 많고 선배와 상사로부터 좋은 코칭을 받으며 후배에게 가르칠 내용이 많다고 생각하는 사람이라고 한다.

또 스스로를 반기는 사람이 회사에 많다는 기분이 들고 업무에서 중요한 진척이 있을 뿐만 아니라 성과가 느껴지는 일을 담당하고 있을 때라고 말하는 이도 있다. 주변에서 대단하다고 인정하며 칭찬을 받는다면 금상첨화일 것이다.

그럼에도 실제로 출근병이 도지지 않는 사람은 많지 않을 것이다.

보다 현실적인 이야기는 팀 내에서 이 사람과는 일하고 싶은데 (출근해서) 다른 사람과는 반대이고 이 업무는 성과가 좀 나는데 다른 것은 죽 쑤는 사례가 혼재된 경우가 대부분일 것이다.

우리는 가기 싫어도 회사에 출근해야 한다. 어떤 사람이 일요일에 예배에 가기 싫다고 어머님께 투덜거렸다. 어떤 직장인이 회사에 다니기 싫다고 아버지께 하소연하였다. 앞의 주인공이 목사이고 뒤의 주인공이 사장이다. 웃고픈 이야기다.

30년 이상 직장생활을 해도 출근은 역시 힘든 과정이다. 문득문득 오늘만이라도 출근하지 않으면 안 될까. 한나절만이라도 쉬면 안 될까 하는 생각이 든다.

일요일 오후가 되면 답답함이 몰려오기도 하고 현안이 있을 때는 긴장하여 소화가 잘되지 않기도 한다. 그러나 잠시 후에 언제 그랬느냐고 반문할 정도로 마음을 가다듬고 출근하는 나를 발견한다.

출근병을 줄이는 좋은 방법은 무엇일까? 마음가짐을 새롭게 되짚어야 한다. 모든 사람이 출근을 싫어한다고 되새길 필요가 있다. 힘든 가운데도 좋은 기회가 기다리고 있다는 적당한 최면도 필요하다.

회사가 없어서 이곳저곳 기웃거리며 처량하게 구직활동을 하지 않아도 된다고 현실론을 스스로에게 설파할 필요가 있다. 좀 더 고도화된 치유책은 회사가 자기를 위해 만든 세트장이라고 생각하는 것이다.

드라마에 출연한다고 생각해도 좋다. 항상 해피엔딩이 예정된 그런 드라마에 출연하는 것이다. 동료와의 다툼은 극적 요소를 위한 양념이라고 간주한다.

월요병 치유책에 대해 좀 더 진도가 나가면, 회사를 '나의 성장을 위한 플랫폼'으로 생각하는 것이다.

이상적인 회사는 먼저 인재를 키우고 그 인재를 통해 회사가 성장한다. 직원과 회사가 서로 키우는 것으로 선순환되면 월요병은 사라지게 된다.

아침 활동이 세상을 바꾼다

어린 시절 시골에서 학교를 다니면서 필자는 참 힘든 시간을 보냈다. 아버지는 아침에 등교하기 전에 집안일을 1~2가지 먼저 처리하고 가라고 말씀하셨다.

친구들은 등교에 늦지 않을 정도의 시각에 일어나지만, 필자는 농번기에 새벽 4시쯤 기상해야 했다. 어두컴컴한 시야를 헤치고 소꼴을 베거나 모내기를 해야 했다. 갑자기 비라도 내리면 일을 그치는 것이 아니라 더 열심히 해야 했다. 천수답(비가 와야 농사를 지을 수 있는 지대가 높은 곳의 논) 비중이 높아 일주일씩 학교를 가지 않고 일을 하기도 했다.

왜 이렇게 유별난 초등학교(당시는 국민학교) 시절을 보내야 했을까? 당시 드높았던 서운함은 지금 생각하니 감사함으로 바뀐다. 아버지가 항상 하시던 말씀, '3일 일찍 일어나면 하루를 번다'는 말이 아직도 귓가에 생생하다.

농촌뿐만 아니라 도시에서도 이 원칙은 통한다. 심지어 새벽을 먹고 사는 직장인들이 크게 늘어나는 추세다. 새벽 농수산물 시장은 오래 전에 틀을 잡았고 새벽배송이 대세가 되면서 기업의 혁신을 넘어 새로운 산업을 일구고 있다.

월급쟁이 생활을 30년 이상 할 수 있었던 가장 큰 힘은 아버지가 몸소 보여주신 아침 습관이라고 감히 말한다. 지금도 그 루틴이 나를 지키는 비밀병기가 되고 있기 때문이다.

오늘도 5시쯤 일어나서 아침을 먹고 곧바로 교회로 향해 새벽기도를 드린 후에 출근하면서 영어공부(문장 암송)를 하고 아침 운동을 한다. 그 후에 맑은 공기를 마시면서 회사로 와서 업무준비를 하고 틈틈이 업무관련 공부를 게을리 하지 않는다.

이런 루틴은 휴가이거나 몸의 컨디션이 지극히 나쁘지 않으면 절대로 어그러지지 않는다. 하루하루 휙휙 지나갔지만 이런 시간이 쌓여 나의 실력이 되었다고 말하고 싶다.

물론 저녁에도 이웃하고 있는 조그만 공원을 산책하면서 운동을 한다. 몸이 약한 편이었던 필자는 아침과 저녁 운동이 쌓여 에너지를 보유할 수 있었고 회사 일에 집중할 수 있는 힘을 얻었다고 자부한다.

회사에서 아침 습관을 확고히 한 계기가 있었다. 중국어를 처음 배운 시절로 기억된다. 20여 년 전 떠오르는 중국 시장을 제대로 알기 위해 중국어를 배워야 한다는 생각이 갑자기 들어 강남역 근처 학원에 저녁반으로 등록했다.

그런데 학원에 가는 첫날 동료들이 배고플 테니 가볍게 저녁을 먹고 가라고 했다. 좋은 생각이라고 생각해 동행하니 반주를 강권하였다. 중국어 발음훈련에도 도움이 될 것이라는 조언 아닌 조언도 있었다. 그러나 한 잔이 두 잔 되고, 결국 학원 첫날부터 결석했다. 다음날 바로 새벽반으로 옮겼다. 그 후로 하루도 빠지지 않고 학원을 다녔다.

그 때 첫날 결석하면서 그날 배워야 했던 중국어 기초(발음)를 제대로 이수하지 못해 중국어 구사에 문제가 있다는 생각을 하면서도 스스로 성실하게 사는데 좋은 추억으로 삼고 있다. 확실하게 얻은 교훈은 아침은 내가 통제할 수 있지만 직장인에게 저녁은 여러 변수로 그 시간이 내 것이 아닐 가능성이 높다는 점이다.

아침과 저녁 시간은 질적인 측면에서 차이가 크다. 아침은 빠른 이동이 가능해 길에다 버리는 시간을 최소화할 수 있다. 또한 회사 업무로 인한 장애물이나 지인의 전화로부터 거의 100% 자유롭다.

아침은 보너스에 가까워 비용 없이 시간을 얻는 반면 저녁은 기존 시간을 나눠 쓴다는 생각이 많이 든다. 즉 저녁은 다른 기회를 없애 기회비용이 크지만 아침은 기회비용이 제로에 가깝다.

아침에 일찍 활동하기 위해 저녁을 보다 건전(?)하게 보내는 효과도 발생한다.

누구나 아침에 일찍 일어나는 것을 싫어한다. 그러나 좀 더 좋은 컨디션으로 일어나기 위해 저녁에 무리하지 않고 집에서 가족과 보내는 시간을 늘리면 된다.

회사에서 아침은 새로운 시작이다. 시작이 절반이라고 하는데 업무를 잘 준비하는지, 아니면 아침에 쫓기듯 허둥지둥 출근하는지 돌아볼 일이다. 이는 아침형 인간이냐의 여부를 떠난 근본적인 경쟁력의 문제다.

불편을 없애는 업무개선

한때 해외토픽에 나온 뉴스다. 아르헨티나 근교 해역에서 홍어가 씨가 마르고 있다는 것이 골자였다. 그 원인이 한국에서 비싼 값으로 홍어를 수입하면서 거들떠보지도 않았던 홍어가 귀한 몸이 된 것이다.

물밀듯이 홍어가 국내로 들어오면서 문제가 발생하였다. 국내 통관단계에서 홍어와 가오리를 제대로 구분하기 힘들어 분쟁이 일었던 것. 특히 전 세계에서 한국만이 홍어와 가오리를 구분한다고 하니 외국 수산업자에게 아무리 설명해도 통하지 않았다. 원활한 운송을 위해 잡아서 해체한 후 수입한 경우 구분은 사실상 불가능했다.

홍어(관세율 최고 60%)와 가오리(10%) 통관을 두고 당국은 수

출국에서 발행한 학명(Scientific name)을 기재한 서류를 첨부토록 하는 기발한 아이디어로 문제를 해결하였다. 그것도 2개에 모두 요구한 것이 아니라 세율이 낮은 가오리만 첨부하도록 해 일을 크게 줄였다.

만약 국내에서 이를 제대로 검사하기 위해 인력을 채용하고 전문검사소에 의뢰하는 방안을 강구했다면 그 비용과 시간의 낭비는 모두 우리 정부나 소비자의 몫이 되었을 것이다.

기업들 사이에서 제안 열풍이 분 적이 있다. 제안은 요즘 표현으로는 혁신에 가깝게 인식되었다. 모두가 비용을 줄이고 개선하면서 제안 왕을 뽑는 이벤트가 다양하게 열렸다.

A씨는 회사에서 제안 왕으로 많은 상을 받았다. 단순히 안건을 많이 만들어 내는데 그치지 않고 그의 제안은 실제로 대부분 실행에 옮겨진다. 그가 1년 동안 제안한 건수는 총 1634건으로 이 가운데 1609건이 현장에서 빛을 보면서 100%에 가까운 채택률을 기록했다.

이를 업무 일수로 나누면 매일 5건 가까이 제안서를 제출한 셈이다. 낮에는 아이디어를 메모하고 밤에는 이를 어떻게 적용할까 고민하기 때문에 매일 밤 1시 이전에 잠을 자본 적이 없다고 한다.

부산직할시 승격 50주년 기념사업의 일환으로 개최된 행사에서 최다 제안 왕이 된 B씨는 부산 광안대로 생명의 전화 설치, 1년에 1회 치아 스케일링 건강보험 적용 등 수 많은 아이디어를 낸

주인공이다. 그가 제안한 아이디어만 1000여 건에 달한다고 한다. 그의 수첩에는 수갑에 위치 추적장치 부착, 로또복권 발급 시 개인연락처 기재로 미수령자 발생 방지 등의 아이디어가 햇빛을 보기 위해 기다리고 있다.

기업 내 조기 승진자는 특징이 있다. 업무를 가장 적극적으로 추진하여 개선을 실행에 옮긴다는 점이다. 아이디어만 많고 실행에 옮기지 못하면 기업 현장에선 혼란만 초래하기 때문에 실행력이 무엇보다 중요하다.

이런 실행력의 출발점은 불편한 것을 메모하는 것에서 출발한다. 코로나19로 모든 사람들이 모이는 것이 힘들 때 온라인 회의 시스템은 그 불편을 한 번에 날려주는 대안이었다. 처음부터 도입하면 얼마의 시간과 비용이 절감되고 어떤 혁신이 기대되는지를 가늠하는 것은 어렵다. 다만, 나와 동료의 불편함을 모티브로 그것을 어떻게 극복할 것인가가 주제가 되어야 한다.

얼마 전 한 CEO가 학생들에게 협동심을 키우기 위해 초등학교부터 고등학교까지 연극을 장려하자고 말한 바 있다. 기업에서도 제안 활성화를 위해 연극이 필요하다. 학교와 달리 불편을 서로 공유하고 개선하는 상황극이 적극 필요해 보인다.

실행력을 높이는 데는 혼자서 여러 사람의 역할을 대행해보는 팬터마임(대사 없이 몸짓 표현만으로 사상·감정을 표현하는 연극)이 효과가 있을 것 같다. 다양한 상황을 가정하고 다른 사람의 입장에 서봐야 한다. 제조업체라면 공장 바닥을 가정하고 현장 근로자를 떠올리고, 마케팅 회사라면 매장에 선 소비자의 마음을 읽어야 한다.

혁신을 위해 '성우(聖牛, Sacred cow)를 죽여라'라는 말이 있다. 기존의 통념을 깨라는 말이다. 마차에서 말을 없애 차를 생각해 내고 숙박업에서 호텔을 없애 에어비앤비를 만든 것과 같은 이치다.

기업이 번성하기 위해 구성원의 제안(개선)이라는 토양과 비료가 필요하다. 금전적 보상을 통해 일시적으로 효과를 거둘 수 있지만 직원 스스로 느끼는 '불편함'에 대한 민감함이 제안의 핵심 동력이다. 불편함을 제거한다는 사명감과 그 과정에서 기쁨이 솟아야 한다.

모든 직원들은 주인의식을 갖고 스스로에게 질문해야 한다. 업무에 대한 불편함을 못 참는 적극성이 있는가? 불편을 발견하면 바로 메모하는가? 스스로 시나리오 작가가 되어서 상황과 현장에 맞는 대안을 그리고 있는가?

그 출발점은 단순하다. 오늘도 너무나 편하고 익숙한 것은 잘못되었다고 생각하는 것이다.

일 잘하는 비책

20여 년 전에 갑작스레 해외 근무를 하게 되면서 큰 고민이 하나 돌출되었다. 딸과 아들이 외국어(특히 영어)를 거의 못하는 상황에서 함께 가서 살 수밖에 없다는 점이었다.

미리 준비하지 않았기 때문에 처음에는 둘 다 학교생활을 따라가는 것은 고사하고 기초적인 의사소통조차 힘들어했다. 애들이 학교생활에 잔뜩 공포를 느끼고 등교를 꺼려하는 모습을 보는 것이 힘들었다.

하지만 별도로 과외도 하면서 6개월 정도 지나니 영어 실력이 급속히 높아지면서 애들끼리 잘 어울렸다. 특히 마음이 잘 맞는 외국인 친구들 집에 가서 자고 온다(Sleepover)고 해서 처음에는 걱정도 많이 했는데, 이를 통해 일취월장하는 언어와 친구 사귀기를 확인할 수 있었다.

애들은 같이 자고 밥 먹고 놀면서 쉽게 친해지고, 그 과정에서 언어 실력은 큰 장애가 아니라는 점을 터득했다. 한 반 학생이 15명 전후여서 선생님의 살가운 보살핌을 받을 수 있었던 것도 큰 힘이 되었다(3년 후에 다시 한국에 돌아오니, 선생님의 거친 말투와 많은 수의 학생들이 또 다시 학교생활 정착에 걸림돌이 되었지만).

그러나 문제는 여전히 있었다. 우리의 중학교에 해당하는 학년에 재학 중이던 딸은 국제학교의 학습 난이도가 높아 의기소침해지고 교과에 대한 적극성이 떨어졌다. 수업에 즐겁고 적극적으로 임하라고 격려했지만 잘되지 않았다.

그래서 꺼내든 아이디어가 수업 중에 선생님께 질문을 하라는 것이었다. 하루에 1~2개 정도 꼭 질문하라고 미션을 주었다. 질문한 개수에 비례하여 용돈도 덤으로 주었다. 학생 수가 적은 국제학교에서 질문은 수준이나 내용을 떠나 선생님의 칭찬을 수반한다.

한 가지 더 중요한 팁도 알려주었다. 질문을 수업 중에 이해하지 못한 것으로만 하지 말고, 예습하면서 미리 만들어 가라고 코칭을 해주었다. 자연스럽게 좋은 질문을 하기 위해 예습을 하게 되고 선생님에게 칭찬을 들으니 학업에 대한 만족도가 올라가 학교생활도 즐기는 계기가 되었다. 더불어 성격도 밝아지는 일석삼조의 효과가 있었다.

회사 생활에서 일을 잘하는 사람은 질문을 잘하는 사람이라고 생각한다. 세상에 당연한 것은 없다는 생각 하에 우선 자신에게 부여된 업무를 어떻게 추진할까 물어야 한다. 상사에게 칭찬받을 생각이라면 궁금한 것을 잘 정리한 후에 핵심을 파고드는 질문을 해야 한다.

상사 입장에서 자신에게 질문을 한다(상사에게 도와 달라는 의미의 질문)는 것은 실력을 인정하고 더 나아가 존경한다는 의미까지 내포하고 있다. 이를 통해 문제를 해결하고 때로는 닥쳐올 난관을 미리 파악하고 대비할 수 있다.

이 과정에서 덤으로 상사와도 친해지는 계기가 될 수 있다. 좋은 답을 주었으니 감사하다고 꼭 칭찬과 존경의 표시를 반드시 말로 하고 커피 한잔이나 점심을 사겠다고 가벼운 물질을 덧붙인다면 금상첨화다. 필요하다면 후배에게 질문을 던져 주어 일을 제대로 파악하고 스스로 문제를 쉽게 해결하도록 방향을 제시할 수 있다.

때론 질문을 의도적으로 할 필요가 있다. 아는 것을 한 번 더 짚는 의미도 있지만 동료 및 상사와 적극적으로 소통하고 자신이 업무에 애착을 갖고 있음을 보여주는 계기가 된다.

다만, 긍정적인 질문이 부정적인 것보다 많아야 한다. 좀 더 좋은 성과를 내기 위한 마음이 질문의 출발점이어야 한다. 부정적인 질문이나 흠집 내기는 정반대의 결과를 낳는다는 점을 알아야 한다. 특히 뒷다리 잡는 문제 제기는 업무 내용보다는 동료를 깎아내리는 것과 관련되고, 프로젝트를 비관적으로 바라본다는 오해를 살 수도 있다.

불가피하게 문제 제기를 하고 싶다면 반드시 주관적인 자신의 주장보다 제3자의 의견과 다른 유사한 프로젝트와 비교하면서 감정을 제거하고 말해야 한다. 혜안이 넘치는 질문은 좋은 답을 물고 온다는 것은 시공을 초월한 진리다. 오늘부터 좋은 질문만 생각한다면 좋은 해법은 쉽게 다가온다고 믿어라.

1등과 2등의 차이

요즈음 인기를 구가하고 있는 글로벌 골프 경기를 보다 보면, 한국인으로서 가슴이 뿌듯하다. 체격 조건이 불리한데도 열심히 연습하여, 세계 정상에 선 젊은 선수들이 적지 않기 때문이다.

골프는 고급 스포츠로서 기업들의 마케팅에 미치는 영향도 다른 스포츠 종목에 비해 매우 높은 것으로 알려져 있다. 많은 선수들이 1타를 두고 경쟁한다. 때문에 치열한 승부로 인해 보는 관객이나 시청자마저 가슴을 졸이게 된다.

때때로 유명 골프대회에서 우승은 실력보다 운이 좌우하는 것 아니냐는 생각이 들 때가 있다. 간발의 차이로 홀로 빨려 들어가고, 실수한 샷이 좋은 결과를 만들어 내기도 한다. 전혀 엉뚱한 곳으로 날아가다 지형지물의 도움을 받아 굿샷으로 변신하거나,

잘 맞은 공이 바람의 영향을 받아 최악의 결과를 만들어 내기도 한다. 정상급 선수들도 한 홀에서 순식간의 실수로 2~3타가 날아가 순위가 널뛰기를 하기도 한다.

세계 최고 선수들이 뛰는 미국 프로골프(PGA)에서 시상 결과를 볼 때, 이해가 가지 않는 내용이 있다. 1위와 2위에 대한 대우 면에서 차이가 너무 크다는 점이다. 당혹스러운 정도다. 다양한 혜택을 제외하고 상금만 보면 더욱 그러하다.

최근 열린 PGA 게임에서 한국인 선수가 2위(2위 2명)에 오르면서 받은 상금은 575만 달러로, 우리 돈으로 환산하면 78억 원에 육박한다. 4일간 열리는 한 대회에서 이런 부를 거머쥐었다는 점에서 스타탄생을 넘어 벼락부자 반열에 오른다는 느낌이다.

그런데 그런 부러움도 잠시다. 곧바로 참 안 되었다는 반전이 일어난다. 1위 상금이 무려 1800만 달러로 우리 돈으로 243억 원이라는 것을 알게 된 것이다. 1타 차이로 165억 원 이상이 날아간 셈이다. 등수 하나 차이로 상금이 3분의 1로 줄었으니, 많이 억울했을 터이다.

그 경기에서 간발의 차이로 비껴간 퍼트가 수없이 많아, 필자의 뇌리에 '실력보다는 운이 나빴다'는 생각이 격하게 올라왔을 것이다. 그 선수도 다시 게임을 한다면 보다 나은 성적으로 제일 높은 곳에 설 수 있다고 자신했을 것이 확실하다. 다행히 그 선수는 마음을 추스르고 다음을 기약하는 것으로 마무리했다.

국내 골프 경기에서도 1위와 2위 간에 상당수가 1타 차이로 등수가 갈리지만, 1위는 2위보다 통상 2배 정도 많은 상금을 챙긴다. 정규 게임에서 동일한 성적으로 연장전을 해서 1위와 2위를 가린 경우에도 여지없이 2등은 절반 정도의 상금에 만족해야 한다.

그런데 회사로 눈을 돌려 보면, 현실은 더 냉엄하다는 생각을 하게 된다. 전 세계 시장이 하나로 연결되고 정보 유통이 실시간으로 이뤄지면서 틈새시장은 거의 없어지고 있다. 특정 시장이 글로벌 마케팅으로부터 격리되어 있어 어정쩡한 상품이 팔리는 경우는 이제 찾기 힘들다.

최고의 경쟁력을 확보한 기술, 상품, 서비스가 아차 하는 실수로 하루아침에 패배자의 나락으로 떨어지는 것도 흔하다. 골프의 상금 차이보다 더 가혹하다고 볼 수 있다. 글로벌 시장에서는 약간의 차이로 인한 결과가 '승자독식(Winner-take-all)'으로 귀결되기 때문이다.

같은 기술과 제품임에도 마케팅을 진행하는 과정에서 잘못된 판단으로 극과 극의 결과를 기업이 떠안기도 한다. 그래서 CEO는 항상 자신의 회사가 최고라는 착각에서 벗어나야 한다. 쓰나미가 예고 없이 해안선을 덮치듯, 전혀 인식하지 못하던 경쟁사 상품이 하루아침에 시장을 빼앗아 갈 수 있다.

직장생활을 하면서 모두들 스스로 자부심을 뽐낸다. 윗사람이 조금 더 열심히 일하라고 당부하면, 자기가 최고로 잘한다고 우쭐대기도 한다. 신입직원인 경우 내 수준에는 안 맞는 단순한 일만 시킨다고 불만을 토로하기도 한다. 더 흔한 경우는 '월급 받는 만큼 일하고 있다'고 말하는 것이다. '가늘고 길게 가야 한다'면서 적당한 선에서 일하기도 한다.

그러나 CEO 입장에서 2등 직원은 회사에 기여하는 것이 아니라 회사 발전에 발목을 잡는 사람으로 볼 수도 있다. 골프에서 2등은 1등의 절반이라도 받지만 직장에서는 더 냉정한 평가가 내려진다. 필요한 사람과 필요하지 않은 사람이 그것이다.

이전 직장에서 '일을 못 하면 다른 사람 발목이라도 잡지 말고 그대로 있는 것이 도와주는 것'이라는 극단적인 말이 나돌았다. 또 월급만큼 일하는 사람을 손꼽을 정도라는 말도 있었다. 골프나 직장에서 1등과 2등은 얼핏 비슷해 보이지만 많은 차이를 갖고 있다. 직원과 CEO의 성과에 대한 시각 차이는 한 없이 크다.

보고서 성공은 제목에서 출발

　젊은 친구들이 결혼을 준비할 때 결혼식(Wedding)만 준비할 뿐 진짜 중요한 결혼(Marriage)에는 관심이 없다는 말이 있다. 이런 현상이 어찌 나이가 많고 적음과 상관이 있겠는가?
　부부가 되기 전 예비 커플은 언제 어디서 어떤 형식으로 결혼식을 진행할 것인가를 두고 많은 대화를 한다. 더불어 친구나 선배의 자문을 받으며 빈틈없도록 노력한다.
　결혼에서 의식은 일시적이고 진짜 중요한 것은 상대에 대한 배려 등 마음가짐과 부부로서 지켜야 할 점을 서로 공부하여 실천하는 것이다. 무엇보다 친구나 어른들로부터 부부로서의 올바른 삶에 대한 조언에 귀를 기울여야 한다.

  같은 이치로 외형적인 일은 엄청나게 챙기면서 반대로 내실을 논외로 하는 일이 직장에서도 비일비재하다. 회사에서 보고서로 경쟁하고 보고서가 승진을 결정한다는 말이 회자된다. 그래서 멋있고 컬러풀한 형식(그래프와 표)을 고수하는 데 공을 들이는 사례가 아직도 적지 않다.

  남자들은 군대를 다녀온 영향을 받아 보다 형식을 중시한다. 의전이라는 용어로 포장되어 형식이 신성불가침의 영역으로 격상되기도 한다. 군 시절 행정분과 업무를 했다면 형식준수는 극치를 달린다. 서체가 따로 존재한다고 말하고, 글자 크기와 간격은 타협을 불허한다.

  보고서나 자료를 준비하면서 형식을 떠나 내용이 튼실하기 위해 가장 중요한 것은 제목이다. 단순히 그럴싸한 명칭으로 포장하라는 말은 아니다. 당초 의도한 목적을 달성할 수 있도록 정확하게 제목을 정해야 한다. 제목을 확정한 다음에는 제대로 되었는지 다른 사람에게 자문을 받아야 한다.

  지시를 받은 것이라면 그분(?)에게 확인을 받는 절차가 나빠 보이지 않는다. 제목과 관련 없는 내용이 들어갈 수 없고 들어가서도 안 되기 때문이다.

  제목이 정해지면 그에 맞는 해결책이 나오도록 자료를 찾고 관계자들의 협조를 구하며 내용이 기승전결에 따라 잘 기술되도록 순서를 정해야 한다. 원인과 환경 등 시작점에만 머물러서는 안 된다.

또 원인진단 없이 처방이나 실행력 중심의 해결책에만 포커스가 맞춰지면 독단이나 편견이 난무하게 된다. 포장에만 신경 쓰면 핵심이 없이 상황 나열에만 몰두한 자료가 나온다.

무엇보다 중요한 것은 보고서 내에 원인과 진단을 기초로 처방전(해결책)이 튼튼하게 연결되었는지를 짚어 보는 것이다. 번뜩이는 아이디어도 중요하지만 그런 순간적인 기지가 환경이나 원인과 맞지 않는다면 리스크도 그만큼 커진다는 점을 알아야 한다.

보고서 작성이 어느 정도 마무리되면 이미 정한 제목과 내용이 조화를 이루는지 다시 확인해야 한다. 흔히 보고서는 1~2장이면 충분하다고 말한다. 잘 이해하지 못하면 내용이 길어진다. 첨삭을 통해 제목을 향해 내용이 잘 다가가도록 해야 한다.

회사에서 통용되는 보고서 형식도 점검해야 한다. 엄격한 형식은 대부분 시간 낭비로 필요 없지만 최소한의 형식은 효율을 높인다. 기호나 서체를 통일해 작성자들이 이를 두고 고민하지 않도록 해야 한다.

여러 부서가 자료를 작성하여 통합할 경우 서로 다르면 다시 내용을 재정비하는 수고가 따른다. 그러나 대체로 형식이 같다면 통합에 투입하는 시간을 크게 줄일 수 있다.

마지막으로 한 가지 꼭 빼놓지 말아야 할 마지막 점검사항은

오·탈자다. 본인이 본인 자료를 검토하는 데는 한계가 있다. 반드시 동료의 협조를 받아 문장을 꼼꼼하게 읽어 달라고 해야 한다. 또한, 고유명사와 숫자(단위 포함)는 다시 한 번 체크하는 습관을 지녀야 한다.

승진을 부르는 적자생존

'고참'이 되고 신입사원이 들어오면 많이 가르치려 든다. 회사에 잘 적응하기 위해서는 자기관리가 중요하고 강조한다. 그러므로 현장 업무도 익히고 외국어도 배우고 운동도 열심히 하라고 말한다.

내용은 나무랄 데 없이 좋은데, 신입사원 입장에선 하도 많이 듣는 공자님 말씀이라서 한쪽 귀로 듣고 반대 귀로 흘리는 현상이 반복된다. 필자가 그랬던 것처럼 말이다. 남는 것이 없는 일회성 훈시로 고참도 신참도 귀중한 시간을 낭비한 느낌이다.

그래서 언제부턴가 직장에서 꼭 해야 할 것으로, 간단하고 쉽게 기억하는 방법을 채택했다. 이른바 '직장인 적자생존의 3가지 법칙'이다.

회사는 조직이기에 당연히 경쟁이 존재한다. 적자생존 실천을 통해 잘 적응하고 좋은 평가를 받아 즐겁게 회사 생활을 하면서 남보다 먼저 승진한다면 성공한 직장생활을 했다고 할 수 있을 것이다. 물론 승진이 직장 만족도를 모두 결정하는 것은 아니지만. 그래도 승진이 동료와 상사들이 인정해주고 있다는 보편적인 기준이라는데 이론이 없을 것이다.

첫 번째 적자생존 법칙은 '모르는 내용이 나와도, 듣기 싫은 말을 들어도, 상사가 말할 때는 반드시 메모를 하라는 것'이다. 신입직원 때부터 꼭 실천해야 하는 내용이다.

무조건 '적자'. 글자를 적으라는 의미다. 좋은 내용이라고 인정하거나 잘 듣고 있다는 것을 보여주는 것이다. 실제 행동이나 마음과는 별개다. 상사가 말할 때 경청하고 나중에 반드시 실천하기 위해 메모까지 한다는 것을 직접 본 상사는 뿌듯해할 것이다.

극단적으로 내용이 별것 없고 명심하고 있지 않더라도 그런 척해야 한다는 선배의 말을 듣고 웃음을 지은 적이 있다. 물론 잘 적어 업무처리에 활용하는 것이 기본이지만 설사 적지 않고 있더라도 그런 척을 해야 상사와의 관계가 좋다는 의미다.

사실 업무지시 내용을 잘 적는 것이 경쟁력의 원천이라는 점을 부인할 수 없다. 듣기만 하면 휘발유처럼 바로 증발하지만, 정리해서 갖고 있으면 제때에 일을 처리할 가능성이 높아지고 그것이 쌓여 자기 실력이 되기 때문이다.

두 번째 적자생존 법칙은 회사에 잘 살아남으려면 인간관계에서 항상 '적자(흑자의 반대)'여야 한다는 것이다. 모두가 이해타산에 따라 행동한다. 회사라는 조직은 더욱 그러하다.

그러나 회사 내 관계는 언제 어떻게 변할지 모른다. 원수 관계인 사람이 같은 팀으로 오기도 하고 미워하고 홀대했던 후배가 갑자기 추월하여 팀장으로 오기도 한다.

동료도 마찬가지다. 도움을 요청받아 시큰둥한 반응을 보이며 도와주지 않았는데 얼마 가지 않아 반대로 역전된 상황이 발생한다. 앞일은 누구도 모르니 오래 다닐 직장이라면 좀 손해 본다는 기분으로 살아야 한다.

설사 회사를 떠나더라도 새로 채용할 회사가 평판 조회를 위해 전에 다니던 직장에 전화를 건다는 사실을 잊어서는 안 된다. 오늘의 적자가 내일의 흑자로 돌아오도록 해야 한다.

적자생존에 대한 세 번째 법칙은 원래 이 사자성어가 갖고 있는 내용이다. 회사 생활과 관련하여 끊임없이 자기계발을 해야 한다는 의미다. 경쟁력을 높이기 위해 외국어 1개는 필수이고 2개는 선택이라는 말이 있지만, 이제는 2개가 필수라는 말에 모두가 고객을 끄덕인다.

전공이 회사 업무와 관련되면 끊임없는 업그레이드가 필요하고 그 반대면 업무수행에 필요한 현장지식을 쌓는데 게을리해서는 안 된다. 기업이 연구개발(R&D) 투자를 통해 경쟁력을 높이듯 개인도 급여의 일정 부분을 재투자하여 누구라도 함께 일하고 싶어 하는 실력을 쌓아야 한다. 그런데 중요한 사실은 끊임없이 습관적으로 실력을 높여야 한다는 점이다.

상사에게 인정받는 쉬운 비법

인간은 미래를 내다볼 수 없다. 그래서 어떤 일을 할 때 고민하게 된다. 지금 생각하고 있는 것을 하는 것이 좋을까, 아니면 하지 않는 것이 좋을까?

회사에서 일을 하다 보면 고민이 많다. 업무추진 방향을 두고 여러 가지 숙고를 거듭하는데, 일을 지시한 상급자는 예외 없이 이런 생각을 한다. 이 사람은 왜 이리 일처리 속도가 느리지? 내가 했으면 2~3번은 더 했을 시간인데….

입장이 다르면 같은 시간도 엄청난 차이로 다가온다. 이런 상황에서 슬기로운 대처법을 찾기 쉽지 않다. 미리 예측할 수 없다면 차선책이라도 택해야 한다.

30여년의 직장 생활에서 남보다 조금 앞설 수 있었던 비결이 무엇이냐고 누군가 물어본다면, 확실하지 않거나 잘 모르면 물어보고 한 템포, 아니 반 템포라도 빨리 했다는 점이라고 말할 수 있다. 정확하게 미리 알 수 없다면 사전에 준비하는 것이다.

원래는 내일 하면 되는데 오늘 할 수 있으면 오늘 하고, 오후 일인데 오전에 할 수 있으면 오전에 한다. 다음 날이나 오후에 해도 충분하지만, 필자의 경험에 의하면 거의 80~90%정도의 확률로 생각지도 못한 일이 돌발적으로 생기기 때문이다. 나와 상관이 없는 상사가 부탁이라며 일을 내밀기도 한다. 예상하지 못한 사건이 터져 스케줄이 망가진 것은 이제 당연시 되는 일상일 정도다. 그래서 미리 준비하거나 처리해 놓지 않으면 정해진 스케줄을 맞추지 못한다.

상사한테 인정받는 가장 쉽고도 간단한 방법은 현안을 미리 챙기거나 기대하는 것보다 한 템포 앞서 결과물을 보고하는 것이다.

같은 맥락에서 직원의 능력을 쉽게 판별하는 잣대가 하나 있다. 만능은 아니지만 적지 않은 상급자가 마음에 두고 있는 방안으로 원하는 시기보다 늦게 결과물이 올라오면 보통 이하 점수를 준다. 특히 가져 오라고 말해서 그 때야 결과를 보고하면 대부분 화를 먼저 낸다. 좋은 결과물이라도 좋은 평가를 받을 수 없다.

반대로 최고의 평가는 예정된 시기보다 먼저 들이미는 것이다.

부족한 부분은 미리 고백하고 지금 보완 중이라고 말하면 절대로 상급자가 책망하지 못한다.

조금이라도 빨리 일을 처리하면 또 다른 좋은 점이 있다는 포인트를 외부 전문가를 통해 들을 수 있었다. 마케팅을 통해 경쟁해야 하는 상황에서 절대적인 기준이 되지는 않지만 먼저 온 제안서에 눈길이 가고 많이 준비했다는 느낌이 들어 가점을 준다고 한다. 특히 유효기간이 남아 있으니 다시 보완할 수 있어 두 번의 기회를 갖는 효과를 본다고 한다.

입찰서류를 만들더라도 1~2일 앞당겨 완성한다는 자세로 임하면 나중에 보완할 기회가 생긴다. 무역업체는 대금 결제 시 신용장(L/C)을 통해 안전하게 회수하길 원한다. 그런데 핵심 키는 서류에 하자가 없어야 한다는 것이다. 그렇지 못해 물건을 잘 만들어 선적하고도 대금을 못 받는 재앙에 빠지기도 한다. 만약 미리 서류를 제시했다가 잘못된 것을 알았는데 유효기간이 남았다면 다시 고쳐서 내면 된다.

가정에서도 원하지 않는 것을 미리 챙기는 것이 화목의 첩경이다. 가족의 일을 도와주더라도 시켜서 하는 일은 평가절하 된다. 시키는 사람도 당하는 사람도 마음이 가볍지 않다. 그러나 미리 할 수 있는 방법을 고민하고 찾는 습관을 가지면 가정은 물론 회사 일이 쉬워진다.

기회가 되면 조금 당겨 일을 완료해야 한다. 예외 없이 앞당겨 준비하고 일을 하는 습관은 좋은 성과를 부르는 첩경이다. 예상치 못한 일로 납기를 못 맞추는 확률을 줄이고 더 잘 보완하여 완성도를 높여 능력 이상으로 인정을 받을 수 있다.

윗사람에게 결재 받는 방법

　모 전직 대통령과 관련된 에피소드 중 하나다. 매일 측근 2명으로부터 민심 동향에 대해 가감 없이 보고를 받는데, 비슷한 내용인데도 반응은 정반대였다. 보다 세밀하게 민심을 정리해 적나라하게 보고한 사람에게는 거의 예외 없이 '알았다고 말할 뿐 칭찬이 없었다'고 한다. 그러나 다른 한 명은 항상 칭찬을 들었다.

　나중에 알게 된 비결은 너무 간단했다. 총 10가지의 비슷한 내용을 보고하더라도 먼저 좋은 것을 오랫동안 이야기한 후에 나쁜 내용은 짧게 말하면서 조만간 개선될 것이라고 덧붙였다.

　안 좋은 내용을 오랫동안 듣는 것을 좋아하는 사람은 없다. 기업에서도 마찬가지다. 나름 현장 상황을 정확하게 전달해야 한다는 사명감에 부정적인 것을 강조하는 것이 나쁜 것은 아니지만,

그것이 일상이 되면 안 된다는 시사점을 던져준다.

상급자에 대한 보고 타이밍을 두고도 여러 노하우가 있다. CEO 보고사항이라면 그분이 제일 좋아하는 시간을 앞둔 시점이 좋은 타이밍이다.

필자가 과거에 모셨던 CEO는 해외 출장을 앞두고 항상 들뜬 마음을 유지하던 분이다. 출장 직전 한나절은 결재 건이 물밀 듯이 밀려와도 흔쾌히 OK 사인을 한다. 개선안을 강구하라고 할 때도 부드럽게 지적하고, 실행도 권한 이양을 하면서 실무선에서 알아서 하라고 말한다.

하지만 타이밍을 잘못 잡으면 문구 하나 토씨 하나마다 큰 소리가 사무실을 넘어 복도까지 새어 나갈 정도로 무참한 상황이 연출된다. 어떤 보고자는 문을 못 찾을 정도로 심하게 깨졌다는 전설적인 이야기가 돌았다. 고리타분한 경영자가 아니냐고 말할 수 있지만, 어쨌든 밑에서 위의 심기를 살펴야 한다는 것에는 이론이 없다.

어떤 경영자는 외부 운동을 나갈 때 가장 들떠 있어 그때를 노리는 결재서류가 쌓이고, 젊은 직원이 보고하는 것을 좋아하는 리더에게는 보고자가 실무자로 바뀌기 일쑤다.

아예 비서에게 뇌물 아닌 뇌물을 주고 경영자의 기분이 가장 좋을 때 알려 달라는 편법을 쓰기도 한다. 결재가 밀릴 때에 올려야 다른 것에 묻혀서 쉽게 받을 수 있다며 이때를 노리기도 한다.

결재를 잘 받는 것이 능력이라는 말도 있다. 이 말의 의미는 내용을 완전히 숙지해 핵심 위주로 보고하라는 의미다. 또한, 사전에 진행 경과 등을 공유하여 보고받는 사람에게 돌발적으로 올라온 결재라는 인상을 주지 말아야 한다.

특히 리더마다 사업을 바라보는 핵심점이 다르므로 다양한 직간접 채널을 통해 자신의 위주가 아니라 보고 받는 사람의 입장에서 내용을 만들고 설명해야 한다. 이를 위해 평소에 윗사람에게 본인의 생각을 공유할 필요가 있고 넌지시 반응도 떠볼 필요가 있다.

좀 난해한 것이라면 정식보고 전에 사전보고를 개략적(구두로)으로 하고, 의견을 반영하는 센스도 필요하다.

가장 큰 문제는 결재권 라인의 리더 간에 의견이 다를 때다. 심지어 결재서류를 두 개로 만들어 분리해 받는 편법을 동원한 적도 있다. 이때에는 각각의 취향에 맞게 설명하는 포인트가 달라야 하고 실제 시행하면서 요구사항을 잘 챙기겠다는 구두보고가 필요하다.

한 번에 여러 내용을 언급하여 예산이나 프로젝트 내용을 복잡하게 꾸미기보다는 여러 개로 분리하여 결재를 올리는 것도 요령이다. 회사마다 직급마다 예산한도액이 있음을 감안할 때 합리적인 논리를 동원한 결재 쪼개기는 비난받지 않는다.

필자가 윗사람이 되어보니 결재할 때 주의할 점이 적지 않다. 우선, 감정을 잘 다스려야 한다. 보통 자신의 성격과 감정 상태는 스스로 잘 알고 있다고 착각한다. 정신 전문가들은 '본인만 스스로 성격을 잘 모르고 현재의 감정 기복을 제대로 파악하지 못한다'고 주장한다. 결재권자 대부분이 자가당착에 빠져 착각하고 있는 셈이다.

감정을 반영하지 않고 사람에 따라 차별하지 말고 결재할 때는 냉정한 이성을 동원해야 한다. 특히 고압적인 말투나 자세는 절대로 지양해야 한다. 상대는 서 있고 앉아서 보고를 받거나 질문형이 아니라 지시형 소통은 단순히 소통하기 힘든 사람이 아니라 무능력한 상사로 분류된다.

더 큰 문제는 자신의 성격 등 단점을 자신만 모르듯이 이것이 무능하다는 것도 자신만 모른다는 점이다.

운동은 직장 생활의 R&D

규칙적인 운동은 삶의 활력소다. 재미를 유발하여 스트레스를 해소할 수 있고 체력을 높여 회사 일에도 매진할 수 있다.

회사 업무를 수행하다 보면, 때로는 오랜 시간 고민해야 하고 집중도를 장시간 유지할 필요가 있다. 이를 모두 가능케 하는 것이 체력이다.

청년들은 흔히 운동은 중장년이나 노년의 전유물로 여기는 경우가 적지 않다. 당장 문제가 없는데 왜 시간 낭비를 하고 때론 돈을 투입해야 하는지 의문을 제기한다.

그러나 이는 잘못된 생각이다. 젊을 때 미래 생활을 위해 저축을 하듯 젊을 때 운동을 해야 그 효과가 오래가고 건강한 노후도 가능한 것이다. 늦게 운동을 시작하면 안하는 것보다 낫지만 효과를 거두기 쉽지 않다.

30대는 운동을 통해 스트레스 해소로 삶의 질을 높일 수도 있다. 40대를 넘어서면 운동은 생존무기를 만들어야 하기 때문에 선택을 넘어 필수가 된다. 여기서 생존무기란 업무능력이 체력으로 인해 지장을 받지 않는 역할을 한다는 것을 말한다.

50대가 되면 운동은 개념이 달라진다. '돈=체력'이 되기 때문에 취미를 넘어 투자로 인식되어야 한다. 흔히 기업이 경쟁력을 높이려면 연구개발(R&D)에 예산의 얼마를 투입해야 한다고 하는데, 같은 개념이 50대부터 적용돼야 한다.

급여에 따라 다르겠지만 10% 정도는 운동을 위해 아끼지 말아야 한다. 저축보다 더 중요하다고 생각한다. 왜냐하면 50대부터 최대 복지는 튼튼한 팔과 다리, 즉 근력이기 때문이다.

연금보다 더 중요한 것이 근육이라는 것은 상식 아닌 진리에 가깝다. 60대도 일해야 하는 시대가 성큼 다가온 만큼 근력은 곧 월급이다.

그 이후에 만족도 높은 생활을 위해 근력은 부동산이나 현금보다 더 높은 점수를 받는 알짜 자산이다. 건강은 일할 수 있게 만들고 병원비도 줄이며 가족도 행복하게 하는 일석삼조의 효과가 있기 때문이다.

운동을 하기 위해 거창한 노력이 꼭 필요한 것은 아니다. 매일 계단 오르기는 가장 유용한 운동법으로 추천하고 싶다. 오피스나 거주지에 계단은 무궁무진하다. 다만, 계단으로 내려가는 것은 금물이다. 항상 오르는 것을 권한다.

집이 아파트 1층이나 2층이라고 불만을 표시 하거나 면죄부를 삼지 말라. 무조건 최고층까지 계단을 통해 올라가서 엘리베이터를 타고 목적 층으로 내려오면 된다. 요즘에는 비상계단에서 담배 피는 사람도 거의 없고 관리도 잘 되어 환경도 좋다.

계단 오르기를 하면 부작용이 거의 없으면서 하체근육 키우기에 도움이 되고 등 근육을 잡아줘 허리 아픈데도 좋다는 이야기를 의사로부터 들은 적이 있다. 돈이 없어도 시간이 없어도 장소가 없어도 할 수 있는 운동은 비단 계단 오르기만이 아닐 것이다.

결론적으로 운동이 주는 가장 큰 이점은 스트레스로부터의 해방이다. 운동하니 땀을 흘리고 육체나 정신이 맑아졌다는 느낌을 받게 된다. 특히 운동 중에는 아무리 힘든 상황이 있어도 잠시 잊게 된다. 그래서 문제의 상황은 좀 더 작아지고 운동을 통해 긍정적인 에너지로 무장하게 되니 나의 능력은 더 커진다.

긍정은 능력이자 힘이라고 한다. 그런데 억지로 되지 않는다. 운동을 하면 자연스럽게 긍정으로 연결되는 길을 찾게 된다.

반복하면 그 길이 넓어져 쉽게 찾을 수 있고 스스로 힘을 얻게 된다. 긍정이 일정한 루틴이 되면 힘든 하루를 살아가는 동력이 되고 비슷한 처지의 다른 사람을 위로하는 힘으로 발전한다.

  오늘 힘든 하루가 계속되고 있는가? 나의 능력을 높이기 위해 운동에 몰두하라고 권하고 싶다. 뿌듯한 성취감과 무엇이든지 할 수 있다는 자신감이 근육보다 더 귀하게 다가온다.

우문현답

이전 직장에서 현장을 제대로 확인하지 않아 발생한 뼈아픈 실수를 목도한 적이 있다. 직접 그 업무를 담당하지 않았지만 충격이 커서, 오랜 시간이 흐른 지금도 생생하게 기억하고 있다. 사건은 대략 이러하다.

회사 대표의 유럽 출장길에 특정 도시에 있는 한 기업의 사무소를 방문하기로 약속했고, 유럽지역 책임자가 "협의가 잘 되어 만나는 데 문제가 없다"는 연락을 해왔다. 그동안 한 번도 가보지 않은 낯선 동선이기에, 그 책임자는 건물까지 확인하는 노력을 하였다. 밖에서 보니 건물에 그 기업의 이름도 있었다. 안내 간판을 통해 건물 내 사무실 층수까지 확인하였다. 하지만 미팅이 있던 날 현장을 방문하고 깜짝 놀랐다. 그 사무실은 방문하고자 하는 기업이 입주해 있는 것은 맞지만 다른 사무소였다. 당연히 만나기로 약속한 인사는 그곳에 없었다. 인터넷으로 검색을 해서 사무실 주소를 찾고 담당자가 통화했으나 주소를 제대로 점검하지 않아 엉뚱한 곳으로 간 것이다. 사무실 간판만 확인하고 사람을 만나 다시 확인하는 것을 생략한 때문이다.

통상 해외출장 중 CEO가 방문할 곳이 정해지면 미리 찾아가 소요 시간을 알아보고 식사가 필요한 경우 적당한 식당을 예약한다. 이어 만남을 약속한 인사나 그 비서를 만나 시간까지 확인하는 것이 완벽한 점검이지만, 앞선 사례는 마지막 절차를 생략하고 건물 등 외형만 확인하여 실수한 것이다.

'우문현답(愚問賢答)'이라는 말이 있다. 원래 '어리석은 질문에도 현명하게 답하다'는 의미지만 최근에는 '우리 문제에 대한 답은 현장에서 있다'라는 다소 이질적인(?) 해석으로도 활용된다. 고위 공무원들이 민심을 얻는 비책으로 거론하는 단어이기도 하다.

실제로 책상 앞에서 해결책을 논하는 것은 좋은 결과에 도달하지 못하고, 설사 어렵게 해결책을 만들어도 현장에선 제대로 작동하지 않는 경우가 적지 않다. '현장의 밖'에서 확인한 것도 충분하지 못하다는 앞의 사례는 직장 생활하는데 적지 않은 시사점을 던져주고 있다.

마케팅을 잘하기 위해서는 해당 제품에 대해 고객이 직접 되어 보는 것이다. 왜 이 물건을 살 수밖에 없느냐고 스스로 묻고 수긍

하는 것이 마케팅의 출발점이다. 그래서 신입사원이나 신제품 개발부서 직원들은 직접 제품을 팔아보는 현장 경험을 하기도 한다. 소비자가 어떤 기능을 원하는지 알아야 하고, 파는 것이 얼마나 힘든지를 알아야 제품에 혼을 불어넣게 된다.

오래전에 모 전자회사는 신입직원을 뽑은 후에 부산부터 서울로 상경하면서 자사 제품을 팔도록 하였다. 제품을 이해하고 소비자의 마음을 사는 것이 회사 생존에 절대적 요소라는 점을 새기도록 하는 비책이었다.

자수성가한 기업가들은 대부분 2세에게 일정 기간 현장 근무를 시킨다. 참치로 세계 최고 위치에 오른 모 회장은 아들에게 첫 근무지로 알래스카행 명태잡이 어선이라는 파격 조치를 취했다. 20대이던 장남은 5개월간 망망대해에서 매일 16시간씩 일하며, 어떻게 현장이 돌아가는지 직접 체험하였다. 모두가 해외에 진출해야 돈을 번다고 외치던 시절에 그 회장은 냉철하게 극한의 현장을 제대로 보라고 이야기하여 손실을 줄였다고 한다.

그 회장은 '현지에 고기가 많으면 무엇 하나? 고기를 잡아 올릴 그물과 능력이 없으면서 남이 간다고 바다로 나가면 짠물만 잔뜩 뒤집어쓰고 돌아올 뿐'이라고 신중론을 폈다. 위기 때 냉철한 상황판단을 위해 '바닥까지 내려가 본 현장경험'이 큰 자산이라고 그는 고백했다. 참치 왕의 손자도 참치 공장에서 현장 근무를 한 적이 있어 현장 근무 전통은 3대를 이어오고 있다.

최근 중대재해처벌법에 대한 원활한 대응이 모든 기업의 최대 현안이 되고 있다. 이 법은 건설공사나 생산시설에서 안전을 최우선으로 하라는 말이다. 그런데 곱씹어 보면 현장 중심의 경영을 하라는 의미다. 매출이라는 외형적인 목표에 매몰되어 안전이라는 기초를 놓치지 말라는 지침과 상통한다.

안전의 출발점은 사무실이 아니라 현장이다. 그래서 적지 않은 회사들이 현장 근무를 의무화하기도 한다. 리더가 되려면 현장 메커니즘을 잘 알아야 위기에 강한 해결책을 내놓을 수 있다.

직원들은 주목 받는 기획이나 인사 등을 선호한다. 한 때는 인사팀이 가장 먼저 승진하고, 좋은 곳으로 발령받는다는 말이 있었다. 그러나 잘 나가는 회사는 현장 경험을 리더의 필수조건으로 한다.

생산과 마케팅 현장을 아는 사람을 키우는 회사는 일류회사다. 현장 근무를 선호하는 회사, 현장 근무에 가점을 주는 회사, 그 회사의 열매는 튼실할 수밖에 없다.

실패가 선물이 되는 길

직장인이라면 누구나 성공 가도를 달리고 싶어 한다. 하는 일마다 승승장구하길 소망한다. 그러나 성공과 실패는 업무처리의 끝에 번갈아 다가온다.

여기에서 너무나 아쉬운 점은 많은 회사들이 성공은 환경적인 요인을 거론하며 당연한 것처럼 제대로 평가해주지 않으면서, 실패는 특정 개인의 책임으로 화살을 돌린다는 점이다. 그러나 진짜 실패는 프로젝트의 실패, 그 자체가 아니라 그 다음에 이를 어떻게 처리하느냐에 달려 있다.

CEO가 되고 나서 꼭 실천하려고 노력하는 것이 하나 있다. 이

전에 모시던 회장님이 사용하던 방법인데, 지시사항에 번호를 부여하여 끝까지 추적하고 그 성과를 반드시 체크하는 것이다. 이렇게 하지 않으면 시간이 흐르면서 중점 지시사항이라도 관심이 멀어지면서 자연스럽게 자취를 감추는 경우를 많이 보았기 때문이다.

현업부서는 맡은 프로젝트의 이행경과를 표기하고 관리 부서에서 번호만 잘 관리하면 지시사항이 중간에 사라지는 경우가 없어진다. 회의가 말잔치가 안 되고 구체적인 성과로 이어지도록 만드는 촉진제가 되기도 한다.

확실한 사후관리보다 더 중요한 것은 실패를 어떻게 관리하느냐다. 개인이든 가정이든 원하는 계획이 제대로 이행되지 않을 수 있고 설사 이행했더라도 소기의 성과를 거두지 못한 경우가 적지 않다.

실패가 성공보다 더 크게 회사와 개인에게 선물로 다가오기 위해서는 원인을 철저하게 분석하는 것이다. 두루뭉술한 분석이 아니라 최소한 두 가지로 나누어 파헤쳐 봐야 한다. 주변 환경이 성숙되지 않아서 결실을 맺지 못한 것인지, 아니면 능력을 포함하여 계획 자체에 문제가 있는 것인지 꼭 짚어 봐야 한다. 이를 바탕으로 다시 시도할 것인지, 아니면 아예 버리는 카드로 만들 것인지 결론을 내려야 한다.

원인분석 못지않게 실패를 귀중하게 만드는 것은 진행 과정상

경험했던 것을 진솔하게 팩트 위주로 기록하여 회사 내에 공식적(시스템)으로 보관하는 것이다.

일반적으로 프로젝트가 중단되거나 실패의 나락으로 떨어지면 곧바로 서류 더미로 전락해 시야에서 멀어지는데 그렇게 하면 조직의 발전을 기하기 힘들다. 담당자에게 일정한 시간을 주고 실패의 원인을 잘 정리하도록 배려하고 반드시 기록으로 남겨야 한다.

일반적으로 회사에서 일을 진행하고 예산을 타내기 위해 품의라는 행정절차를 거치는데 사전에 작성한(검토한) 서류는 많은데 결과에 대한 사후보고는 없거나 부실하기 짝이 없는 경우가 많다. 프로젝트가 실패한 경우 더욱 그러하다.

필자는 회사 임원으로 재직 시 품의서에 붙임서류를 통해 실패한 경우 반드시 분석한 자료를 첨부하여 담당자는 물론 후임, 그리고 관련 부서에서 자유롭게 열람하게 해야 한다는 점을 강조하였다.

진짜 실력은 성공보다 실패를 통해 길러진다고 생각한다. 그런데 나의 실패뿐만 아니라 다른 사람의 실패를 반면교사 할 수 있다면 개인은 물론 회사도 일취월장할 수 있다. 그리고 같은 실수를 반복하지 않아 자원의 낭비를 막고 후속 프로젝트에 대한 성공 가능성을 높일 수 있다. 이는 사후보고서를 공유하는 시스템을 구축하는 것으로 가능하다.

결론적으로 실패한 프로젝트라는 평가절하는 조직에서 존재하지 않는다. 다만, 문제점을 제대로 기록으로 남겼느냐, 아니면 어물쩍 넘어가 기록으로 남기지 않았느냐가 더 중요하다. 회사나 개인은 하루만 사는 하루살이가 아니라 실패라는 자양분을 통해 성장해야 하기 때문이다.

조용한 퇴사와 조용한 해고

　해외는 물론 국내에서도 'Quiet Quitting'이라는 단어가 사전에 올라갈 정도로 자주 회자되고 있다. '조용한 포기'로 해석되는데, 필자는 이 단어를 보고 조용히 회사를 그만두는 것으로 생각하였다. 그러나 실제로는 직장 생활을 하면서 승진을 위해 아등바등하지 않고 차분하게 업무를 내려놓고 편하게 사는 것을 의미한다. 한마디로 적당히 일하면서 즐긴다는 뜻이다.

　구체적인 행동요령도 있다. 근무 시작 시간에 맞춰 정확하게 업무를 시작한다. 커피도 한 잔 들고 여유를 부리며 일이 밀려와도 속도를 내지 않는다. 소리 나지 않게 콧노래를 부르면서 일한다. 일하는 데 있어 가장 큰 로직은 업무가 내 감정에 영향을 주어서는 안 된다고 생각한다. 그러니 업무로 인한 스트레스와 담을 쌓고 근무시간을 보낸다. 점심시간과 퇴근 시간은 칼같이 지킨다. 아니 정확하게 표현하면 칼같이 마칠 수 있도록 미리 준비한다. 종료 30분 전에는 새로운 일을 시작하지 않고 책상도 업무도 정리하기 시작한다. 퇴근 후에는 업무에 대한 응답이나 메일은 확인하지 않는다. 다른 사람과의 협업이라는 단어는 존재하지 않는다. 요청받은 일 중에 꼭 해줘야 하는 것에만 서둘지 않고 마지못해 응한다.

좀 결이 다르지만 예전에 들었던 공사장 인부의 모습이 떠오른다. 공구를 항상 하나씩만 갖고 다닌다. 연결된 작업을 위해 다른 공구가 필요하면 다시 공구함이 있는 곳으로 와서 가져간다. 이동 간에는 절대로 뛰지 않는다. 주변도 살피면서 천천히 다닌다. 퇴근 시간이 되면 쓰던 공구를 그대로 두고 퇴근한다. 반드시 공구를 정리해야 한다면 퇴근하라는 명령이 떨어지기도 전에 알아서 먼저 정리하기도 한다. 심지어는 퇴근 시간이 다가오면 미리 공구를 정리해 놓고 출발선에 선 단거리 선수처럼 공사장 문 쪽에 미리 와서 대기한다. 시간이 되면 용수철처럼 튀어 각자의 목적지로 서둘러 나간다.

결론적으로 어떻게 일을 잘 처리할까에는 관심이 없고 어떻게든 시간을 때우되 월급은 정상적으로 받는 것을 의미한다. 그러니 시간 외 근무나, 열정적이거나 창조적으로 업무를 수행하는 것은 기대할 수 없다. 중국 유학 시절에 본, 비 오는 날에도 나무에 물을 주던 인부처럼 영혼 없이 일하는 모습이다.

직장의 대우나 업무가 마음에 안 들면 퇴사하면 될 텐데 '조용한 포기'는 절대로 퇴사(Quitting)로 연결되지 않는다. 그럼 무엇을 그만 둔 것일까? 상급자의 평가나 동료와의 경쟁에서 벗어났다는 것을 의미한다.

이런 방식의 직장 생활에 대해서는 찬반양론이 대립하고 있다. 우선, 업무를 대하는 태도에 크게 문제가 있다고 보는 시각이다. 이들은 사실 날로 치열해지는 글로벌 경쟁시대에 '시간 때우기식' 일처리는 회사의 경쟁력 저하로 연결되고, 결국 기업에 문제가 생기면서 본인은 물론 동료의 일자리도 없어지게 만드는 자살행위라고 평가한다. 반면 엄청난 스트레스에도 불구하고 열심히 일하고 병까지 얻으면서 밤낮으로 고생했지만, 성과에 대한 보상도 없고 실패에 대한 책임만 묻는 것에 대한 현실론적인 직장인의 대응이라는 평가도 있다.

당사자를 탓하기 전에 리더가 더 문제라는 의견도 있다. 주위에서 제대로 일하는 방식을 전수해 주고 격려하며 어려움을 같이 한다면, 조용한 퇴사 발생은 현저히 줄어들기 때문이다. 또한 이런 신드롬에 대한 근본적인 해결책은 자기 이익 중심의 MZ세대에 불가피한 현상이라는 점을 인정하고, 교육과 현장훈련을 통해 해결해야 한다. 심리적으로 퇴사한 상태로 일하는 것은 자기기만이자 직장인의 본분에도 맞지 않다.

어느 직장이나 업무를 회피하면서 일을 맡지 않으려는 사람이 있다. 그러면 그 일은 다른 동료에게 돌아간다. 성과평가와 보상이 엄격하지 않은 우리나라 상황에서 '요령껏 일하는 사람이 승리자'라는 나쁜 문화를 만들게 된다.

조용한 퇴사를 선택한 사람이 직장에서 이득을 보는 것 같지만, 그 사람이 누구인지 모두가 아는 데 오랜 시간이 걸리지 않는다. 결국 급여 삭감이나 업무배제 등으로 이어지고 종국에는 고용주는 'Quiet Firing', 즉 '조용한 해고'로 대응한다. 직장에서 가장 큰 즐거움은 예나 지금이나 일하는 과정에서 찾아야 한다는데 이론이 없다.

혁신과 직원의 역할

 외국 항공사들이 한국인 직원에 좋은 점수를 주며 채용에서도 크게 문호를 넓히고 있다. 열심히 일하고, 회사에 대한 로열티(충성심)가 높기 때문이라고 말한다.

 그런데 국내 MZ세대들이 그들의 일터로 외국 항공사를 선호하는 데는 특별한 다른 이유가 있다고 한다. 일부 국내 항공사의 경우 팀 단위로 움직이면서 직원 간 인간관계 때문에 힘들어 하게 된다는 것이다.

 한번 같은 팀으로 묶이면 일정 기간 같은 비행기를 계속 탈 수밖에 없는데, 잘 맞는 사람끼리 모이면 최고지만, 반대라면 일보다 더 많은 동력을 선배와 동료 관리에 신경을 써야 한다. 업무 중에 리더의 눈치를 볼 수밖에 없고, 비행을 마무리하고도 현지에서 어떻게 보낼 것인지도 신경 써야 한다.

그러나 상당수 외국적 항공사는 매번 비행마다 새로운 팀이 꾸려지기 때문에 업무수행 시 직원 간의 관계는 큰 이슈가 아니다. 자기가 맡은 업무에만 신경 쓰면 되고, 설사 다툼이 있었더라도 다시 만날 확률은 높지 않다. 외국에서 휴식할 때 서로 관심을 두지 않아도 되고, 챙길 필요도 없다. 동종 업계지만 업무 중심이냐, 사람 중심이냐 180도 다른 조직체계다.

'대륙의 실수'라는 비아냥을 듣던 샤오미(小米, 좁쌀이라는 뜻)의 성공비결은 '고가격 고성능'인 애플을 따라 하되, 근본적으로 다른 것을 추구한 데 있다. 제품의 제조과정에서 소비자로 하여금 자신이 창조하는 즐거움을 맛보게 하는 것이다. 사용자 참여 및 소유욕을 통해 '샤오미 매니아'를 탄생시켰다.

이의 일환으로 네티즌의 의견을 받아 휴대전화의 소프트웨어(SW) 업그레이드에 주력했다. 이 회사 스마트폰의 최초 연구개발에 참여한 네티즌이 100만 명에 달했다고 한다. 현재도 매주 업데이트되는 SW는 수십 개인데, 이 중 3분의 1의 아이디어는 내부 전문가가 아닌 샤오미 팬들이 제공하고 있다.

결국, 샤오미는 소비자로 하여금 제품을 만들게 하는 셈이다. 자기 뜻에 맞게 만들었으니 돈을 주고 사는 것에 아낌이 없다.

생산에도 같은 시스템이 작동한다. 가장 효율적으로 부품을 제공할 업체를 선정할 뿐 핵심기술에 대한 소유나 품질에 대한 사전적인 진입장벽은 없다. 700여 업체와 거미줄 같은 생산시스템으로 협업한다.

그러니 단기간에 생산품목 확장도 가능하여 휴대전화 이외에 공기 청정기, 로봇 청소기, 노트북, 자전거, 금속 여행용 가방까지 약 1600개에 달한다. 이제 일반 가방, 안경, 신발, 베개 등에도 진출하여 생활용품 전반에서 모방과 짝퉁을 넘어선 최고의 제품을 탄생시키고 있다.

샤오미는 혁신의 최고 원칙인 '잘하는 것에 치중하고 나머지는 연결하라'를 실천하는 최고의 회사인 셈이다. 한국에선 스타트업이나 중소기업이 대기업의 협력업체로 들어가는 것은 하늘의 별 따기처럼 어렵고 소비자의 개발 참여는 사실상 불가능하다.

흔히 세상이 변하니 조직을 혁신해야 한다고 말한다. 맞는 말이다. 그런데 그 방향은 외부의 지적을 제대로 수용할 내부개혁이 먼저다.

업무혁신 전문가는 "많은 회사들이 DX(혁신)를 말하면서 고객 접점에 대한 CX(고객혁신)만 외친다"고 말한다. 본질이 뒤바뀐 것이다. 진정한 혁신을 위해서는 내부의 EX(직원혁신, 항공사 사례)가 먼저 되고 그다음에 CX(고객혁신, 샤오미 사례)로 흘러가야 한다. 왜냐면 직원들이 전과 같이 행동하는데 겉을 아무리 바꿔도 결과는 크게 달라지지 않기 때문이다(같은 방법을 반복하면서 다른 결과를 기대하는 것은 미친 짓이다 – 알베르트 아인슈타인).

혁신하고 싶은가? 우선, 직원들을 업무 중심으로 바꾸어야 한다. 특히 사내에 MZ 성향 직원이 많다면 인간관계가 업무 프로세스에 덜 작용하도록 프로세스를 만들어야 한다. 사람이 아닌 시스템으로 연결, 공유, 융합이 동시에 작동하면 창의적인 일 처리로 자동 연결된다.

두 번째는 샤오미처럼 밖(고객이나 최고의 기술)의 소리가 회사 내에 자동으로 울림이 있도록 시스템을 만들어야 한다. 코로나19는 흔히 직장 내 기술, 시간, 공간의 한계를 무너뜨리고 있다고 말한다.

업무환경이 변했는데 회사가 그대로면 개인이 아무리 똑똑하고 혁신해도 회사는 멍청한 수준에 머문다. 개인의 결과가 회사 수준을 뛰어넘을 수 없다는 것이 디지털 시대의 특징이다. 그래서 구성원은 항상 회사 시스템에 반응해야 하고, 회사는 직원의 제안을 적극적으로 수용해야 한다.

중대재해와 체크리스트

공사장에서의 인사사고는 이제 뉴스에 들어가지도 않는다. 여름에는 홍수로, 겨울에 눈으로 사상자가 발생한다. 특히 대형 사고는 지하도와 같이 전혀 예상하지 못한 곳에서 돌출되어 나온다. 공장을 갖고 있는 대기업은 사고가 끊이지 않아 때로는 쉬쉬하면서 조용히 처리하였다. 그러나 이제는 중대재해에 관련된 법이 발효되어 그럴 수도 없는 상황에 내몰리고 있다. 최고 경영자는 물론 중간 담당자가 형사적으로 처벌받을 확률이 매우 높아졌기 때문이다.

필자가 근무했던 공간은 연간 수천만 명이 방문하는 다중시설이어서 크고 작은 사고가 끊이지 않았다. 제법 큰 사고는 물론 말도 안 되는 작은 사고로 곤욕을 치른 경험이 있다.

지나가던 행인이 계단을 이용하다가 발을 헛디뎌 넘어지면서 머리를 다쳐 대형병원에서 뇌수술을 받기도 하였다. 환자 보호자는 계단의 경사가 가파르면서 제대로 경고도 하지 않았다고 엄청난 항의와 협박을 퍼부었다. 회의실에서 사고가 발생하여 엄청난 금액의 손해배상 요구로 시달리고 담당 직원이 경찰서를 여러 번 드나들었다.

사업장 내에 수십 개의 에스컬레이터가 있는데 무거운 가방을 들고 탄 고객으로 인해 갑자기 작동이 멈추면서 같이 탔던 사람들이 넘어지면서 다치는 사고가 났는데 관리를 제대로 못해 사고가 난 것 아니냐는 지적을 받기도 하였다. 실제로는 고객 안전을 위해 외부 충격이 가해지면 자동으로 멈추는 것을 고장으로 확대한 것이다.

통상 3일에 한 번씩 소방서 구급차가 출동하는데 대부분 방문객들이 갑자기 넘어지기 때문이다. 현기증 등 다양한 원인에 기인한 것인데 바닥이 미끄럽기 때문이라고 억지를 부리기도 한다. 요즘에는 소방차 출동도 적지 않아 가슴을 쓸어내리는 경우가 한두 번이 아니다. 수천 대를 주차하는 넓은 장소이기 때문에 타이어 타는 냄새로 신고(고객이 직접 신고함)가 들어가 엄청난 숫자의 소방차가 출동하기도 하고 차량 엔진이 과열되었다고 소방서에 신고하여 곤욕을 치르기도 한다.

전혀 예상치 못한 곳에서 사고가 발생하기도 한다. 주차장 천정의 콘크리트가 떨어져 차를 박살 낸 경우도 있다. 사람에게 떨어지지 않고 주차된 차량에 떨어진 것을 두고 볼 때 신기할 정도로 운이 좋았다.

이런 상황에 내몰리면서 느끼는 것이 하나 있다. 사고는 예고가 없을 뿐만 아니라 아무리 노력해도 완벽하게 방지할 수 없다는 것이다. 사업장이 크거나 작거나 사고는 항상 발생한다. 다만, 그 피해를 줄이고 발생 횟수를 줄이는 데 노력해야 한다.

교회에 다니는 필자로서는 솔직하게 하나님께 기도하며 고백한다. 제가 할 수 있는 것이 하나도 없다고. 그러니 모든 것을 도와주고 책임져 달라고 간곡하게 기도하며 매달린다. 종교 유무와 관계없이 책임자라면 누구나 같은 느낌일 것이다. 아무리 예방책을 잘 세우고 현장을 체크해도 100% 완벽이란 있을 수 없기 때문이다.

중대재해에 대해 법률적인 논쟁에는 관심이 없다. 그러나 그런 논쟁에 휘말리지 않기 위해 어떻게 해야 할까는 항상 고민 중이다.

사건 발생을 줄이고 특히 처벌 수위를 낮추기 위해 반드시 해야 할 것이 있다. 재해예방을 위해 조직을 갖추고 실제로 정기적으로(수시로) 예방 활동을 했느냐가 중요하다. 이를 입증하기 위해 근거 서류를 만들어 놓아야 한다. 가장 실용적인 방안이 체크리스트를 만들고 이를 보관하는 것이다.

실제로 체크리스트는 쉽고, 해당 분야 비숙련자라도 간단하게 예방책을 실행에 옮기는 나침반 역할을 한다. 그리고 상급자가 이행 여부를 확인하는 근거가 되기도 한다. 불시에 현장과 대조하면 진위 여부가 쉽게 판별되기 때문이다.

직장에서 모든 일은 체크리스트로 통한다고 할 수 있다. 능력자는 높은 수준(세밀한)의 체크리스트를 몸에 지니고 있고, 그 반대는 체크리스트조차 없이 감으로 모든 일을 처리하는 직원이다.

자리 전쟁

 관직에서 최고의 자리에 오른 분을 알고 지내고 있다. 차관급 이상의 공직을 두 자릿수 이상 맡을 만큼 경제, 외교, 통상을 넘나드는 경력을 자랑한다. SNS로 소통하면 항상 웃음을 잃지 않으면서 'ㅇㅇㅇ 드림'이라고 문자를 마무리한다. 상대가 나이가 많든 적든 최대한 상대방을 존중한다.

 행사에서도 항상 겸손하게 모든 사람을 대한다. 그분을 보면서 겸손이 능력이라는 것을 실감하게 된다. 상대의 위치와 관계없이 겸손하게 대할 때 상대가 내 편이 되니, 이론이 아닌 현실의 능력으로 되돌아온다. 더불어 그 열매는 물론 일상의 삶에 아름답게 구현된다.

 또 욕심이 없으니 항상 편안한 마음으로 즐겁게 운동도 하고 교제도 한다. 옆에 있어도 학식과 지위와 관계없이 진정성 있게 교류한다는 생각이 든다. 더 중요한 것은 자리에 욕심이 없어 어느 자리라도 미소로 감사함을 표한다. 의전도 그리 신경 쓰지 않는다. 그러나 이런 사람은 흔하지 않으니, 주의가 필요하다.

성경에서는 어떤 모임에 갔을 때 낮은 자리에 먼저 앉으라고 권한다. 자기 자신에게 적당한 자리보다 항상 더 낮은 자리에 앉아야 더 높은 자리로 안내를 받아 체면을 구기지 않지만, 처음부터 상석에 앉으면 더 높은 사람이나 주최 측으로부터 '내려가 달라'는 말을 듣고 마음의 상처를 받을 수 있다.

VIP를 모시는 행사에서는 자리 전쟁이 치열하다. 누구를 상석에 앉히고 누구를 좀 더 뒷자리로 보낼 것인지 정하는 것은 아주 힘든 일이다. 군대에서 경계에 실패하면 용서되지 않는다고 말하듯이, 기업에서는 의전에 실패하면 아무리 좋은 업무성과도 수포로 돌아간다.

이전 회사에서 최고위층의 해외 출장을 앞두고 비행기 일등석을 얻기 위해 항공사를 향해 치열한 로비전을 전개하였다. 모두가 원하는 자리가 같기 때문이다. 다른 사람들에게 방해를 덜 받고 자기만의 공간을 편하게 누릴 수 있는 '일등석 2A'를 최고로 치는데 자리는 하나이니 경쟁이 치열하다.

호스트가 가장 상석(가운데)에 앉고 오른쪽(주빈 기준) 왼쪽 순으로 자리는 쉽게 정해지지만, 누가 누구보다 높다는 것을 정하는 것은 엄청난 난이도를 요구한다. 좌석을 잘못 배치하면 행사장에 왔다가도 행사에는 참석하지 않고 돌아가기도 하고, 있더라도 행사 내내 굳은 표정으로 한마디도 하지 않는 경우도 보았다. 손님에게 창문을 보고 앉도록 해서 좋은 풍경을 누리도록 자리를 제공하는 것이 기본이고, 문 쪽보다는 안쪽이 상석이라는 점도 알아야 한다.

귀빈을 안내할 때는 고객보다 2보나 3보가량 비스듬히 앞서서 안내한다. 고객의 시야를 가리지 않기 위해 정면이 아닌 사선으로 빗겨서는 것이다. 중간중간 잘 따라오는지 확인하는 것도 중요하다.

엘리베이터를 통해 안내하는 경우에는 헷갈린다. 안내하는 처지에서 손님보다 먼저 타야 할까 아니면 그 반대인가? 탑승하기 전에 미리 몇 층에 갈 것인지 말해 주는 것이 예의다. 이어 안내원이 없는 일반 엘리베이터는 손님보다 먼저 타서 목적 층 버튼을 누르고 문이 닫히지 않도록 손을 문 쪽으로 뻗고 모든 고객이 다 탈 때까지 기다려야 한다. 내릴 때는 나중에 내린다. 그런데 안내원이 있는 엘리베이터라면 반대로 행동해야 한다.

정작 힘든 의전 사례는 서열을 정하기 힘들 때 발생한다. 그런 경우 가장 일반적인 해결책은 나이순, 또는 해당 모임에 오랫동안 참석한 순으로 한다. 남자보다는 여자를 더 배려해야 한다. 그래도 잘 모르겠으면 멋진 아이디어가 하나 있다. 티타임 시 구석에 참석자 명패를 모두 모아 놓고 스스로 명패를 갖고 각자 원하는 자리에 앉도록 하는 것이다. 비록 낮은 자리에 앉더라도 스스로 양보한 것이니 문제가 안 되고 늦게 온 경우라면 더욱 할 말이 없다. 스스로 높다고 생각하면 명패를 갖고 중앙으로 가니 역시 책임은 각자 몫이다.

자칫하면 의전이 전체 행사를 망치기도 한다. 그러나 의전을 잘했다고 관계자를 칭찬하지는 않는다. 기준이 제각각이니 정답도 없다.

그러나 중요한 절차이니 잘 챙겨야 한다. VIP를 모시고 행사에 가는 입장이라면 미리 체크하여 주최 측과 소통해야 한다. 행사를 주최하는 경우라면 좌석 배치 기준에 대해 참석자 측에 설명할 필요도 있다. 소통하지 않으면 오해로 관계가 벌어질 수 있기 때문이다.

좌석 위치보다 더 중요한 것은 격식보다 따듯한 마음을 보여주는 것이다. 원하는 곳에 배치를 못 하면 양해를 구하는 것도 한 방법이다. 회사에서 간단한 의전 매뉴얼이라도 만들어 공유하고 중요한 행사라면 반드시 최고 경영자에게 컨펌을 받아둘 필요가 있다.

진정한 화합의 모델

동양에서 용은 최고의 존엄과 길조를 상징한다. 임금의 옷과 궁궐에는 어렵지 않게 용의 모양을 확인할 수 있다. 서양에서는 정반대다. 용은 불을 내뿜는 신비의 동물이지만, 나쁜 세력을 상징한다.

중국은 용이 우글거리는 천지로 불러도 될 만큼 용의 국가이다. 황제의 상징으로 최고의 지배 권력을 의미한다. 궁궐에 들어가 보면 용의 숫자를 정확하게 센다는 것이 불가능 정도로 많다. 고대에는 용을 잘못 그리거나 남용하면 역모에 엮이기도 했다. 예술에서도 용이 사용되기도 하는데 용의 기원을 알면 다양한 형태나 위엄보다 그 정신을 본받고 싶어진다.

용은 중국에서 BC 256년경 탄생한 것으로 알려졌다. 황하 유역을 지배하던 부족은 이웃을 정벌하고 화합하기 위해 스스로가 섬기던 토테미즘 신앙(뱀)을 강요하지 않고 새로운 동물을 탄생시켰다고 한다. 몸통은 그들이 섬기던 뱀을 차용하고 소와 사슴을 섬기던 부족을 위해 귀와 뿔을 빌려오고 물고기와 양을 떠받들던 부족을 다독이기 위해 비늘과 수염을 용의 일부로 삼았다.

매와 돼지를 섬기던 피정복민을 위로하기 위해 용의 발톱과 얼굴을 매와 돼지의 그것으로 하였다. 결국, 스스로 신성시하던 뱀을 내려놓고 모두의 화합과 만족을 위해 가상의 동물을 탄생시키는 기막힌 전략을 구사했다는 내용을 중국 책에서 보았다.

정치는 물론 가정이나 직장에서 화합은 무엇보다 중요하다. 그런데 그 밑바탕은 자기의 가장 중요한 것을 양보하는 데서 출발해야 한다. 자기 생각을 강요하고 다양한 논리로 상대의 주장과 논리를 공격하기에 여념이 없는 현실이 계속되어서는 안 된다.

주도세력이고 더 힘 있는 상급자라면 양보하는 양이 그만큼 많아야 함을 의미한다. 가정에서도 가장이 더 낮아져야 한다. 수년 전 높은 인기를 구가했던 '내려놓음'이라는 책자가 생각난다. 그 후속편은 '더 내려놓음'이었다. 세상살이에서 양보의 한계는 어디일까? 책 제목만 보면 끝이 없을 것 같다.

벤처기업을 하는 청년 기업가를 만난 적이 있다. 그는 사장으로서 엄청난 매출은 물론 때론 회사를 사고파는 일로 유명한 CEO다. 그의 사무실을 보고 화합과 소통을 위한 내려놓음의 끝판왕을 보았다.

　사무실에서 그의 자리는 출입문에 가장 가까운 곳이다. 방도 아니라 일반 직원과 똑같은 크기의 책상과 의자다. 출입할 때마다 쉽게 사장하고 소통하라고 그곳에 사장 자리를 만들었다고 한다. 모든 직원이 출퇴근은 물론 화장실 갈 때도 쉽게 사장을 만나고 같이 이야기한다. 혹시 문을 지키는 것은 아니냐고 농담을 건네자 기둥에 크게 쓴 글을 가리킨다. 퇴근 시간이 되면 눈치 보지 말고 퇴근하라고 가장 잘 보이는 곳에 표시해 두었다. 소통이 바로 경쟁력인 시대다. 없는 것을 만들어서 소통과 화합에 나서는 '용의 정신'이 필요한 시대다.

　회사에서 직원을 평가할 때 스스로의 역량 못지않게 우리 팀이나 팀원에게 도움을 많이 준 팀과 팀원을 적도록 한 적이 있다. 회사는 조직이고 결국 '나'와 '너'가 아닌 '우리'로 일하기 때문이다. 감추는 것이 아니라 상대를 더 도와주려고 하고, 나중에는 일부러 가서 물어보기도 한다. 더 도와줄 것 없냐고. 회사 분위기와 협업 분위기가 일순간 개선되었다.

　용이 돼지 얼굴에서 출발했다는 사실이 썩 마음에 안 들지만, 탄생 비화는 사실 여부를 떠나 잔잔한 감동으로 다가온다. 오늘도 나는 무엇을 주위 사람에게 양보할지 깊이 고민해 본다. 갈수록 쟁취한 것보다 양보한 것이 늘어야 직급도 올라간다.

부재중 통화 제로화

 필자가 중국을 처음 방문했던 90년대 중반, 중국과 전화에 대한 상식이 완전히 뒤집혔다. 소득 수준과 관계없이 거의 모두 휴대폰을 가지고 있는 것이 놀라웠다. 중국인들의 소득 수준을 고려하면, 당시 휴대폰 가격은 결코 저렴하지 않았다. 1~2개월 월급을 모두 털어 넣는 경우도 보았다.

 흔히 중국은 집 전화 없이 바로 휴대폰으로 넘어온 사회로 이해된다. 한국에서 흔한 테이프로 재생하는 VTR을 건너뛰고 CD로 바로 넘어온 것과 유사하다. 집 전화를 건너뛰고 휴대폰에서 시작했다는 중국의 전화 문화는 씀씀이가 달랐다. 전화가 언어적 소통이 아닌, 문자로 의사를 전달하는 것이 주요 수단이라는 점이 한국과 완전히 달랐다. 젊은이라면 그 정도가 더욱 심해 문자를 통해 의사전달은 물론 상당수의 업무를 소화하고 있었다. 깨알 같은 작은 글씨로 소통하는 그들을 보면서 신비함과 답답함을 동시에 느끼기도 하였다.

한국의 MZ세대도 휴대폰에 대한 확실한 문화가 있다. 특히 직장이건 집이건 휴대폰이 필수이고 손에서 멀어지는 순간 심리적으로 불안해진다고 말한다. 또한 다양한 이모티콘이나 약어를 동원하여 세밀한 감성까지 전달한다.

그러나 한 가지 알아야 할 대목이 있다. 회사에서 리더 역할을 하고 있는 세대들은 글보다 말로 모든 것을 해결하려는 경향이 강하다는 점이다. 음성을 통해 감정을 세밀하게 전달하고 문제가 생겼을 때 통화버튼을 눌러 의사를 전달해야 소통했다고 느낀다.

또한 제때 전화를 받지 않는 것에 상당한 마이너스 점수를 매긴다. 제때 상급자의 전화를 받지 않으면 근무에 태만하다는 생각을 한다. 예전에 사무실에서 전화가 오면 벨이 3번 울리기 전에 받아야 한다는 에티켓 교육을 받은 적이 있다. 이런 내용이 스티커 형태로 전화 예절이라는 포장지를 달고 책장을 점령한 적도 있다. 고객만족으로 다가가는 첫걸음이라고 생각했기 때문이다.

모 그룹의 임원으로 승진한 지인은 전화나 카톡을 잘 받기로 유명하다. 정확하게 표현하면 신속하게 응대를 한다는 점이다. 통화를 시도할 때마다 마치 기다리고 있었다는 듯이 신호가 1~2번 가면 곧바로 받는다. 부재중 전화로 상대에게 불친절(?)을 끼친 적이 거의 없다. 카톡을 보내면 곧바로 답이 돌아온다. 근무시간에만 그렇게 행동하지 않는다. 저녁에도 전화를 걸면 어김없이 곧바로 받는다.

필자는 비서 업무를 담당하던 수년 전에 항상 손에 핸드폰을 쥐고 진동이 오면 곧바로 받는 습관을 일상화하였다. 샤워를 하거나 목욕을 위해 탕 속에 들어갈 때에도 비닐 포장(당시 휴대폰 방수기능이 약할 때임)을 해서 부재중 통화를 제로화하였다. CEO급인 상사들이 2번 전화를 하게 해서는 안 된다고 생각했기 때문이다. 통화 버튼에 부재중이라는 빨간 표시만 떠도 업무 수행도에 '빨간 줄'이 간다는 느낌이 들었다. 전화 잘 받기는 기본 중의 기본이지만, 젊은 세대는 전화보다 문자를 선호한다는 사실도 새겨야 한다. 전화는 하던 일을 강제로 중단시켜 '자유'를 빼앗지만 문자는 상대의 시간을 존중하는 소통 수단이기 때문이다.

회사에서 할 일과 해서는 안 되는 일

  30여 년 전에 회사에 입사했는데, 당시 적응하기 힘든 일 중 하나가 음주문화였다. 선배와 동료들은 1주일에 3~4회 술자리를 가졌다. 필자는 회식을 즐기지 못하는 편은 아니었으나, 정도가 지나치다는 생각을 매번 하게 되었다.

  저녁 7시쯤 밥을 먹으면서 반주를 곁들인 식사를 했고, 곧바로 노래방 반주기가 방으로 들어온다. 얼큰하게 취한 후에 다시 차수를 늘리는 일이 반복되었다. 밤 12시를 한참 넘긴 후에 일정이 마무리되는 고단한 시간이었지만, 당시 이를 당연한 것으로 여겼다. 술 먹고 주정을 부리는 사람이 꼭 정해져 있었고, 술값은 불공정하게 분배되어 다음 날에 고지서 형태로 날아왔다.

  지금 생각하면 말도 안 되는 일이지만, 당시에는 업무 못지않게 회식에서 존재감을 드러내는 일도 중요했다. 적당량을 크게 넘긴 주량으로 다음날 근무는 제때에 맑은 정신으로 시작한 것이 손에 꼽을 정도였다.

위의 사례보다 더 싫은 것은 영수증을 챙기는 일이었다. 왜 필요한지 잘 알지 못했지만 선배들이 간이영수증을 챙겨오라고 강권하였다. 돈을 쓰는 사람과 영수증 챙기는 사람이 공공연하게 달랐던 시절의 이야기다. 식사하면서 금액보다 더 크게 영수증을 만들거나 아예 먹지 않고 영수증을 달라고 한 적도 있다. 지금 기준으로는 말도 안 되는 일이지만.

친구에게 들은 이야기다. 해외 출장을 갔는데, 그 친구 선배가 예산을 절감한다고 하면서 같이 자자고 먼저 제의를 했다고 한다. 예산 한도가 빠듯한데 좋은 아이디어라고 생각하여 같이 룸을 쓰기로 하였다. 그런데 출장비를 더 많이 받아간 선배는 방값 결제에서 모른 체 하였다. 같이 방을 사용했으니 절반씩 낼 것이라는 상식적인 기대가 무너진 것이다. 자기 돈 아끼자고 후배를 이용한 것이다.

입사 후 첫해에 여름휴가를 가겠다고 설레는 마음이 잔뜩 부풀어 올랐다. 선배가 종이를 주며 휴가 일정을 적어 내일까지 제출하라고 했다. 혼자 휴가 날짜를 적고 있는데, 리더(과장)가 오더니 종이를 채가면서 '신입직원이 무슨 휴가냐'고 목소리를 높였다. 오히려 날짜를 쓰던 내가 무안했던 게 아직도 생생하다. 30년 전 '라떼 이야기'다.

최근 지방의 한 회사 사례가 신문에 보도되어 충격을 주었다. 입사 연차가 높지 않은 직원에게 밥 짓고 빨래하도록 했다는 것이 골자다. 불행히도 그 회사의 다른 선배들은 '나 때에는 찌개도 끓이고 된장도 담갔다'고 태연하게 반응했다고 한다. 2023년도에 반복된, 공적인 것과 사적인 것에 구분이 없는 전형적인 예다.

단순한 화제를 넘어 마음 속 저 밑에서 공분이 올라오는 게 너무 당연하다. 업무 외적인 일로 직원을 지배하는 상사가 있는 회사에 어떻게 혁신이 있고 발전이 있겠는가?

생각이 변하려면 근무공간이 달라져야 한다고 생각한다. 필자가 새로운 회사의 CEO가 되어 가장 먼저 한 일은 사무환경 개선이었다. 사무실은 원래 업무를 보는 곳이 아니라 '사무실(思務室)'로 생각(창의)이 넘치는 곳이어야 한다는 지론 때문이다.

그래서 앞 사람 뒤통수를 보고 앉는 시스템을 뜯어 고쳐 쉽게 변형하고, 서로 마주 보는 방식으로 언제든지 토론할 수 있는 분위기를 만들었다. 팀별로 다른 형태의 모양을 하고, 선후배 순으로 일렬로 앉는 방식도 내려놓았다.

필자가 최근 방문한 기업은 더 혁신적이다. 매월 출근한 필수 일자만 정하고 출근 시 원하는 곳에서 업무를 보면 된다. 집 근처로 출근해도 되고, 집에서 업무를 보고 온라인 미팅에 참석하면 그만이다. 얼마동안 의자에 앉아 있었느냐는 중요하지 않다.

세월보다 더 빠르게 변하는 것이 직장 문화다. 이제 선후배 간에 격이 없는 토론이 일반화되고 있다. 선배는 업무를 지시하거나 수정을 요구할 때 친절하게 꾸짖어야(?) 한다. 감정을 앞세우지 말고 매우 친절하게 지시자가 아닌 멘토로서 역할을 해야 한다는 의미다. 목소리는 차분해야 하고 빠르지 않아야 한다.

후배는 선배와 마음이 맞지 않더라도 보다 좋은 대안을 받는다는 자세로 임해야 한다. 후배라면 못마땅해도 당일에는 거부 의사를 표하지 말고, 숙고한 후에 논리적으로 생각을 전해야 한다.

소통하지 못하는 선배는 30년 전 영수증 챙기라는 사람과 비슷하고, 자기만의 스타일을 고수하며 양보할 줄 모르는 후배는 수십 년 전 술주정과 차이가 없다. 양보하면서 친절하게 소통하는 것이 가장 중요한 경쟁력의 원천이다.

로봇과 역면접

그동안 많은 회사들이 공장자동화를 통해 블루칼라 생산성 혁신을 도모했다면, 이제는 화이트 칼라의 그것을 위해 RPA(Robotic Process Automation)를 도입하는 것이 대세다. 사람이 컴퓨터로 하는 반복적인 업무를 로봇과 소프트웨어를 통해 자동화하는 기술로, 업무처리 속도는 사람이 하는 것과 비교가 안 될 정도로 빠르면서 오류가 발생할 가능성이 거의 없어 경쟁력 제고에 '신의 한 수'로 평가받고 있다. 한 달 걸리던 소요시간을 1시간으로 줄여 한 치의 오차도 없이 정해진 시간 안에 마무리하니 놀랍지 않은가.

RPA가 사무업무의 혁신을 선도하면서 모든 기업이 무조건 도입해야 한다는 말이 나돌 정도다. RPA를 활용 중인 한 경영자는

AI(인공지능)가 집에도 가지 않고 하루 종일 일하면서 지치지도 않는 직원이라고 찬양한다. 또한 월급을 안 주어도 되고(물론 컨설팅 및 소프트웨어 비용 필요) 노조도 없다고 입에 침이 마르도록 칭찬이다.

로봇이 스스로 일하는 시대가 열리면서 인간이 열심히 하는 시대는 막을 내렸다고 말하기도 한다. 극단적으로 인간이 인간과 경쟁하는 시대도 막을 내리고 있다. 단적인 예로 로봇이 인간보다 더 정교한 기술로 커피숍 손님을 맞이하고 있는데 수작업을 하는 근처 가게가 어떻게 견딜 수 있겠는가?

아무리 작은 가게라도 24시간 운영할 경우 인건비로 매월 1000만 원이 나가는데 로봇은 비용 측면의 우위를 점한 것은 물론, 많이 일했다고 지치지도 않아 차원이 다르다. 로봇 가게는 대면접촉을 꺼리는 MZ세대 고객에겐 더욱 환영 받는다. 이들 로봇은 당연히 명절이나 휴일 근무를 꺼리지도 않는다. 세탁소나 커피숍에서 시작된 로봇 서비스는 이제 예외 업종을 찾는 것이 힘들 지경이다.

더불어 구인패턴도 급변하고 있다. 대규모 공채는 명맥을 유지하는 정도이고 특정한 기능을 갖춘 전문가만 찾고 있다. 로봇으로 안 되는 업무에 필요한 고급인재만 헤드헌터를 통해 채용하고 있는 시대가 성큼 다가오고 있다. 대규모 채용에 대한 홍보 사이트 수명이 얼마 남지 않았다는 말도 나온다.

이제는 경영자가 채용하는 것이 아니라 반대로 경영자가 면접을 당한다는 자조 섞인 말을 한다. 유능하다고 생각되어 함께 일하자고 하면 어떤 대우가 가능한지 먼저 말해 보라는 '역면접'을 통과해야 한다.

플랫폼 비즈니스에 대한 총괄 개발자(CTO)를 구하던 한 CEO의 경험은 더욱 극단적이다. 상대는 면접 시작과 동시에 요구조건을 늘어놓는다. "급여는 ○억 원이고 근무시간에 대한 제한은 없이 자율이며, 스톡옵션은 ○○정도여야 합니다. 또한 복지는 별도이며 활동비는 한도를 정하지 말고 같이 일한 사람들의 채용 권한도 주십시오."

결국 특징이 없는 직원은 무더기로 실직 상태지만 자격을 갖춘 실력자는 오히려 경영자를 대상으로 면접을 보고 있다. 개발자를 찾아 인도나 아프리카까지 간다는 신문기사도 얼굴을 내밀고 있다. 창업하고 싶어도 인력이 없어 창업하지 못한다는 말은 이제 특이한 일이 아니다.

이제 구인구직의 개념이 무너지고 있다. 미래의 직원이라면 어떤 일을 해야 할지 명백해진다. 로봇이 못하는 일을 해야 한다. 아니면 로봇을 잘 다루는 직능에 특화해야 한다. 절대로 로봇을 이길 수 없기 때문에 별 특징이 없다면 회사로선 채용할 매력을 못 느낀다. 공채는 조만간 시조새가 될 것이다.

그래서 스스로에게 물어야 한다. 나는 어떤 경쟁력을 갖고 있고 로봇이 못하는 어떤 능력을 소유하고 있는가?

이 과정에서 부장, 과장, 대리 등 수직적 관리구조는 필요가 없다. 모두가 매니저로 각자의 업무를 할 뿐이다. 협업이나 관리업무 등은 AI(인공지능)가 수행하게 된다. 보다 냉정해져야 한다. 앞으로 채용은 콘텐츠 제작자이거나 플랫폼 운영자로만 한정된다는 진단이 있다.

5년 후 내가 로봇과의 경쟁에서 이길 나만의 경쟁력은 무엇인가? 조직이나 부하 직원에 기대지 않고 홀로 광야에서 살아남아야 한다. 어쩌면 나의 보스가 로봇일 수도 있다.

미래의 일터와 감시자

보스웨어(Bossware)'라는 말이 급속히 확산되고 있다. 전 세계적으로 재택근무가 확산하면서 이를 감시하는 소프트웨어를 지칭한다. AI(인공지능) 기술을 활용한 소프트웨어가 사무실 내 직원들의 근무태도를 사장처럼 관리하는 것을 뜻하는 신조어다.

미국 보스턴에 있는 한 신생기업이 AI를 활용하여 생산성을 측정하는 소프트웨어를 만들어 시장에 출시해 화제의 주인공이 되었다. 직원의 평소 업무습관을 기반으로 행동 패턴을 파악한 후에 매일, 그리고 매월 생산성 점수를 0~100점으로 표기한다.

일부 은행들이 매일 직원들이 얼마의 수익을 냈는지 파악하는 것과 같은 이치로 업무감시의 빅브라더가 탄생했다고 직원들은 불만이다. 찬성하는 측도 있는데 측정방식이 합리적이라는 전제가 성립되면 평가의 불공정성이나 상사의 감정개입도 원천 봉쇄된다는 점에 근거한다.

일본과 영국의 기업은 한 차원 더 높은 기술로 주위를 놀라게 하고 있다. 일본 기업은 지난해부터 직원 얼굴의 근육 움직임 등을 추적해 업무 집중도를 체크하고 있다. 이 기술은 회의에 참여하고 있을 때도 적극적으로 임하는지, 아니면 수동적으로 마지못해 자리만 지키고 있는지 분별할 수 있다고 한다.

영국 기업은 택배 차량에 AI 기술을 적용한 카메라를 장착하여 직원들의 업무를 모니터링하고 있다. 차량 내외부에 있는 카메라를 통해 운전자 행동은 물론 교통법규 준수 여부를 파악하여 안전도를 높인다는 명분을 내걸고 있지만, 논란도 상당하다. 업무를 효율적으로 할 수 있도록 안내하고 안전도를 높이는 데 도움이 되지만 기본적으로 감시라는 비난에서 자유롭지 못하기 때문이다.

소프트웨어 전문기업들은 온라인 수업에 참석하는 학생들의 몸짓이나 표정을 파악하여 집중도는 물론 수업내용에 대한 이해도를 측정하고 있다. 국내에서도 대기업을 중심으로 온라인으로 입사시험이 실시되고 각종 자격증 시험도 같은 방식으로 대중화 대열에 참여하고 있다.

광범위한 재택근무제를 통해 높은 인기를 누렸던 한 국내 기업은 새로운 근무 제도를 두고 최근 논란에 휩싸였다. '메타버스 근무제'라고 명명된 관리시스템은 음성채팅 기능이 있는 소프트웨어를 통해 출퇴근을 확인하는 방식이다.

직원들은 이 소프트웨어에 접속해 전체 근무시간(8시간) 내내 스피커를 켜 놓거나 고막을 거치지 않고 두개골을 통하여 소리를 직접 전달하는 골전도 이어폰을 착용하고 있어야 한다. 업무시간에 실시간으로 음성이 연결되어 있어서 업무지시나 협업에 곧바로 반응해야 한다는 의미다.

특히 오후 1시부터 5시까지 무조건 근무해야 하는 '코어타임'을 만들었으며, 30분 이상 이석 시 무조건 휴가를 써야 한다는 강압적인 조치도 직원들의 불만 대상이다. 메타버스라는 용어가 상징하듯 장소제약은 어느 정도 해결했지만 보다 더 기계적인 방식으로 직원을 관리한다는 지적이 나오고 있다.

그동안 IT기술을 활용한 영업직원의 출퇴근 관리는 이제 애교에 해당한다. 사무실을 아예 두지 않고 거래처로 바로 출근해 사진을 올리면 출근으로 인정받고 하루 내내 동선이 자동으로 저장되는 컴퓨터 기기를 통해 구체적인 영업 성과를 넘어서 부지런히 활동했는지를 체크하는 방식은 이제 고전이다.

안면인증을 통해 출입문 개폐나 업무 시작에 대한 인증을 하고 근태관리를 위해 얼굴 데이터를 수집하는 것도 낯설지 않다. 이제는 겉으로 드러난 모습을 관리하는데 만족하지 못하고 속마음까지 관리하는 시대가 도래한 것이다. 빅브라더가 항상 나를 감시하면서 내 마음속까지 들여다보면서 통제하는 느낌이다.

향후 새로운 일자리는 AI를 통해 어떻게 사람 일자리를 대체할 것인가를 연구하는 분야와 일하는 사람을 어떻게 잘 관리(감독)할 것인가에서 주로 늘어날 것이라는 전문가의 지적이 있다. 사람이 AI로 하여금 사람을 대체하게 하고 다시 AI가 사람을 감시하는 과정이 반복될 것이다.

그래도 우리가 잊어서는 안 되는 것은 직업은 삶의 가장 중요한 활동이고 신성한 것이라는 인식이다. 아무리 좋은 AI가 나와도 근무 장소에 관계없이 일하는 열정과 그 가치는 결코 가볍게 취급되어서는 안 되기 때문이다.

Chapter IV

리더가 된다는 것

어른아이

좋은 기업이라도 신입사원이 1년 내 퇴사하는 비율이 30%라고 한다. 게다가 갈수록 중도 퇴사비율이 높아진다. 그동안 학생으로서 보호받고 자신이 원하는 대로 살다가 입사해 직장생활을 시작하면 모든 것이 낯설어 적응하기가 쉽지 않을 것이다.

오래전에는 회사에서 버티지 못하면 굶어 죽는다는 각오와 비장함을 갖고 '임전무퇴'의 정신으로 일했지만, 지금은 너무 쉽게 퇴사를 결정한다. 이유도 갖가지지만 회사가 나와 맞지 않는다는 의견이 대세다.

고참들은 말한다. 세상에 어떻게 회사가 자기에게 맞을 수가 있을까? 그러나 MZ세대는 말한다. 직장생활도 인생인데 즐겁게 일해야 하지 않느냐? 회사와 동료가 나와 맞아야 다닐 수 있다고 강조한다. 극과 극의 반응이어서 타협점을 찾기도 쉽지 않다.

 좀 이해되지 않는 이유로 신입직원이 퇴사했다는 이야기를 자주 듣는다. 모두가 들어가길 선망하는 직장 중 하나로 대학교 교직원이 있다. 안정적이면서도 교수처럼 논문을 쓰지 않아도 되고 방학에는 단축 근무로 오후 3시면 퇴근한다는 꿈의 직장이다.

 어떤 분이 수도권 소재 대학에 한 학생을 교직원으로 소개해 합격했는데, 그 학생이 안 가겠다고 해 깜짝 놀랐다고 한다. 그 학생이 입사를 거절한 이유는 그 대학이 서울에서 벗어나 있다는 것이었다. 그분은 서울과 불과 한 시간 거리라며, 학생을 설득했지만 실패했다. 당장 취직을 안 해도 부모님 도움으로 먹고사는데 지장이 없으니 안 가겠다는 결정도 어렵지 않았다. 서울 아니면 회사 생활 안 한다는 것이 MZ세대 특징 중 하나다.

 또 다른 퇴사 이유는 해외 유학이다. 1년 남짓 직장을 다니면서 주위의 다른 좋은 직장 이야기를 듣고, 좀 번듯한 학력을 쌓아 더 좋은 직장으로 이직하고 싶어하는 것은 인지상정이다. 역시 부모라는 든든한 후원자가 있으니, 일에 조금만 맞지 않아도 공부를 하겠다며 퇴사한다. 독신은 물론 젊은 부부들도 같이 그만둔다. 결혼 후에도 각자의 부모로부터 학비와 생활비를 달라고 SOS를 친다. 부모로선 더 배우겠다는데, 반대하기도 힘들다.

 이밖에도 의사, 변호사(로스쿨), 약사 등 전문가가 되겠다며 그만두는데 역시 부모의 경제력에 기댄다는 공통점이 있다.

채용담당자나 책임자 입장에서 가장 힘든 일은 수험생이나 입사예정자의 부모로부터 연락이 오는 경우이다. 면접에서 왜 자기 자녀가 탈락했는지 설명해달라는 전화를 받으면 참 곤란해진다. 논술과 면접 성격상 명확하게 탈락 이유를 설명할 수 없기 때문이다.

더 황당하고 당혹스러운 일은 부모가 찾아오겠다고 하는 사례다. 필자도 이전 직장에서 거의 한 달 정도 시달린 적이 있다. 처음에는 협조를 요청하다가 나중에는 유력자를 내세우면서 협박하기도 한다.

더 황당했던 것은 지원했는데 회사 실수로 접수가 안 되었다면서 법적 책임을 묻겠다고 항의해온 사례다. 요즈음은 온라인 접수가 대세이기 때문에 서로 증명하기가 쉽지 않다. 나중에 알고 보니, 그 수험생이 부모에게 접수하지도 않고 접수했다고 거짓말을 한 것이었다. 부모가 무서워서 하는 수 없이 그랬다는 설명이지만, 성인으로서 도저히 이해할 수 없는 행동을 한 것이다.

입사 후 신입사원 생활에서도 여전히 부모님 그늘에 있는 사람들이 보인다. 마마보이가 회사에도 적지 않은 것이다.

'Your turn: How to be adult(어른의 시간)'라는 책을 읽은 적이 있다. 저자는 '어른아이' 뒤에는 과잉보호하는 부모가 있다고 말한다. 너무 완벽만을 추구하지 말고 실수하고 이를 수습하면서 자립하는 진짜 어른을 만들어야 한다.

회사에서는 폼 나는 일만 할 수는 없다. 직원 간에 거리감을 줄이기 위해 커피 심부름 같은 허드렛일이 필요할 때도 있고, 절박감으로 자기 책임 하에 일을 완수해 희열을 느끼는 것도 성장을 위해 필요하다. 자신만의 논리와 창의적인 생각이 성숙한 직장인의 기본이다. 경제력이 뛰어난 부모는 어쩌면 성공적인 직장 생활에 '적'일 수 있다는 것을 새겨야 한다.

말과 문자의 업무지시

"남편과 싸울 일이 있으면 '펙스팅(Fexting)'으로만 한다." 미국의 퍼스트레이디인 질 바이든이 인터뷰에서 언급한 펙스팅이라는 단어는 '싸우다(Fight)'와 '문자교환(Texting)'을 결합한 것으로 2008년에 신조어 대열에 올라섰다.

문자교환은 현대화된 일상의 대화 방식이자 대화의 전달 수단이다. 그러나 그녀는 엄청나게 화날 일이 있을 때 문자로 속마음을 전달한다. 경호원 등 보는 눈이 많은 것이 외견상 이유이지만 잘 절제하여 빗나가지 않게 하고 정확하게 잘잘못을 가리기 위함이다.

보통 우리는 엄청 화가 나면 문자보다 말이 앞선다. 거기에는 감정이 실리고 바로 상대의 반응이 날아오기 때문에 거친 말이 난무하는 난투극(?)이 될 가능성이 매우 높아진다.

오해를 원천적으로 봉쇄한다는 문자의 약효는 스스로 성찰할 기회를 준다는 점에서도 그 진가를 찾을 수 있다. 남을 비판하는 문자를 쓰면서 스스로는 남을 비난할 자격이 있는지 자연스럽게 되짚게 된다. 단어 선택에도 신중을 기하게 된다. 그래서 보내는 문자의 진폭은 말할 때보다 크게 줄어든다.

부부는 많이 싸운다. 그런데 대부분의 언쟁이 사소한 말꼬리에서 시작된다. 아니 왜 그런 말을 사용했느냐고 목소리를 높이고, 아니 무슨 그런 사소한 것으로 화를 내느냐는 더 큰 소리가 메아리로 돌아온다.

시간이 흐르면서 마음속으로는 미안한 마음이 들지만 타이밍을 놓쳐 회복하기 힘든 여정으로 들어가기도 한다. 나중에 그런 사소한 일로 그렇게 오랫동안 말을 하지 않았냐고 핀잔을 듣기도 한다.

성경에서 하루해가 지도록 화를 품지 말라고 가르치고 있는데, 실천은 드물다. 회사에서도 같은 원리가 작동한다. 문제가 발생한 후에 책임을 두고 상의하는데. 서로 네 탓을 하다가 결국 언성이 높아진다. 이전에 여러 번 요청했는데, 상대가 제대로 관리하지 않아 결국 문제가 생겼다는 식으로 뒤집어씌우거나 뒤집어쓰기도 한다. 그러니 쉽게 분이 풀리지 않고 개인문제가 팀 문제로, 다시 사업본부 문제로 확전된다. 다행히 중간에 사과와 용서가 오가도 상처는 그대로다.

회사에서 업무를 전달하거나 지시할 때, 문자를 통하는 것이 매우 유용하다. 기억했다가 만나면 전해주어야지 하다가 타이밍을 놓치거나 아예 새까맣게 잊는 경우도 많은데 이런 경우를 예방할 수 있다. 또한 업무지시나 메시지를 문자로 남기면 SNS를 통해 곧바로 또 정확하게 전달되는 장점도 있다.

나아가 말로 하면 '티칭'으로 흐르고 문자로 하면 '코칭'이 될 가능성이 높아진다고 전문가들은 지적한다. 티칭은 일방적으로 자신의 의사를 전달해 따라오라고 강요하는 것으로 인식되는 반면, 코칭은 어떻게 하면 더 잘 할 수 있을까라는 조언에 초점을 두고 의사를 전달하게 된다고 한다.

글과 말은 시발점이 같아도 결과가 완전히 다르게 된다. 문자로 쓰면 받을 사람의 입장과 수용성을 감안하는 여유를 갖게 된다. 더불어 해당 메시지를 받을 사람의 능력과 재능을 높여 줄 솔루션도 첨부하게 되어 업무 협력의 시너지가 배가된다. 다만, 글은 사람의 표정과 말투, 그리고 몸짓을 담지 못하는데, 이는 메시지를 보낸 후 전화나 대면으로 보완하면 된다.

일반적으로 언어는 날카롭다. 칼보다 무섭다고 말한다. 상하관계인 직장에서 언어는 더욱 날카롭게 벼려진다. 한 번 날아가면 회수할 장치나 시간도 없이 바로 상대의 가슴에 비수가 되어 꽂힌다.

그러나 말을 최대한 줄이면서 글로 변환시키면 시간이라는 양념이 가미되면서 모서리가 부드럽게 변한다. 습관이 되면 마음이 폭풍처럼 요동쳐도 문자는 조리 있게, 때론 따듯하게 보낼 수 있다. 예의가 곁들여지고 세세한 업무해결 답안지도 추가된다.

업무지시나 반응은 문자를 권장하고 싶다. 오랜 시간이 지나도 정확하게 의미를 이해할 수 있고 그 지식이 축적되어 회사는 발전한다.

MZ세대 붙잡기

"1년 내에 38%이고, 2년 내에 64%입니다. 그리고 3년 내에는 82%입니다."

한 강연에서 접한 MZ세대 퇴사율이다. 정년이 보장되던 시절은 오래 전 끝났고, 회사도 직원도 입사 후 평생 근무할 것이라고 생각하지 않지만, 어렵게 들어와도 쉽게 퇴사하는 것이 요즘 세태다. 위의 수치를 보면 3년 내 '일부' 퇴사가 아닌 '대부분' 퇴사다.

회사 입장에서 단순히 나가는 인원을 다시 뽑으면 된다고 생각하면 큰 오산이다. 일단 비용과 시간의 낭비가 상당하다. 1명이 입사한 후에 제대로 업무를 수행하는 데 걸리는 기간은 최소 6개월이다. 그런데 중도에 퇴사하면 간접비용을 포함하여 1명당 최소 3000만 원이 허공으로 날아가고, 많게는 5000만 원이 낭비된다고 추산된다. 대기업에서 1000명 정도 채용한 상황에서 중도 퇴사로 인한 비용이 45억 원에서 75억 원에 달한다는 자료도 있다.

신입직원이 회사를 이직 하는 것이 큰 문제는 아니지만 소통과 평가 등 인사관리의 문제가 반복되면서 신입직원과 회사가 연속적으로 동행하지 못한다면 개인의 낭비이자 기업과 사회의 낭비다.

중도 퇴사의 가장 큰 원인은 충분한 소통이 없다는 데서 출발한다. 대부분 '나를 따르라'는 구시대적 인사관리가 지배하고 있기 때문이다. 회식을 통해 단합을 강조하고 '직급'으로 상명하복의 단결된 조직을 지향하던 시대는 작별을 고한지 오래다.

누군가는 1주일에 8일씩 일해 높은 자리에 올랐다는 전설적인 무용담을 토하지만, 호응이 없기 일쑤다. 이제는 분위기로 일하지 않는다. '일 중독'이 일을 잘하는 법으로 통하지도 않는다.

가장 중요한 것은 쌍방향으로의 원활한 소통이다. 리더와 팀원 간에 1대1 미팅은 주당 1회가 이상적이지만 최소 2주에 1번은 이뤄져야 한다고 전문가들은 주장한다. 되도록 많이 해야 한다. 이런 만남이 신뢰를 쌓는데 더 없이 좋고 코칭이 되어 업무 성과를 쉽게 높일 수 있기 때문이다.

1대1 미팅은 인체로 비유하면 모세혈관 역할을 한다. 잘 드러나지 않지만 모든 성과의 원동력이다. 단순히 그냥 만나는 것이 소통이 아니다. 업무처리 과정과 그 결과에 대한 '고품질'의 피드백이 필요하다. 담백하게 상황을 거론하면서 그때 했던 일처리(행동)에 대해 이야기하고, 그것이 야기한 영향을 팩트 중심으로 구체적으로 전달해야 한다.

말미에 '권고형 개선안'을 제시해야 하고, 이것에 대한 피드백도 차분하고 끈기 있게 들어줘야 한다. 개선이 되거나 불만이 있으면 '고맙다'는 자세로 경청해야 한다. 특히 고품질 피드백이 항상 가능하도록(공개, 비공개 모두) 회사 시스템을 만들어야 한다.

직원 스스로 클 수 없다고 느끼는 좌절감도 회사를 옮기게 결단하는 이유다. 통상 회사는 목표관리를 한다. 목표를 정하는 데 스스로 참여하지 못한다면 그건 관리가 아닌 강요에 해당한다. 채용 이후에 가장 중요한 것은 채용된 후에 직원 스스로 커가고 있다는 생각이 들도록 해야 한다. 이를 가능케 하는 것이 지속적인 성과관리와 차별적 보상이다.

업무에 대한 몰입을 가로 막는 회사 내 요인을 발견하기 위해 '성과관리→보상→성장' 사이클을 수시로 점검해야 한다. 그래서 평가와 보상이 연말 이벤트가 되어서는 안 된다. 인사관리는 점(일시적 이벤트)이 아니라 끊임없이 소통하고 진실 되게 속마음을 나누는 선(평가와 보상 등 일상화)이 되어야 한다.

정치 지도자도 MZ세대에게 인기가 있어야 하는 시대다. 이런 원칙에 어필하기 위해 나이를 잊고 어색한 게임을 하기도 하고 청바지를 입고 힙합 퍼포먼스를 하며 재미있는 영상을 틱톡에 올린다. 이런 행동은 껍데기에 불과하다. 간헐적인 행사로는 진정한

MZ팬을 만들지 못한다. 실질적으로 본질에 잘 접근해야 한다.

MZ세대가 예민해 하는 보상에 민감해야 하고 결과보다 과정을 보다 중시하여 일하는 점을 감안하여 그 과정에 놓인 문제점을 제거해줘야 한다. 효율적인 보상과 피드백으로 그들을 대해야 한다. 알맹이 없는 혁신이나 젊은 층 우대를 외치기보다는 실질적인 문제, '먹고사니즘(먹고 사는 문제에 최우선)'에 울림 있는 대답을 지도자들이 내놓아야 한다. 기업이라면 젊은 직원이 갖고 있는 각각의 성격과 일처리 방식을 존중하면서 '팀원이 곧 진짜 고객'이라는 자세로 손잡고 동행해야 한다.

대리와 과장의 배신

 입사 초기로 거슬러 올라간다. 동료들의 잡담은 사무실 바로 옆 화장실 앞에서 담배를 피우면서 진행되었다. 복도는 물론 사무실에서 아무런 제재 없이 재떨이를 두고 담배를 피던 시절이었다. 선배들은 입사 후 3년 차가 직장생활에서 처음으로 다가오는 위기라는 말을 자주 하였다. 입사 초기에는 긴장도 되고 모르는 것도 많아서 무엇이든지 정신없이 일을 수행했는데, 3년이 흐르면 하던 일이 매번 반복되니 회사를 그만두거나 이직하고 싶다는 내용이 잡담의 골자였다.
 30여 년이 흐른 지금 필자가 대표로 있는 회사는 비슷한 연령층을 두고 많은 고민을 하고 있다. 인력을 관리하는 데 가장 힘든 계층으로 경력이 3~5년 차인 대리 및 과장급 직원들을 꼽는다.

이들은 자기 의사 표현이 확실하고 혁신에 필요한 디지털 전환에 가장 많은 노하우를 갖고 있는 세대다. 흔히 말하는 MZ세대이자 디지털 원주민, 즉 원래부터 인터넷과 온라인 비즈니스가 익숙한 세대로 칭해지기도 한다.

이들은 회사에서 업무 부담이 가중되고 있다고 말한다. 기존 업무도 알고 디지털에도 익숙하니 선배들에게는 부족한 디지털 노하우를 알려줘야 하고, 신입들에게 비즈니스 모델의 기본적인 메커니즘도 이해시켜야 하기 때문이다. 특히 대부분의 선배들이 디지털에 문외한 이어서 개인적인 일로 도와달라는 요구도 흔하게 받아 전천후로 활약한다. 결국 회사 내 비즈니스 모델전환, 신규 사업 론칭, 디지털 개인지도 등이 그들의 어깨를 짓누르면서 대리와 과장은 과부하에 시달리고 불만도 많다.

대리를 지나 과장이 되면 업무에 대한 집중도가 낮아지기 시작한다. 입사 5년 차를 넘어서면서 회사에서 더 이상 배울 것이 없다는 생각에 매몰된다. 회사 일이 뻔하다는 생각까지 들면서 입사 초기에 복사와 심부름에도 감사했던 마음은 없어진다.

내가 어느 대학을 나왔으며, 외국어 1~2개는 물론이고 전문지식도 쌓았는데 하는 일은 너무 수준이 낮다는 생각이 지배하기 시작한다. 남녀를 구분하지 않고 오버 스펙(Over Qualified)에 동의하게 된다. 다른 회사 친구들과 술 한잔하면서 듣는 과장된 무용담은 자기 업무에 대한 자부심을 끝없는 나락으로 향하게 한다.

은행에 잠깐 근무한 적이 있는데, 대졸자인 자신이 하루종일 동전 환전만 했다던 친구에 대한 기억이 아직도 생생하다. 낮에는 시장을 돌며 엄청 무거운 동전 주머니를 나르고 오후 4시 30분이 넘어 은행 셔터가 내려가면 지점 한구석에서 때로 자정이 넘도록 동전을 세고 아주 늦게 퇴근했다고 한다. 요즈음 하루 종일 서류작업이나 엑셀을 하면서 전화통을 붙잡고 있는 것이 30여 년 전 동전 세는 것과 비슷하다는 생각이 든다. 새로운 업무가 없으니 새로운 만족도 없게 된 것이다.

대리와 과장에 도달하면 대우(급여)에 대한 불만도 고조된다. 선배들이 같은 일을 하면서 훨씬 많은 보수를 받고 있어 불공평하다는 생각까지 든다. 새로운 업무는 대부분 대리와 과장의 몫으로 투하되는데, 임금은 대부분 직급에 관계없이 일률적으로 오르면서 자신들이 희생양이 된다고 생각한다. 개인적인 취미 활동이 활발하여 씀씀이가 크다면 불만은 더 증폭된다.

더구나 열심히 일하는 선배는 보이지 않고 장시간 나태하게 일하는 상사를 모시고 있다면 쉽게 전직이라는 유혹에 내몰린다. 별도의 교육 없이 고급 업무에 바로 투입할 수 있다는 점에서 스카우트 표적이 되기도 한다. 이들은 실력이 있으니 회사를 옮겨 정당한 대우를 받아야 한다는 논리로 무장한 세대이기도 하다. '왜 열심히 일하느냐'고 이들에게 물으면 '좋은 회사로 이직하기 위해서'라고 말하기도 한다.

회사의 경쟁력은 상당 부분 과장과 대리에서 판가름 난다고 말하고 싶다. 가장 활발하고 적극적으로 현장에서 일하는 직급이기 때문이다. 시장 환경이 빠르게 변하는 작금의 상황을 고려한다면 디지털 원주민은 회사의 가장 큰 무기임이 확실하다. 이들의 손끝에서 현재와 미래의 회사 경쟁력이 나온다고 해도 과언이 아니다. 따라서 회사의 업무환경을 대리와 과장이 활발히 뛸 수 있도록 개선하고 그들이 전문성을 키울 수 있도록 뒷받침해 줘야 한다. 이들이 성과급에 민감하다는 점도 간과해서는 안 된다.

반대로 직원 입장에선 3~5년의 경력이 업무 습득을 넘어 전문성을 드높이는 스타팅 포인트가 되어야 한다. 업무 처리 시에 겉으로 드러난 단면만 보는 단계에서 벗어나 깊이 있고 날카롭게 이면을 보면서 자신만의 실력(자산)을 키워야 한다. 그래서 '이 직원은 역시 다르네'라는 탄성이 나오게 만드는 주인공이 되어야 한다. 단순한 일에도 최선을 다해야 복잡하고 수준 높은 일을 할 기회가 주어진다는 점을 MZ세대도 알아야 한다.

천재와 굽은 나무

성공한 사람들은 흔히 두 종류로 분류된다.

처음부터 천재로 출발한 이들이 그 중 하나다. 타이거 우즈는 두 살 때부터 골프를 시작해 최고의 경지에 올랐다. 그의 아버지가 생후 7개월 때 골프채를 쥐어준 것이 출발점이지만, 타고난 영재에 걸맞게 빠르게 기술을 습득하여 골프계의 호랑이가 되었다.

두 번째는 테니스 황제인 페더러의 케이스다. 그는 레슬링, 스키, 수영, 야구, 핸드볼, 탁구 등 거의 모든 종목을 섭렵했을 정도였다. 다양한 종목을 넘나들었다는 것은 확실한 천재라기보다는 노력형에 가깝다. 마지막에 테니스를 하면서 두각을 나타냈으니 천만다행이다. 아찔한 생각이지만 만약 그가 테니스가 아닌 다른 구기 종목을 선택했다면 테니스 황제는 태어나지 않았을 것이다.

폴 고갱이라는 화가도 35세까지 주식 중개인으로 일하다 나중에 화가가 되었다고 어느 신문에서 읽었다.

만약 기회가 주어진다면 당신은 앞의 두 유형 중에 어떤 형태의 사람과 일하고 싶은가?

대부분은 후자일 것이다. 후자는 다양한 실패를 경험하면서 나름 실패하지 않는 방법을 터득했을 것이다. 자주 실패하는 동료를 어떻게 코칭해 주어야 하는지도 알고 있다.

임원 승진의 기준은 자신 혼자의 능력만 고려되지 않는다. 회사의 직원들을 잘 다듬어 팀워크를 강화하고, 더 높은 성과를 창출할 수 있도록 잘 안내하는 것이 제일 중요한 평가항목이다.

영재형 리더는 놀랍도록 빠르게 신기술을 습득할 수 있지만 이를 확산시켜 강한 조직을 구성하거나 동료를 도와주는데 미흡할 수 있다. 같이 일하고 싶은 사람은 솔선수범하면서 악착같은 실행으로 지속적으로 성과를 창출하는 사람이다. 이 과정에서 프로젝트 실패에도 관대해야 한다.

실패 자체가 자랑은 아니지만, 실패에서 다시 훌훌 털고 일어서는 것은 다른 어떤 것보다 그 인생을 빛나게 할 것이다. 바로 내보내거나 한직으로 보내면 회사 자산은 묵히고 그 과정에서 배운 노하우도 사장된다. 실패한 동료를 서로 감싸주고 같이 책임져 줄 때 오래 함께하고 싶은 조직이 되고 강한 회사가 되는 것이다.

비슷한 이치로 같이 일하고 싶은 사람은 멀리 보는 사람이다.

아프리카 속담은 우리에게 많은 것을 생각게 한다. '빨리 가려면 혼자 가고, 멀리 가려면 같이 가라.' 같이 멀리 가는 것이 직장생활이다.

전사적 관점의 의사결정을 통해, 조직과 구성원의 꿈과 열정을 강화하여 가치를 올려 성과를 창출하는 사람의 옆에 있다면 같이 행복할 것 같다. 깊게 파기 위해서는 넓게 파야 한다는 말이 있다.

직장에서 넓게 판다는 의미는 다양한 경험을 의미한다. 항상 승승장구하는 것보다 실패도 맛보고 쉽게 회복하는 그런 사람이 해당될 것 같다. 같은 이치로 웅덩이에 물을 많이 가두려면 깊이 못지않게 넓이도 더 중요하다.

더불어 개개인의 다양성을 인정하되 서로에 대해 격려하고 이끌어주는 든든한 동반자가 되기 위해 성공과 실패가 날줄과 씨줄로 엮어진 경력자가 오히려 더 환대받아야 한다. 실패라는 자산은 상대를 쉽게 이해하고 상황변화에 효율적으로 대처하도록 지혜를 준다.

이전에 근무한 회사에서 한때 팀장이 함께 일할 팀원들을 명단을 적어 내라고 하였다. 너무나 당연하듯 팀장이 원하는 직원들은 겹치고 안 받겠다고 하는 직원도 거의 대부분 공통적으로 겹쳤다. 선택받지 못한 직원은 한직으로 밀리거나 퇴직을 종용받기도 하였다. 또한, 관리본부로 모든 에이스들이 몰리는 현상도 있었다. 해외 나가는 것을 선망하는 직원들은 국제업무로 몰리는 기조가 한동안 이어졌다. 비서실로 가서 호가호위하고 후일을 도모하려는 시류도 있었다.

요즈음 융합의 시대라고 한다. 인공지능(AI) 학습에는 다양한 경험을 필요로 한다. 기술적 융합은 물론 인문학의 폭넓음도 자산이다.

코로나19로 실직과 폐업의 낭떠러지에 내몰린 사람들이 적지 않은 시대다. 성과가 미진하더라도 재기의 기회를 주고 실패를 경험한 사람들과 일해보길 권한다. 겉으로 화려하지 않아도 어려움을 극복하는 탄력성이 최고이고 조직에 대한 충성심이 남다를 수 있다.

실패 경험은 큰 자산이다. 이를 잘 활용하여 회사의 내일을 도모하는 것은 CEO의 책무다. 실패와 저성과자로 낙인찍기 전에 우선적으로 기회를 주자. 굽은 나무가 선산을 지키는 법이다.

화이트 스페이스와 의미 있는 실패

 '화이트 스페이스(White space).' TV에 나온 예고편 프로그램 제목을 보고 그 의미가 매우 궁금했다. 처음에는 우주에 대한 것으로 짐작했지만, 전혀 아니었다. 문자적으로는 컴퓨터에서 여백이나 탭 문자로 화면상에 표시되지 않는 것을 의미하지만, TV에서는 전혀 뜻밖의 내용으로 다가왔다.

 통상 혁신을 실행하기 위해 다른 사람의 아이디어를 채용하여 개선하고 다른 제품을 일부 바꾸는 것에 익숙했던 우리가 이제는 세계 최고의 제품을 가장 먼저 만들어야 하는데, 하얀 백지를 앞에 두고 정답을 써야 하는 수험생처럼 참고할 내용이 전혀 없는 상태를 의미했다.

 한국은 개발도상국에서 선진국으로 진입한 세계에서 유일한 나라라고 말하지만, 사실은 잘 모방하고 잘 추격한 기술에 상당 부분 의지했음을 부인하기 힘들다. 추격자로서 유례없는 성공을 이루었지만, 이제는 비교·분석할 대상이 없는 기술이나 제품을 만들어야 한다. 그 누구도 참고서나 정답에 관한 힌트를 주지 않아 우리 힘으로 독자적으로 난제를 넘어야 한다. 다시 말해 화이트 스페이스(White space) 상황에 내몰린 것이다.

흔히 독보적인 기술의 탄생을 두고 주머니 없는 진공청소기가 대표적인 사례로 자주 회자된다. 청소기라고 하면 먼지를 담을 봉투가 필요하다. 이것을 깨끗하게 유지해야 하고 일정한 시간을 사용하면 바꿔주어야 한다. 그런데 봉투에 먼지가 끼면서 흡입력이 약해지고 좀 더 지나면 먼지도 제대로 제거하지 못하는 수준으로 추락한다. 그런데 필터를 교체하거나 세척할 필요가 없도록 개선하여 단점을 완전히 극복하는 쾌거를 이루어 전 세계에서 사랑받는 청소기가 나왔다.

이런 청소기가 하루아침에 특정인의 아이디어로 뚝 떨어졌을까? 아니다. '먼지 봉투가 필요 없는 청소기'라는 개념이 탄생하고도 수없이 실패를 거듭했다고 한다. 무려 5000여 번의 실패 끝에 만들어진 것이라고 하니 횟수로 말하면 대충 4999번 실패하고 1번 성공한 셈이다. 그러나 아무도 누가 앞의 실패를 무의미하다고 말할 수 없다. 그 실패가 없었으면 1번의 성공도 당연히 없었을 테니까.

흙먼지를 일으키며 다시 돌아옴을 의미하는 '권토중래(捲土重來)'라는 사자성어가 있다. 즉 실패하고 떠난 후 실력을 키워 다시 도전하는 모습을 표현한 것으로 실패가 반전의 계기가 됨을 의미한다.

일본의 한 교수는 역사는 승자의 편에서 기록하지만, 생명의 역사는 패배를 극복하는 과정에서 새로운 종이 탄생한다고 강조한다. 아주 오래전에 길이가 2m를 넘는 전갈들이 바다를 지배했는데 이들 틈새에서 살아남기 위해 여타 수중동물들은 몸체가 작은 모습으로 변신했다는 것이다. 대표적인 사례로 물고기를 든다. 살아남기 위해 크기가 줄어든 물고기로 변신하여 민첩함을 무기로 생명의 위기를 쉽게 극복할 수 있었다.

또 다른 사례는 거북이처럼 등을 딱딱하게 만들어 보호막을 침으로써 새로운 종의 역사를 썼다는 기술이다. 일종의 진화론으로 보는 각도에 따라 신뢰하기 힘든 부분이 적지 않으나 패자가 영원한 패자로, 즉 실패가 영원한 실패가 아니라 새로운 도약의 마중물이 될 수 있다는 사실에 이의를 제기하지 못할 것이다.

산업 질서를 뛰어넘어 융합과 창조를 통해 새로운 무언가를 탄생시켜야 하는 세상에서 정답이란 원래 존재하지 않는다. 더구나 앞서 걸어간 선배의 발자국이나 커닝할 연구실적도 없다. 아무리 찾아봐도 하얀 눈으로 덮인 종이 한 장인 화이트 스페이스가 있을 뿐이다.

실패를 좋아하는 경영자는 없다. 그러나 도약하기 위해 누군가는 질문을 던져야 하고, 다른 사람은 그것을 기초로 도전을 하며, 그 과정에서 실패라는 자양분으로 행동에 옮기고, 또 옮겨야 한다. 경영자의 능력은 어쩌면 성공을 많이 만들어 내는 것이 아니라 의미 있는 실패를 보는 혜안이라는 생각이 든다. 왜 실패했는지 뜯어보고 곱씹어 다시 봐서 절박한 마음으로 분해하고 조립해야 한다.

같은 실패를 반복하면 그 기업은 망하겠지만 실패를 반면교사 삼아 보완하면 난쟁이가 하루아침에 거인이 될 수 있다는 점을 역사가 증명한다. 디지털 혁신의 시대에는 더욱 그러하다. 직원들에게 다그치기 전에 리더로서 그런 혜안이 있는지 스스로 먼저 돌아봐야 한다.

리더의 업무 체크 방식

 리더가 지시한 일을 처리하는 방식에는 두 가지 유형이 있다. 업무지시가 내려지면 곧바로 '알겠다'면서 짤막하지만, 확실한 답변을 전광석화처럼 보내오는 실무 책임자가 있다. 반면 첫 번째 답변을 줄 때 신중하게 검토한 후에 되도록 언제까지 일을 처리하겠다는 또 다른 유형이 있다.

 처음에는 전자에 후한 점수를 주지만 한두 번 속은 후에는 당연히 후자에게 많은 점수를 줄 수밖에 없다. 공무원을 '보고의 달인'이라고 표현한 것을 신문에서 본 적이 있다. 정권이 바뀌면 곧바로 일사불란하게 어떻게 대응할지 보고를 한다. 언론에도 그럴싸하게 포장을 해서 발표한다.

 그러나 이런 발표가 실제로 어떻게 이행되었는지 챙기는 공직자는 많지 않다. '추진하겠다'와 '검토하겠다'는 빈 약속이 남발되면서 발표할 때에만 주목을 받고 그 이후로는 바로 잊히기 때문이다.

일반기업도 마찬가지다. 윗사람이 좋아할 일만 잘 포장해서 말하고(업무를 시작하고) 마무리는 별로 신경 쓰지 않는다. 여기에도 '검토'와 '추진'이 난무할 뿐 '완료'는 별로 없다.

일을 잘 처리하는 사람은 스스로 스케줄 관리를 한다. 언제까지 어떤 일을 할 것인가를 정해놓고 그 진도를 관리한다. 진도대로 일이 진행되지 못할 때는 왜 그런지 원인을 분석하고 리더에게 해결책을 담은 중간보고를 한다. 일이 끝나면 완료 보고와 함께 잘된 점과 미진한 점, 특히 다음에 동일한 프로젝트를 할 때 신경써야 할 점을 잘 정리하여 기록으로 남긴다.

일을 못 하는 사람의 전형은 윗사람이 관심을 가지면 열심히 하는 척하지만 얼마 가지 않아 뒷전으로 미뤄놓고 주목을 끌 새로운 일을 들고나온다. 마무리가 없이 시작한 일만 가득 쌓이는 것이 그의 업무수첩이다. 마무리가 없으니 하는 일이 많다고 생각하며 떠벌리는 스타일이다.

당연히 회사에 안겨주는 알맹이나 결실은 없다. 일이 제대로 추진되는지 물어보면 그때서야 문제점을 장황하게 이야기한다. 환경을 탓하면서 영혼 없이 잘못되었다고 말하기도 한다.

모셨던 CEO 중 일을 가장 잘 챙겼다고 생각되는 사례를 소개한다. 외부에서 의견이 들어오면 홈페이지를 통해 그 일이 어떻게 진행되는지 바로 알 수 있게 공개하고, 필요에 따라 문자를 주거나 공문으로 진행 경과를 설명한다. 민원인 입장에서는 너무 감사한 일이다.

간담회를 하거나 규제 완화 건의를 받아도 건수 채우기나 요식행위로 인식되는데 반드시 처리결과를 알려주고 언제든지 진행경과도 볼 수 있으니 신선하다. 살아 움직이는 업무 프로세스를 보는 듯하다. 취임 초기부터 임기를 다할 때까지 같은 시스템을 유지했다는 측면에서 더없이 좋은 성과를 내었다.

정작 유능한 CEO나 리더는 새로운 지시사항에만 눈을 두지 않는다. 모든 회의에서 이전에 지시한 내용에 대한 점검이나 이행경과를 반드시 보고 받거나 체크한다. 새로운 지시보다 더 중요한 것은 기존 지시의 이행 경과를 함께 논의하는 것이다. 문제가 있으면 수정하고 성공사례가 있으면 공유해 그 효과를 극대화해야 하기 때문이다.

좋은 회의에는 전제 조건이 있다. 기존 사례에 대한 정확한 진단과 설명이 필수적이다. 시작과 함께 곧바로 최소 10~15분간 새로운 내용이 아닌 이전 것을 되짚어야 한다. 지시사항은 업무공유시스템을 통해 모든 직원이 볼 수 있어야 하고 진행 경과도 해당팀은 물론 다른 팀도 열람하게 만들어 투명도를 높여야 한다.

업무협업이나 중복업무 방지는 필수적이다. 지시사항 건수보다 더 중요한 것은 완료 건수를 체크 하는 것이다. 리더의 지시사항을 전 직원이 볼 수 있도록 투명화하는 것을 회사는 물론 팀 내에서도, 아니 개인이라도 실천해 볼 대목이다. 그 시스템이 바로 능력이다.

회사는 시스템이다

CEO로서 가장 슬픈 일은 어떤 문제가 생겼는데, 그 원인이 해당 직원이 휴가를 갔기 때문이라는 말을 들었을 때다. 그 순간 우리 회사의 수준이 최하위라는 생각이 들기 때문이다.

요즈음 휴가는 누구나 쉽게 가고 있다. 아니, 갈 수 있어야 한다. 그런데 휴가로 그 직원이 담당했던 일의 처리에 문제가 발생한다면, 그것은 회사가 아니라고 해당 팀을 질책한 경험이 여러 번 있다.

평상시보다 목소리 톤이 크게 올라간다. 회사는 시스템으로 움직여야 하는데 만약 특정 직원이 휴가라서 해당 업무에 약간이라도 문제가 발생한다면 그 회사는 당장 문을 닫아야 한다는 게 필자의 생각이다.

정상적인 회사라면 해당 팀원 2분의 1 이상이 동시에 휴가를 가지 않는 한 업무처리에는 문제가 없어야 한다. 다소 버거울 수 있지만, 나머지 직원들이 매뉴얼을 갖고 다소 서툴더라도 업무를 처리할 수 있어야 하고 이는 평상시에 대비가 되어 있어야 한다.

좋아하는 축구나 야구 경기를 볼 때 강팀과 약팀을 구분하는 잣대는 의외로 단순하다. 선발 라인업과 후보 라인업의 실력 차이가 없느냐의 여부를 보면 된다. 특정팀이 강팀이라는 명성을 얻기 위해서는 선발과 후보 선수 간 실력 차이가 거의 없어야 한다.

축구는 한 번에 11명이 뛰지만 같은 팀 선수(20여 명) 모두가 실력이 비슷해야 높은 승률을 지속할 수 있다. 왜냐하면, 특별한 사정으로 선발로 뛴 선수에 문제가 발생하면 누군가가 그를 대신해야 하기 때문이다.

또한 원래 포지션이 정해져 있지만, 상황과 상대 팀의 전술에 따라 포지션과 역할이 변경될 수 있기 때문에 선수들은 멀티플레이어가 되어야 한다. 회사로 말하면 인사팀 직원이 임시로 회계 업무에 투입될 수 있는 것과 같은 이치다. 원래 수비 출신이라고 그것만 고집한다면 경기를 뛸 가능성이 줄어들고 그 팀의 전력은 약화할 수밖에 없다.

입사하면 커리어 패스(Career path)에 신경을 쓰고 장기적인 밑그림을 그린다. 동기나 선배로부터 조언도 받는다. 하지만 원하는 곳에 배치를 받지 못하면 속으로 통곡을 하고 심지어 퇴사를 결심하기도 한다.

회사마다 소위 잘 나가는 자리, 즉 승진이 빠르거나 실세가 되는 부서가 있다. 입사 동기 중 한 명은 재무를 해야 오랫동안 회사에 남아 있을 수 있다면서 그쪽에만 맴돌았다. 재무 없는 회사는 없다는 것이 그의 지론이었지만, 다른 부서원들과의 관계가 원만하지 못해 승진에서 누락됐다.

전통적인 경력관리 방식은 조직 내 직무들을 수직적으로 맡는 것이다. 전문가가 되는 데 유리할 수도 있지만, 업무가 수시로 없어지고 자동화되는 시대에는 적합하지 않다. 나중에 관리자나 경영자로 성장하는데도 수직적 경력은 장애물로 다가온다.

일반 회사라면 최소한 3개 분야는 원만하게 수행할 능력을 갖고 있어야 한다. 단순하게는 팀 내에서 다른 팀원 2~3명의 업무(소분류)를 대신할 수 있는 능력이 있어야 하고, 회사 전체로는 3개 분야(대분류) 직무를 일정 기간 수행한 후 관리자 위치로 올라가야 한다.

조직은 생물이라고 말한다. 직원들이 움직이는 생물체이기 때문에 그들의 합인 조직도 생물처럼 움직여 유기적으로 결합해 협력해야 한다. 해당 분야 직원이 일시적으로 없어도 전체적으로 큰 문제가 없어야 한다는 의미다. 그래서 다른 사람의 일을 도와주고 필요에 따라서 다른 직원의 업무를 떠안을 수 있어야 한다.

수직적 업무 협업은 물론 수평적 협업도 매우 중요하다. 휴가를 가는데 좀 더 자유롭고 싶은가? 그럼 다른 팀원의 일을 능숙하게 처리할 능력을 갖추라고 말하고 싶다. 내가 다른 사람의 일을 능숙하게 도와줄 수 있어야 그 사람이 내가 휴가를 갈 때 내 업무를 능숙하게 도와줄 수 있어 내가 없어도 공백이 생기지 않기 때문이다.

결국 회사의 경쟁력은 각자의 경쟁력의 합이 아니다. 오히려 유능한 사람들의 능력을 합하면 총합은 낮아지는 경우도 있다. 서로 도와주고 밀어주고 메워주는 기능이 있어야 총합이 극대화된다. 휴가나 휴직이 일상화되는 시대에 기업은 사람의 모임이 아니라 시스템에 의해 움직여야 생존할 수 있다.

이를 위해 평상시에는 나무(자기 업무)를 보고 때론 숲(남의 업무)도 볼 수 있어야 한다. 회사에서 동료 없는 나는 무용지물이라는 생각이 강할 때 그 회사 경쟁력은 최고점을 찍는다.

새로운 근무형태가 최고 복지

뉴욕에서 재택을 권장하는 기업들이 늘고 있다고 한다. 이런 흐름은 코로나19라는 전염병이 촉발했지만, 전혀 다른 이유도 있다. 대부분의 한국 등 아시아계 직원들은 뉴저지에 거주하면서 맨해튼으로 출근하는데, 그때 이용하는 지하철에서 아시아계를 겨냥한 증오범죄가 끊이지 않고 있기 때문이다.

거창한 폭력은 아니더라도 욕설, 거리에서 밀치기, 갖가지 차별 등은 뉴욕에서 더 이상 뉴스거리가 아닌 상황에 도달했다. 그래서 회자 되는 용어가 '출근수당'과 '안전수당'이다. 얼마 전만 해도 너무나 당연하게 여겼던 출근이 선택사항으로 자리매김하면서 추가 비용이 들어가니 수당을 달라고 하고, 안전에 문제가 있으니 보험료를 달라고 하는 형국이다. 출근을 특별한 출장으로 본

다니 격세지감이다.

필자가 근무했던 회사는 오래전부터 유연근무제를 도입했다. 오전에 2시간 정도 일찍 나오고 그만큼 일찍 퇴근하는 것으로, 당시에는 상당히 혁신적인 방안으로 여겨졌다. 매일 출근카드를 리더기에 찍거나 사인을 해야 했던 시절을 경험한 필자는 교통체증을 피하고 자기 계발에 나머지 시간을 활용할 수 있어 대단한 혜택이라고 생각했다.

그러나 그것도 잠시이고 출퇴근 시간을 직원 자율에 맡겨 달라는 요구가 나왔다. 이제는 재택을 상시화해 달라는 것이 사회적인 대세이고 일부는 집에만 계속 있으면 힘드니 나오거나 집에서 일하는 것을 직원의 자율선택에 맡겨 달라고 말한다.

얼마 전에 한 공기업 직원의 징계 논의가 화제를 모은 적이 있다. 재택을 하라고 했는데 제주도로 여행을 갔던 것이다. 휴가도 아닌데 제주에 가는 것은 근무지 이탈이라는 논리와 어디서든 컴퓨터를 갖고 모든 일을 처리하는 시대인데 제주도든 해외든 무슨 소용이냐는 주장이 맞섰다.

실제로 해외에서 재택근무도 허용하는 회사들이 나타나고 있다. 다만, 시차가 크지 않아야 한다는 전제를 두고 있지만. 이제는 휴가도 하루에서 반나절로, 최근에는 다시 시간 단위로 쓰는 시대로 진화하고 있다. 자율이 너무 강조되다 보니 회사가 무슨 자원봉사단체냐는 관리자들의 푸념도 나온다.

재택근무라는 말도 이제 식상하게 들린다. 탈사무실화를 전제하는 다양한 근무형태가 나오면서 원격근무라는 말로 바뀌고 있다. 근무 장소로 집이나 원격(거점) 오피스는 물론이고 카페나 휴가지를 불문하는 시대가 되었다.

아직은 아주 일부지만 오프라인 오피스 자체를 없앤 기업도 있다. 사무실에 나오는 형태도 유연한 근무 시간제에서 더욱 진화하며 시간 외 근무를 다른 날로 모으고 특정요일을 하루 더 쉬는 주 4일 근무로 진화하고 있다.

반면 게임업계는 대부분 온라인 작업이 가능하다는 업무 특성에도 불구하고 상시 출퇴근을 의무화하고 있다. 게임개발을 위해 서로 의견을 나누고 유기적으로 협업해야 하는데 원격근무로는 불가능하기 때문이다.

재택에 따른 부작용도 거론된다. 남편 재택 후에 부부 사이가 나빠졌다는 이야기도 나온다. 남편이 하루종일 집에 있으면서 '삼식이'가 되자 뒷바라지가 힘든 아내들의 분노가 치솟고 있다.

재택 초기에는 좋았는데 상시화 되니 자기관리, 특히 시간 관리에 문제가 발생한다고 한다는 의견도 있다. 긴장감도 크게 하락하여 생산성이 낮아지고 주어진 일만 소극적으로 처리하는 업무태도를 양산하고 있다. 더불어 집에서 오래 머물면서 여름철에는 냉방 비용이 급증한 데다 장시간 사무기기를 사용하면서 전기 소모도 더 든다고 수당을 받아야 한다는 목소리도 있다.

그러나 큰 문제는 사람과 사람 간 접촉을 통해 협업하거나 의견을 교환해야 하는데 이런 기회가 원천 봉쇄된다는 점이다. 사실 협업을 위해서는 사무적인 태도보다 술 한 잔하고 밥 한번 같이 먹으며 쌓는 스킨십이 중요한데, 최근 3년 내 입사한 직원 간에는 얼굴도 모르는 사이여서 업무협력이 형식에 그치고 있다는 소리도 들린다. 결국 AI(인공지능)를 통해 '강제 협업'이라도 시켜야 한다는 말도 나온다.

사무실 공간배치

   선진 회사와 후진 회사의 차이는 무엇일까? 임원들이 사무실(임원실) 크기에서 권위를 찾고 있다면 좋은 평가를 듣기 힘들고, 서로 소통하기 위해 일반 임원은 물론 최고 경영자까지 스스로 장벽을 제거했다면 미래가 있다고 봐도 큰 무리가 없다고 생각한다.

   10여 년 전만 해도 거의 모든 기업이 임원실은 비서와 단독 방을 통해 권위를 지켜줬다. 기업 상당수는 1개 층 전체를 임원들만 근무하는 곳으로 만들고 회의실도 따로 두었다. 이런 배치는 리더의 권위를 확보하는 데 도움이 될 수 있지만, 직원들과 소통하는 데는 낙제점을 받기 쉬운 구조다.

   그러다 임원실을 각 일선 부서로 흩트리는 방식으로 약간 진화하였다. 예를 들어, 마케팅 담당 임원은 해당 업무를 보는 부서로 내려왔지만 높은 벽은 그래도 존재해 오히려 직원들이 불편해했다. 일거수일투족을 옆에서 보고 있다고 생각하니 소통은 없고 감시만 강화됐다는 불만이 터져 나왔다.

코로나19로 온라인 근무가 대세가 되면서 사무실의 배치도 큰 변혁을 맞고 있다. 연간 20억 달러를 수출하는 글로벌 대기업의 사무실은 약간 충격적이다. 회사 내에서 칸막이가 있는 사무실, 정확하게는 회의실을 배정받은 사람은 딱 2명이다. 회사 경영을 책임지는 CEO와 자금을 다루고 있어 보안이 필요한 CFO가 그 주인공이다.

크기도 기존보다 대폭 축소되어 3~4인용 회의실 정도다. 전담 비서도 따로 없다. 다른 일을 하면서 약간 도와주는 비서 아닌 비서가 있을 뿐이다. 나머지 임직원들은 출근하는 순서로 앉고 싶은 곳에 둥지를 튼다. 앉는 자리가 매일 매일 다른 게 너무나 당연하다.

최근 사무실을 옮긴 엔터테인먼트 회사는 팀원들이 같이 앉는다는 것도 옛이야기라고 말한다. 좌석을 검색해야 팀원들이 어디에 앉아서 근무하는지 알 수 있다. 경영지원으로 분류되는 인사기획 및 재무 쪽만 고정 좌석이고 나머지는 개인적으로 원하는 곳에서 근무하면 된다.

이렇게 하면서 일정 공간은 휴게 및 티타임 공간으로 전환하면서도 전체 사무실 면적을 30% 정도 줄였다. 항상 휴가 및 출장 등이 있어 직원 숫자만큼 좌석을 만들 필요가 없기 때문이다. 정형화된 사무공간보다 휴게실 등을 크게 늘려 음료를 마시면서 회의나 업무를 보는 것은 일상이 되었다.

앞 사람의 뒤통수를 보면서 근무하는 좌석 배치에도 변화의 바람이 불고 있다. 입사순이나 직급순으로 획일화하여 줄을 세우는 좌석 배치는 자취를 감추고 있다. 새롭게 부상한 방식은 등을 보이는 것이 아니라 쉽게 앞과 옆 사람과 대화할 수 있도록 얼굴을 마주 보는 방식이다.

다양한 형식으로 변형이 가능한 것도 특징이다. 팀별로 선호하는 방식으로 좌석 배치가 변형되도록 모듈식 책상도 도입되었다. 옆 팀과 다르게 배치했다가 식상하면 같은 모양으로 되돌아간다. 마주 보다가 곧바로 벌집 모양으로 변경하기도 한다.

의자가 업무능률에 절대적으로 영향을 미친다는 결론을 내리고 최고의 제품을 제공하고 있다. 1개에 수백만 원 하는 수입산도 아깝지 않다며 CEO들이 투자한다. 여기에도 흡음 시설이 되어 있는 전화통화 공간을 마련하는 것은 필수이고 창가 쪽으로 1인 좌석을 두어 잠시 골치 아픈 현안을 떠나기에 안성맞춤인 자리도 특이하지 않다. 허리가 아픈 직원들이 늘면서 책상 높낮이를 조절하는 것은 당연하고 책상 옆 소파로 컴퓨터를 옮겨 편하게 업무를 볼 수도 있다. 협업과 소통을 촉진하면서도 창의성을 드높이려는 좌석 배치로 풀이된다.

획일화된 사무실은 이제 사라지고 있다. 모든 회사, 아니 팀이 스스로 원하는 모양으로 업무를 보고 있다. 사무실 배치와 가구, 특히 의자가 최고의 복지라는 말도 나돈다. 단순히 업무능률(몰입도)을 높이는 데서 벗어나 직원의 건강을 지켜주는 호위 역할도 한다.

사무공간 재배치를 두고 모 CEO는 '양복을 입고 운동할 수 없는 것 아니냐'로 결론을 내린다. 업무형태나 방식이 변했으니 사무공간도 재창조해야 한다는 논리다.

승진한 상사의 책상과 의자를 바꿔준 기억이 있다. 원목으로 된 무거운 책상을 옮기다가 손을 다쳤다.

이제는 회사의 생존을 위해 사무실도 변해야 한다. 생각이 변하고 업무처리 방식이 혁신을 요구하는데 천편일률적인 사무실 구조는 안 된다. 임원 사무실보다 더 중요한 것이 소통하고 협의하는 공간이다. 창의적인 사고를 위한 혁신적인 공간구성은 타협하지 말아야 한다.

스스로를 가르치는 좋은 방법

구내식당이 없어지면서 주변 식당을 이용하게 됐다. 맛집으로 소문난 식당 앞에 줄을 서기도 하고, 때로는 이색적인 음식점을 찾아가기도 한다. 공통점은 짧은 점심시간으로 인해, 회사 근처에 있는 식당이라는 점이다.

그런데 음식 맛이 좋아도 가기 싫은 곳이 있다. 종업원들의 태도와 말투가 거친 곳이다. 아마 대부분의 직장인들이 동의할 것이다. 심지어 내가 무슨 잘못을 하여 돈을 내고 먹고 있는 게 아닌가, 아니면 심신 수련 차원에서 극기훈련이라도 하는 중인가 하는 생각이 들 정도로 불친절한 곳이 있다.

원인은 간단하다. 그 음식점 주인이 종업원들에게 불친절하기 때문이다. 주인이 날카롭게 종업원들을 대하기 때문에 그들은 무의식적으로 손님들에게 같은 태도를 표출하는 것이다. 아침마다 손님에게 친절히 하라고 교육하는 것은 별로 소용이 없다. 몸이 밴 대로 행동하고 들은 대로 반응하는 것이다.

얼마 전 해외에서 고속열차를 탄 적이 있다. 서둘러 탄 덕분에 느긋하게 자리를 잡고 앉았는데, 잠시 후에 누군가 와서 프랑스어로 뭐라고 한다. 머뭇거리자 내가 알아들을 수 있는 영어로 '자기 자리이니 비켜 달라'고 한다. 나는 내 자리가 맞다고 말했다. 표를 보자고 하여 보여주니, 내가 앉은 방향이 잘못되었다고 하면서 친절하게 알려줘 민망한 순간이 짧게 지나갔다.

국내 이동 중 KTX에서도 가끔 보는 장면이다. 잠시 소란이 일어 쳐다보니 서로 자기 자리가 맞다고 목소리를 높이고 있었다. '내 자리이니 일어나 달라'고 톤이 올라가자 앉아 있는 승객은 '내 자리가 맞다'고 더 소리를 높이면서 꿈쩍도 하지 않는다. 이어서 필요하면 '안내원을 부르라'고 말한다.

짜증을 내는 시간이 길어지자 같은 객차 내 모든 승객에게 그 불쾌감이 전달된다. 스마트 폰을 꺼내 서로 확인한 결과, 한 사람이 객실번호를 착각하여 벌어진 일로 곧 마무리되었다. 그러나 객실은 이미 불쾌감으로 오염되어 있어 쉽게 여운이 가시지 않는다. 더 심각한 것은 분명 한쪽이 잘못했는데, 아무런 사과도 없이 자리를 뜬다는 점이다.

공공장소에서 큰 소리로 전화 통화하는 사람을 종종 접한다.

철도역이나 시외버스 대합실에서 다수가 모여 조용하게 자기 시간을 갖고 있는 경우 참 난처하다. 거의 싸우는 듯한 내용과 목소리 톤은 주위의 모두를 힘들게 한다. 조금 후면 끝나겠지 하고 참지만, 진폭을 달리하며 계속 소음을 전달한다. 좀 조용히 해달라고 말하려고 하다 괜한 일을 한다는 생각에 참는다.

필자는 입사 초기부터 전화 목소리가 크다는 소리를 많이 들었다. 사무실이 40여 명이 같이 쓸 정도로 큰 곳이었지만 모두에게 또렷하게 들릴 정도라고 하였다. 그러나 쉽게 고쳐지지 않았다. 정말로 조곤조곤 통화해야지 다짐하지만 얼마 가지 않아 원래대로 돌아간다.

처음부터 하이톤이라고 아내로부터 자주 지적을 받는다. 아무런 논쟁이 없는데 말투가 공격적이라는 소리도 듣는다. 내가 성격이 적극적이고 원래 목소리가 좀 크니 그렇다고 정당화했지만, 지금 생각해 보니 그것은 그냥 뻔뻔스런 변명이었다. 내가 그렇게 목소리를 높이지 않아도 내 뜻을 전달하는데 아무런 문제가 없기 때문이다.

책을 보거나 신문 칼럼을 읽을 때마다 대부분의 결론은 환경을 탓하지 말고 문제에 대해 자신을 돌아보라고 말한다. 집에서는 아이들에게, 직장에서는 직원들에게 '이렇게 살아라, 저렇게 행동하지 말라'고 끊임없이 지적한다. 이제야 내린 결론은 그것의 절반만 내가 실천했어도 나는 다른 사람이 되어 있을 것이라는 점이다.

물질적 풍요가 만연하지만, 마음은 더 각박해지고 여유가 없다. 특히 리더로 올라선 이후에는 그 정도가 더 심해진다. 누구도 제지하거나 대놓고 반발을 하지 않으니 무소불위의 오만함에 힘입어 목소리 톤이 더욱 올라간다.

오늘도 또 하나를 배운다. 직원의 일 처리 태도가 마음에 들지 않는가? 직원 목소리가 갑자기 올라갔는가? 내가 한 말을 짚어본다. 소통하고 경청하라고 했는데, 왜 나만 예외인가? 종업원은 주인이 하는 대로 따라 할 뿐이다. 내가 새겨야 할 것은 목소리 톤을 낮추고 감정을 덜어낸 의사전달이다. '할 수 있다면'이 아니라 '의무로' 모든 사람을 기쁨으로 대해야 한다.

태스크 포스(TF)의 빛과 그늘

'회사의 만사형통은 태스크 포스(TF)'라고 해도 과언이 아니다. 문제가 불거져 CEO의 불호령이 떨어지면, 보통 해결책은 TF로 연결된다. 업무와 직간접으로 관련된 부서에서 통상 에이스들이 참여하고 지원부서도 얼굴을 내민다.

초기부터 전사적으로 역량을 모아야 하고 전력을 경주해야 한다고 하니, 인원이 3~4명인 경우는 거의 없다. 최소 10~20명 전후로 다소 큰 팀이 구성된다. 외부 전문가들이 참여하기도 한다. 극복해야 할 문제의 덩어리가 크면 전체 인원을 주제별로 나눠 TF를 팀 단위로 다시 쪼개기도 한다.

거창하게 운영방식도 결정하고 적극적으로 운영하라는 의미로 별도의 활동비도 책정된다. 근무시간에 마음대로 회의를 진행해도 되고 필요하면 물 좋고 공기 좋은 곳으로 가서 2박 3일 워크숍도 진행한다.

TF가 성공하기 위해서는 우선 현장을 자주 방문하여 문제점을 정확히 짚는 것이 필요하다. '우문현답'의 정신, 즉 '우리 문제에 대한 답은 현장에 있다'가 만고불변의 진리이기 때문이다.

사무업무라면 동종 업체 중 같은 고민을 하고 있는 곳을 찾아갈 것을 권한다. 시설이나 기계의 공사를 수반한다면 냄새나는 곳도 마다하지 않아야 한다.

둘째, 욕먹을 각오로 현업에 부정적인 자료도 수집해야 한다. 즉, 현업에 있는 사람들이 싫어할 내용이라도 자료를 모으고 그들의 입김을 차단하는 조치가 필요하다. 객관적으로 사안을 들여다 봐야 한다.

요즘에는 실패 원인을 파악하기 위한 레드팀 형태로 운용하는 TF가 많은데 그 성공을 위해 자기가 스스로를 고발한다는 자세로 불리한 자료도 잘 받아들여야 한다.

셋째, 외부 전문가를 꼭 참여시켜야 한다. 내부논리만으로 특정 사안에 제대로 된 해법을 찾기가 대단히 힘들기 때문이다.

넷째, 해당 업무의 책임자 라인은 일정 부분 배제되는 것이 필요하다. 자기 자리와 관련된 일을 자신이 처리하는 것은 힘들다. 최종 결과도 곧바로 CEO에게 보고될 수 있도록 해야 한다.

다섯째, 단기간에 결론을 끌어내도록 유도해야 한다. 이를 위해 멤버들은 되도록 겸업을 하지 않도록 해야 한다.

본격적으로 TF 활동에 들어가면 명칭을 정하는 것이 첫 번째 업무가 된다. 필자가 선호하는 TF팀 명칭은 업무 내용을 떠나 '스몰 타이거 팀'이다.

여기에는 중요한 의미를 담고 있다. 거창하게 많은 인원이 참여하는 TF 형태로 문제를 진단하다가는 '배가 산으로 간다'는 형국에 처할 확률이 높다. 그래서 작은 팀을 지향하되 힘을 실어주어 호랑이처럼 조직 내에서 힘이 세도록 해야 한다.

특히 CEO가 TF에 전권을 부여해야 한다. 원래 TF는 군대용어로 특별임무를 수행하는 특별편제라는 사실을 잊어서는 안 된다. 일상 조직체계와 의사결정 구조를 뛰어넘어야 한다는 비장함이 배어있어야 한다. 의사결정에 내부 인사와 외부인사가 비슷한 힘을 갖도록 균형을 유지할 필요가 있지만, 이때 회의 주도권은 외부인에게 주는 것이 필요하다.

일반적으로 TF는 내부의 약점을 짚어내는 역할을 한다. 좀 더 적나라하게 말해 문제점을 양성화시켜 어떤 치료제를 쓸 것인가를 결정하는 과정이다.

그 과정에서 불가피하게 조직의 변혁을 야기할 수 있다. 일부 생살을 도려내는 수술을 수반하기도 한다. 이를 통해 경쟁자가 넘볼 수 없는 제품을 만들어 적자 곡선을 끝내고 흑자로 돌려야 한다.

TF 운용에서 반드시 빠져서는 안 되는 화룡점정은 실행안이다. 반드시 실행해야 할 내용을 시기까지 못 박아 보고서로 만들어 내야 한다. 이때 서류철로 직행하는 TF의 보고서는 허용되어서는 안 된다. 작은 것이라도 반드시 실천에 옮기는 방안을 만들고 TF가 종료되어야 한다.

 그러나 TF가 성공했다는 이야기는 드물다. 보통 조직원들은 자기에게 불리한 결과물을 내놓는 것을 꺼리기 때문이다. 그래서 '빈 수레가 소리만 요란하다'는 소리를 많이 듣게 되며 성공보다는 실패가 많다는 사실도 직시해야 한다. 따라서 '쓴소리'를 내부에 할 수 있는 직원이 TF에 참여해야 성공 가능성이 크다.

꺾이지 않는 마음과 원팀 정신

2022년 카타르 월드컵이 낳은 여러 가지 화제의 슬로건 중 단연 압권은 '중요한 건 꺾이지 않는 마음'이라는 구절이다. 월드컵 전사들이 그야말로 혼신의 힘을 다해 매 게임마다 최선을 다해 임한 것을 상징한다. 종료 휘슬이 울릴 때까지 한 치의 양보도 없이 열심히 뛰었다고 선수들이 이구동성으로 강조한다. 호텔로 돌아와 식사를 하기 위해 수저를 들어야 하는데 손이 덜덜 떨려서 제대로 식사를 못할 정도였다고 한다.

그 힘의 원천은 할 수 있다는 자신감과 국가를 대표한다는 자부심에 근거했을 것이다. 상대팀과 선수 몸값으로 이야기하면 비교할 수 없고, 개인적인 기량도 상당히 차이가 날 수 있지만 최선을 다하면 그 결과가 뒤집히듯, 강팀과의 경합에서 16강 진출이라는 쾌거를 만들었다.

한국팀이 2대 1로 이긴 포르투갈 게임은 대표적인 사례다. 몸값이 세계 정상급인 선수가 즐비하고 세계 순위로 보면 포르투갈은 9위인 반면 우리는 28위로 엄청난 격차가 있다. 한국팀은 이기고자 하는 마음에서 포르투갈을 앞서 승리로 게임을 마칠 수 있었다고 상대팀 감독이 고백하여 '꺾이지 않는 마음'의 중요성을 되새기게 하였다.

그런데 '꺾이지 않는 마음'이라는 표현은 다른 스포츠 경기에서 세계 최고 수준에 올라선 신문 인터뷰에도 등장한 구절이다. 전 세계 2억 명의 MZ세대 게이머들이 열광한다는 e스포츠 중 하나인 '리그 오브 레전드'라는 게임에서 우승한 선수가 강조한 말이다. 그 요점은 5명이 참가하는 팀 경기에서 서로 의지하고 협업하니 개인별 능력에서는 뒤지더라도 승패를 뒤집을 힘이 나왔다는 것이다.

"우리끼리 무너지지 말자. 믿어야 한다. 외부에서 무슨 말을 하든 우리끼리만 무너지지 않으면, 결국 우리가 할 수 있는 최선의 결과가 나온다."

결국 팀 게임의 승패는 분위기가 좌우한다는 말과도 연결된다. 처음에 의욕이 넘치다가도 한 사람이 실수한 것을 시발로 서로 지적하면 곧바로 실력 이하 팀으로 돌변하고 반대로 실수하더라도 곧바로 서로 '엄지 척'을 하면서 다독이면, 파이팅하는 분위기로 반전되면서 없던 힘도 나온다.

코로나19가 어느 정도 꼬리를 보이면서 비즈니스 일상이 많이 회복되고 있다. 이런 상황에서 기업의 조직을 뒤흔드는 사고 아닌 사고들이 봇물 터지듯 나오고 있다. IT 등 일부 업계에서 인력이 부족하자 우수한 인력을 빼가는 점잖은 스카우트를 뛰어넘어 아예 팀 전체를 빼가는 일이 잇따르고 있다.

5년간 일한 팀장에게 많은 권한을 넘겼는데, 경쟁사와 그동안 특수 관계에 있던 회사에 거래를 밀어주고 나중에는 팀원들까지 좀 더 보상을 해준다는 미끼를 던져 갑작스럽게 팀장과 팀원이 한꺼번에 사라졌다. 이로써 기존에 수행하던 프로젝트에 제동이 걸리고 법적 분쟁에 휘말리면서 비용과 시간 손해가 이만저만이 아니다. 특히 소송전으로 비화되면서 해당 기업은 정부 입찰에 얼굴을 내밀 수 없게 되었다. 더불어 기선 제압을 위해 이직자들은 근무하던 회사의 부조리를 흘리고, 회사는 이에 반격하는 소송을 하면서 모두가 피해자로 전락하는 진흙탕 싸움이 시작되었다.

또 다른 업체는 10년간 외부 프로젝트를 담당하던 팀장 등이 갑자기 그만두고 입찰 PT에서 경쟁사의 선수로 나와 당황케 하는 사건이 발생했다. 별도의 사무실로 파견되어 근무가 진행되면서 소통을 등한히 한 결과로, 턱 없이 높은 연봉을 제시한 후 받아주지 않자 서너 명의 직원이 같이 이직한 것이다. 앞의 스포츠와 반대로 '꺾이는 마음'이 회사를 지배한 것이다.

'꺾이지 않는 마음'의 기저에는 팀 정신이 있다. 축구에서 한 골을 먹었다고 특정인을 지적하거나 바로 선수들이 고개를 숙이면 안 되듯이, 회사에서도 환경에 관계없이 우리끼리 무너지지 않으면, 결국은 승리한다는 원팀(One Team) 정신이 회사 전체에 뿌리를 내리고 있어야 한다. 팀워크가 좋아서 좋은 경영성과를 이끌었다는 말이 모두에게서 나와야 한다.

어떤 회사라도 어려울 때 서로 다독여 주면서 갑절의 노력을 더 한다면 후회 없이 싸울 수 있다. 좋은 회사는 우수한 직원과 제품만으로 가능하지만, 위대한 회사는 '팀다운 팀, 그리고 꺾이지 않는 원팀정신'이 있어야 가능하다. 힘든 경기를 치를수록 더 팀워크가 중요하듯이 회사도 그래야 미래가 있다. CEO가 단기적인 실적에 집착한 나머지 나무만 보고 숲을 보지 못하면 마음이 흩어지면서 CEO와 직원들이 모두 낭떠러지로 내몰린다.

좋은 인재 뽑기

기업의 가장 큰 고민은 두말할 필요도 없이 좋은 인재를 뽑는 것이다. 이를 위해 필기시험보다 더 중요한 것이 면접이다. 필기시험이나 서류전형이 예비심사라면 면접이 본 게임이고 최종 관문이다.

필기시험과 달리 인재를 뽑아야 할 기업이나 지원자 입장에서 면접은 골치 아픈 통과 의례다. 보는 각도에 따라 명확한 기준이 없어 보이고 즉흥적이라는 느낌마저 지울 수 없다.

1년에 1~2번 있는 특별행사(면접시험)에 불려간 회사 내 일 잘한다는 베테랑 면접관마저 명확한 기준이 없기는 마찬가지다. 외부 전문가를 초빙하여 여러 가지 기교도 배우고 채점요령도 익히지만 쉽게 혼란이 가시지 않는다.

그 결과 신입직원 면접 평가표를 보면 특징이 발견된다. 면접관이 자기와 같은 성향의 사람에게 특출나게 좋은 점수를 준다는 점이다.

면접관의 개인적 성향이 반영된 선발은 문제가 적지 않다. 일단 회사가 원하는 사람과 일치하지 않을 수 있다. 다양성 측면에서도 회사에 득이 안 된다.

그럼 회사는, 아니 면접관은 어떤 사람을 뽑아야 할까? 면접 전문가라도 명쾌하게 설명하기 쉽지 않다. 적지 않은 기간 면접업무를 담당하면서 체득한 노하우는 최소한 서면으로 작성된 자기소개서의 진위를 확인하고 능변에 감추어진 실체를 정확하게 꿰뚫어 봐야 한다는 점이다.

회사가 원하는 인재상은 업종이나 업무 성격에 따라 달라질 수 있으나 실력이 있어야 하고 조직성향, 즉 여러 사람과 협업하는 데 문제가 없어야 한다. 여기서 실력이란 단순히 앎이나 좋은 점수를 뛰어넘는다. 실제로 업무현장에서 적용할 지식과 실행력이 있느냐는 포괄적인 범주를 말한다.

이를 측정하기 위해 과거 경험을 묻는다. 말이나 지식이 아니라 실제로 과거에 행한 사례를 통해 검증해야 한다. 관련 내용을 거짓으로 포장할 수 있지만, 의심이 가면 파고드는 질문으로 확인해야 한다.

회사에서 천재를 제외하고는 조직원이 협력하여 결과를 만들어 낸다. 따라서 소통하는 능력과 다른 사람을 도와주고 도움을 받는 능력이 절대 필요하다. 이를 확인하는 방법도 역시 과거 경험에서 찾아야 한다. 글로, 때론 말로는 그런 성향을 갖고 있다고 위장할 수 있다.

그러나 '특정인이 반대했음에도 그를 설득하여 성과를 낸 사례를 이야기하라'는 식으로 쉽게 검증된다. 사례로 확인하는 이유는 회사는 이론으로 일하지 않기 때문이다.

실제로 발휘되는 업무능력을 확인해야 하기에 과거 경험을 물어봐야 한다. 경험은 거짓말로 꾸며낼 수 없다. 면접의 포인트는 회사에 필요한 능력과 관련된 경험을 이야기하게 만들고 그 사례가 진실한 것인지 확인하는 데 맞춰져야 한다.

일단 면접을 통해 선발했으면 통상 곧바로 교육에 들어간다. 좋은 인재를 뽑은 것보다 더 중요한 것이 회사에 실제로 입사하도록 유혹(?)하는 것이다. 국내에서 아무리 좋은 회사라도 입사 후 퇴사자 비율이 30%를 넘는다.

뽑은 후부터는 전세가 역전된다는 것을 인사담당자들은 명심해야 한다. 입사 희망자가 합격이라는 인증을 받은 후에는 을에서 갑으로 변한다. 이미 손에 잡은 물고기는 작아 보이기 마련이고 아직 못 잡은 고기(채용 예정기업)들은 커 보인다.

따라서 이제부터는 낮은 자세로 신입직원을 섬겨야 한다. 부모에게 선물 보내기는 기본이고 군대식(통제식)으로 인성교육을 시키는 데 신중해야 한다. 인재를 환영하고 향후 회사가 당신들을 어떻게 키울 것인지를 적극 알려야 한다.

이에 따라 입사 후 직원으로서 비전을 갖게 만들고 자부심이 넘치도록 자상하게 안내할 필요가 있다. 채용과정을 전후로 조금이라도 소홀하면 좋은 물고기(좋은 인재)는 다른 곳으로 떠난다. 채용에 따른 엄청난 비용만 낭비하고 인재는 사라지는 상황을 맞이할 수 있다.

표창장과 보상원칙

　최근 이순신 장군에 대한 책을 읽으면서 분노가 강하게 올라온 대목이 있었다. 우여곡절 끝에 백척간두에 내몰린 나라를 구하고 임진왜란이 막을 내렸다. 선조는 폐허에 내몰린 백성들을 위로하기보다 곧바로 공신책봉에 몰두하였다. 전쟁에서 공을 세운 사람에게 상을 주고 경우에 따라 승진도 시키는 잔치를 한 것이다.
　7년의 전란 동안 공을 세운 사람을 포상하는 것을 누가 반대할까? 문제는 그 내용이다. 전쟁터에서 목숨을 걸고 싸운 장수들 중 18명이 공신으로 선발된 반면 선조를 따라다니며 수발을 잘 든 관료 중 공신은 86명이었다. 당시 수도였던 한성에서 의주까지 도망간 선조를 받들었던 측근들이 더 부각된 이상한 논공행상이었다. 점입가경인 것은 86명 중 거의 절반정도가 내시와 말잡이 등으로 안전한 후방에서 잡일을 하던 사람이었다. 선조의 내 사람 챙기기가 도를 넘은 것이다.

무신들의 포상도 문제가 있었다. 갖은 고초를 겪으면서 사심을 버리고 오직 국가의 안위만 생각하며 임진왜란에서 혁혁한 공로를 세운 이순신 장군과 비상식적인 행동으로 일본군에게 승리를 바친 원균에게 같은 등급의 포상이 상신되었다. 이런 논공행상은 더 큰 위기를 자초할 수밖에 없다. 임진왜란을 통해 전화위복의 계기는 사라지고 누가 나라를 위해 목숨을 바치겠는가라는 의문으로 귀결된다.

중소기업은 물론 대기업에서도 한 가지 큰 원칙 아닌 원칙이 있다. 인사부서가 가장 먼저 승진한다는 점이다. 기획이나 인사업무를 맡은 직원이 기본적으로 우수할 수 있지만 건강한 기업이라면 소위 힘 있는 부서는 승진이나 포상에서 한 발짝 뒤로 물러서야 한다.

일반화 하는데 문제가 있지만 돈을 버는 부서가 가장 먼저 주목을 받아야 하고 그 다음은 현장 부서를 챙겨야 한다. 설사 같은 비율로 승진을 시킨다 해도 기획 및 인사부서는 주목을 받고 질투를 받기 마련이다. 인원이 부족하여 근무인원을 줄여야 할 때도 관리부서가 희생해야 한다. 기업의 생명은 돈을 버는 부서에 달려 있고 관리부서는 그 다음이라는 생각이 기업을 강하게 만든다.

무역업계 마케팅 담당자들은 철새라는 말이 한 때 유행하였다.

회사 내 힘 있는 사람들에게 쉽게 줄을 댈 수 있는 기획이나 인사부서는 때가 되면 승진도 하고, 원하는 부서에 배치되지만 해외 마케팅 담당자들은 소외되기 일쑤다. 이에 따라 본의 아니게 쉽게 회사를 옮기게 되고 그 과정에서 바이어를 빼가기도 한다.

이런 이직에 위기의식을 갖기보다 영업직은 새로 뽑아 채우면 된다는 논리가 팽배하다. 그 결과 이직이 쉽게 이뤄지고 위기의 시대에 회사를 지킬 현장 경험이 많은 베테랑은 육성되지 않는다. 현장을 우대하는 회사에서 불량품이 줄고 마케팅을 우대하는 회사에서 자금흐름은 좋아진다. 연구개발과 기술직을 우대하면 신제품이 끊임없이 나올 토양이 배양된다.

오래 전에 종합상사 수장을 지낸 사람이 공개 강연에서 고백한 내용이다. 물건을 파는 회사라면 현장에서 뛰는 사람이 먼저 승진을 해야 하는데 결과는 정반대라고 말한다. 조사해본 결과 감사실이 맨 먼저 승진했는데, 그 이유는 규정을 잘 알고 지켜 승진에 결정적으로 작용하는 징계나 감점이 없고, 해외에서 뛰는 직원들은 실적에 매진한 나머지 규정을 지키지 않아 감점을 여러 번 당해 실적이 좋아도 승진하지 못했다고 한다.

그 경영자는 이를 보고, 잘못하면 회사가 망하겠다는 생각이 들어 규제위주의 사규를 바꿔 '현장을 위한, 현장을 지원하는 규정'을 만들었다고 한다. 일을 못하게 하는 행동에 더 큰 감점을 주도록 변경하였다고 한다.

임진왜란에서 측근들만 승진하고 포상을 받았던 후유증은 엄청 났다고 생각한다. 잘못된 논공행상이 나중에 결국 일본에 나라를 내주는 단초가 되지 않았을까? 많은 기업에서 여전히 같은 흐름이 지금도 진행 중이다.

스피드와 업무공유(재택근무)

보안이 필요한 일부 회사를 제외하고 자주 사용하는 것이 카톡 등 업무공유 플랫폼이다. 업무의 내용이나 상황(진도)을 서로 잘 알려주고 공유하는 것이 생산성 향상의 출발점이고 회사의 경쟁력을 좌우하는 지표다.

업무처리의 효율화와 스피드가 더욱 긴요해지면서 서류를 통한 대면보고는 극히 예외적인 경우로 제한되고 있다. 필자는 CEO로서 업무를 수행하면서 90%이상을 카톡으로 처리한다.

미리 폴더블 폰을 구입하여 A4형태로 된 서류를 쉽게 펼쳐 볼 수 있도록 준비하고 대면이라는 절차 없이 곧바로 답을 해준다. 수정해야 할 부분도 바로 알려주고 필요한 경우 통화로 미진한 것을 마무리 한다. 보고하기 위해 유선이나 비서를 통해 연락하고 대기하는 시간이 필요가 없다.

팀별 평가를 진행할 때도 서류의 출력량을 참고한 적도 있다. 습관적으로 출력해 보고하는 것이 관행으로 자리 잡고 있어서, 팀별 출력물 페이지 수를 첫 달에 전달에 비해 60%정도 줄이라고 지시를 했고 그 다음에는 최고 80%까지 줄이라고 했다. 온라인상 공유문화를 만들기 위한 극약 처방이었다.

출력하지 말고 회사 내 공식적인 온라인 플랫폼에 올리거나 카톡 등 손쉬운 소통수단을 통해 상사의 승인을 받거나 동료와 소통하면 된다. 특별히 직접 설명이 필요한 경우에는 노트북 등 전자기기를 들고 와서 보고하라고 하였다.

최악의 경우 인쇄가 필요하다면 팀장의 허락을 맡도록 하였다. 종이나 출력 비용이 아까운 것이 아니라 회사의 효율을 저해하여 생산성을 낮추는 것을 방지하기 위해서다.

코로나19 이후에 회사 경쟁력은 얼마나 온라인 업무처리에 적합성을 유지하는 조직으로 변신했느냐로 평가되고 있다. 일부 회사는 자판을 특정 시간 동안 움직이지 않으면 업무를 하지 않는 것으로 간주하기도 한다. 또한 컴퓨터를 켜는 시간이 출근시간이 되기도 하고 현장근무를 하는 직원은 고객과 만나는 현장 사진을 올려야 출근시간으로 인정된다고 한다.

그러나 기계에 의존하는 비대면 근무는 생산성 향상보다 편법이나 기교를 더 양산하게 만든다. 이런 방식은 알맹이보다는 포장지를 더 중시하는 업무평가 방식이라고 할 수 있다. 생산성과는 동떨어질 뿐 아니라 열심히 일해 질적인 성과를 내고자 하는 사람의 의욕을 오히려 꺾을 수 있다.

온라인 여부를 떠나 업무처리 방식이 전체 조직에 대한 시너지를 높이고 경쟁을 통해 높은 성과를 내도록 해야 한다.

수년 전에 미국 내 세계적인 기업을 방문하여 한국 연구원들을 만난 적이 있다. 근무시간이라도 수영도 할 수 있고 음식도 먹을 수 있다고 자랑한다. 1명의 직원이 수영장에 들어서면 코치가 바로 투입된다고 회사 측은 자랑한다. 보수도 세계 최고 수준이라고 말한다.

업무성과를 어떻게 측정하느냐고 물어 보았다. 글로벌 차원에서 일을 하다가 필요한 사항이 발생하면 온라인상에 필요한 업무내용을 올리고, 이후에 가장 빠르고 가장 효과적인 방식으로 도와주겠다는 사람을 택하여 협업을 한다고 설명한다. 협업이 마무리되면 도움을 받은 직원이 도움을 준 동료를 평가한다. 그 회수가 쌓여 월간 및 연간 실적이 된다는 것이다.

그래서 극단적으로 말하면 몸은 회사에서 퇴근할 수 있지만 업무에서 퇴근은 없다. 24시간 다른 동료들의 요청을 남보다 앞서 체크하고 최선의 대안을 제시해야 하기 때문에 받는 스트레스가 엄청나다고 토로한다. 따라서 업무를 수행하는 장소는 회사에서 끝나지 않는다. 다시 말해 세계 어느 곳에 있든 나에게 날아온 업무협업 요청서를 신속하게 확인해야 하기 때문이다. 수만 명의 직원이 서로를 평가하며 어쩌면 감시하는 구조가 된다.

  이 회사에 대한 부러움이 한순간에 사라졌지만 글로벌 톱 기업의 경쟁력 원천이 무엇인지 바로 알 수 있어 좋았다. 재택의 출발점은 온라인 공유와 스피드라는 사실을 명확하게 체득했기 때문이다.

회의(會議)가 회의(懷疑)가 안 되게

직장을 비롯한 조직생활은 회의 참석의 연속이다. 시도 때도 없이 소집되는 회의에 모두 참석하고 나면 정작 내 일을 할 시간이 없다는 푸념이 나오기도 한다. 스스로의 업무도 챙겨야 하는데 회의로 날을 새우다보면 본업이 뒷전으로 밀리기도 한다.

그래서 회의의 유용성에 회의(懷疑)가 든다는 말이 나온다. 최근 직장 내 회의는 여러 사람의 의견을 모으는 절차로 형식적인 측면이 강해 소통하고 지혜를 결집시키는 장점보다 시간을 낭비하여 소기의 성과를 거두지 못하고 있다는 지적이 힘을 얻는 분위기다.

명확한 기준은 없지만 직원 1인당 하루 평균 2개 이상 회의에 참석한다면 과다한 측면이 있다고 본다. 따라서 회의를 소집하기 전에 반드시 꼭 필요한 회의인지 다시 한 번 체크하는 절차를 거쳐야 한다.

카톡 등 다른 수단을 통해 의견을 수렴하면 시간을 크게 절감하고 소통도 훨씬 활발히 할 수 있는데, 괜히 일방적인 전달을 위해 회의를 소집한 것은 아닌지 냉철하게 짚어봐야 한다. 특히 회의 목적을 확실하게 다듬어 그 목적 달성이 가능한 회의인지도 점검해야 한다.

이런 과정을 거쳐 회의의 필요성이 있다고 동의한다면 미니 회의를 권하고 싶다. 회의 기획자나 참가자 중 최상위 직급자가 하위 직급자 자리로 가서 선 채로 핵심에 대한 의견을 나누고 10분 이내에 끝내는 미니회의는 매우 효과적이다. 회의 참석자가 많아서 회의실 사용이 불가피하다면 모두 서서 신속하게 의견을 말하고 핵심위주로 의견교환 할 것을 대안으로 제시하고 싶다.

여러 사유로 정식회의 개최가 불가피하다는 결론에 도달하면 회의 하루 전에는 주제와 자료를 공유해야 회의에 대한 생산성을 높일 수 있다. 보안이 필요한 경우를 제외하고 자료공유는 최소한 회의시작 1시간 전에 진행되어야 한다.

회의 자료를 전달할 때 실제 회의에서는 개최 목적과 자료에 대한 간단한 설명만 할 테니 미리 자료를 보고 대안을 생각해 오라는 메시지도 첨부하는 것이 좋다. 아마존은 회의 시작과 함께 자료에 대한 질의응답 시간을 먼저 갖는다고 한다. 자료 숙지가 무엇보다 중요하기 때문이다.

  참석인원도 10명 이내로 해야 효율적이다. 그 이상은 주의를 분산시키고 효율성을 떨어뜨릴 가능성이 높다. 일단 회의가 시작되면 참가에 대한 감사인사와 함께 회의 종료시간을 미리 공지하고 모두에게 종료시간 준수를 위해 협조해 달라는 코멘트도 잊지 않아야 한다. 회의실 중간에 모래시계를 두어 시간이 경과하고 있음을 동적으로 보여주는 아이디어도 좋다고 본다.

  회의 진행시 자기 의견을 이야기할 때 '3S'를 지키도록 해야 한다. 핵심만 간결하게 말하고(Simply), 간접화법이 아닌 직설적으로 말해 모두의 이해도와 공감을 제고하며(Straight), 마지막으로 되도록 빠른 템포로 말하는 게 좋다(Speedy).

  이 과정에서 다른 사람의 의견을 끊는 것은 아주 불가피한 경우로 한정해야 하며 속도감 있는 회의의 진행을 방해하는 음료나 다과 준비는 최소화할 필요가 있다. 만약 외부인사가 참가하여 격식을 제고해야 하는 회의는 예외이겠지만.

  회의하고 나니 모든 참가자가 더 답답해져 '왜 회의를 했느냐'는 소리가 나와서는 안 된다. 모두가 속이 시원해지는 청량감 100%의 회의는 꿈이 아니다. 철저한 사전 준비와 3S로 시간도 벌고 내용에서도 승리해야 한다.

남자와 여자의 차이

　부부간의 이야기가 남녀 차이를 가장 잘 설명한다고 생각한다. 일반적으로 남자는 연애할 때 소위 간이라도 빼줄 것처럼 애인 모시기에 열과 성을 다하지만, 일단 결혼에 골인하면 돌변한다. 다정함과 서비스 정신은 자취를 감추고 살갑던 말투도 변한다. 속았다는 생각에 아내는 서운함을 드러내면서 목소리를 높인다.

　하지만 이는 여자가 남자라는 존재의 기본 속성을 이해하지 못한 데서 비롯된다. 남자는 목표 지향적인 존재다. 때문에 결혼이라는 '골인 지점'을 지나면서 태도가 달라진다. 심지어 한눈을 팔기도 한다. 필자의 생각이 아니고 전문가들의 분석이다. 이미 달성한 목표물에는 신경을 덜 쓰는 뇌 구조라는 친절한 설명도 덧붙여진다. 따라서 결혼 후 아내가 남편에게 결혼 전과 같은 관심과 표현을 바라는 것은 무리인 셈이다.

반대로 여자는 관계 중심적 존재다. 서너 명이 어울려 화장실도 같이 가고 여러 친구가 함께하는 여행도 쉽게 결정한다. 남자는 시간대별 스케줄과 식사 메뉴를 고민하면서 망설이는데, 여자는 마음에 맞는 친구들이 간다고 하면 나도, 라고 바로 손을 든다. 심지어 어디로 무슨 일로 가는지도 모르면서 좋아하고 나중에 장소를 물어보기도 한다.

남녀 차이는 물건을 살 때도 확연히 드러난다. 남자는 미리 목표를 정하고 특별한 문제가 없는 한 바로 구매한다. 길어야 10분이고 2곳 이상 둘러보는 것도 낭비로 생각한다. 그런데 여자는 특별한 문제가 없으면 한 곳에서 바로 사지 않는다. 남의 눈에 잘 띄는 의류와 액세서리는 더욱 그러하다. 그래서 부부싸움을 하지 않기 위해 쇼핑은 부부가 따로 하라고 권하기도 한다.

극단적인 에피소드로 자주 언급되는 사례가 있다. 애처가인 남편이 자기 옷을 10분 만에 사고 백화점 소파에서 2시간 동안 엄청난 인내심을 발휘한 후에 주차장에서 아내를 만났다. '옷을 잘 샀냐'는 남편의 물음에, 아내는 시간이 없어 다음에 사기로 했다고 말하면서 짜증을 낸다. 남편에게 너무 서두르는 게 문제라는 핀잔도 보탠다. 여자 소비자들은 소비할 때 다른 제품과 아주 꼼꼼히 비교하면서 자신의 만족을 추구하기 때문에 쇼핑이 '여가'이지만, 남자에게 쇼핑은 일정 시간 내에 해야 하는 '업무'다.

직장에서도 비슷한 문제가 자주 발생한다. 채용시험에서 필기와 면접을 적지 않게 주관하면서 깨달은 것은 느낌대로 뽑으면 남자는 하나도 없을 것이라는 점이다. 논술은 내용을 떠나 여자 지원자의 깔끔한 필체에 마음이 동하는데, 남자는 너무 성의가 없어 보이는 필체로 내용을 보기 싫은 경우가 적지 않다. 면접에서는 더 극명하게 달라진다.

대체로 외국어 면접에서 여자 지원자의 발음이 한 수 위이고 말솜씨와 순발력도 뒤지지 않는다. 특히 면접관들이 나이가 드신 분들인 경우에는 남자의 딱딱함보다는 여성의 부드러움에 높은 점수를 준다. 물론 공정해야 한다는 원칙을 강조하고 강조하지만, 정성평가는 주관적이라서 성비로 편중된 결과를 두고 다시 고민하기도 한다.

업무지시와 관련하여 남자는 군대에서 훈련을 받아 약간의 나무람도 잘 견디지만, 여자는 신뢰가 확보되기 전에는 가벼운 지적도 확대 해석되는 경우가 적지 않다. 그래서 연차가 낮은 여자 직원은 지적보다 권유형으로 업무를 안내하는 것이 보다 효과적이다. 남자는 보다 도전적인 일에 적합하고 여자는 섬세함을 무기로 빈틈이 없어야 하는 업무에 능력을 잘 발휘한다.

반대로 여성이 리더라면 남성의 군대 서열문화, 과정보다 목표 중심의 행동을 이해하려고 노력해야 한다. 원만한 인간관계를 위해 남자 리더는 감정 기복이 심한 신경질적인 여성 부하를 싫어하고 여성 리더는 잘난 척하고 은근히 남을 무시하는 남자에 낮은 점수를 준다는 점도 알아야 한다.

그러나 업무에서 남녀의 차이를 너무 인정하고 구분하려는 것은 바람직하지 않다. 리더라면 무엇보다도 신뢰와 소통을 강조하고 열심히 하면 책임은 위에서 진다는 자세를 가져야 한다. 핀잔보다 원래 잘하려고 했던 것을 이해한다는 다독임이 필요하다. 다음에는 이런 점만 조금 수정하면 좋은 결과를 낼 것이라고 칭찬해야 한다. 상하 직원 간 믿음과 신뢰가 무엇보다 중요하기 때문이다.

또한 리더로서 남녀 차이에 대한 교육에도 자주 참가하고 책을 통해서라도 이성에 대한 리더십을 배워야 한다. 내가 일을 잘 처리하는 것과 시키는 것은 완전히 다르다. 유명한 선수는 유능한 코치가 되기 힘들다는 점을 명심해야 한다. 조직을 이끌 때 내 방식을 고집하는데 신중해야 하는 이유다.

모두가 원하는 리더의 성품

'먼저 된 자가 나중 되고 나중 된 자가 먼저 된다.'

원래 성경에 나오는 영적인 이야기로, 부자로 세상을 살면 천국에 들어가기 힘들고 재물 욕심을 버리고 제자로서 바른 삶을 살면 천국에 들어간다는 게 요지다.

이를 오늘날 직장에 적용하면, 연공서열이 파괴되어 급여나 직위의 역전이 쉽게 발생한다는 것으로 해석된다.

그렇다. 대기업이라도 기수 문화는 그 의미가 퇴색되어 후배를 팀장이나 임원으로 모시고 일하는 것이 자연스럽기까지 하다.

직무급 제도가 일반화되면서 어떤 일에 전문성을 갖고 능력을 발휘하느냐가 중요하지, 경력과 연차는 뒤로 밀려 급여의 다소와도 관련이 약해지고 있다.

이 과정에서 가장 금기시되는 직장 문화는 사람과 사람을 비교하는 것이다. 습관적으로 너는 누구보다 이런 점이 문제라는 리더의 말투는 조직을 와해시키는 최악의 말이다. 동료 간 의사소통에서도 남과 비교하는 습관에서 탈출해야 한다.

임진왜란에서 원균이 이순신 장군에게 뒤진 이유가 비교 의식에 뿌리를 두고 있기 때문이라는 분석이 있다. 원래 원균은 거의 모든 면에서 이순신에 앞섰다. 나이도 다섯 살이나 많고 무과에도 9년이나 먼저 급제했다. 합격 당시 등수도 원균은 5등이고 이순신은 12등으로, 출발하는 직급도 달랐다. 집안도 크게 차이가 있어 원균의 아버지는 군부의 막강한 실력자였지만, 이순신 아버지는 내세울 벼슬을 하지 못했다고 전해진다.

그러나 어느 날부터 원균이 이순신의 뒷줄에 서게 되면서 마음이 흔들렸고 비교의 늪에서 헤어 나오지 못했다고 한다. 이는 단기에 성과를 거두기 위한 무리수로 전환되고 전쟁터에서 연전연패 하는 초라한 모습으로 전락한다.

인간적인 라이벌 의식과 비교는 전문성을 중시하는 기업에서도 절대적으로 해를 끼친다. 비교문화는 결국 분노로 연결된다. 후배이자 별 볼일 없는 집안 출신인 이순신에게 밀렸다고 생각한 원균은 술주정이 잦고 행패도 부렸다는 기록이 있다.

리더가 직장에서 절대로 보여서는 안 되는 것 중 하나는 이성을 잃고 화를 내는 모습이다. 아무리 이해가 안 되는 상황이 발생해도 조리 있게 문제점을 지적해야 한다. 임진왜란 때 선조는 대놓고 이순신을 폄훼하고 원균을 두둔하기까지 하였다.

이순신의 백의종군과 투옥이 보여주듯 공적은 제대로 평가되지 않고 인사는 성과가 아닌 정실이 좌우했다. 난중일기를 보는 독자라면 답답함을 넘어 분노가 자연스럽게 올라오는데 당사자인 이순신은 얼마나 억울했을까? 그럼에도 차분하게 전략을 세우고 진중할 수 있었던 것은 분노를 승화시키는 능력이 있었기 때문이었을 것이다.

'분노의 시대, 이순신이 답하다'라는 책자에서는 괴테의 인생지혜를 이순신이 실천했다고 설파했다. 즉, '성내지 말고(남을 미워하지 말고) 미래를 신에게 맡기면서 현재에 최선을 다하라'가 핵심이다. 미래는 내 영역이 아닌 것이다.

더불어 리더라면 한 가지 더 욕심을 내야 하는 성품 아닌 성품이 있다. 필요할 때마다 잘못을 먼저 시인하고 사과하는 용기다. 더불어 다른 사람의 사과를 수용하는 낮은 마음으로 모든 직원들에게 다가가야 한다.

작금은 분노의 대한민국이라고 할 정도로 모두가 예민하다. 화부터 내고 보는 형국이다. 이런 문제는 조직원이나 조직을 비교하여 편을 나누는 데서 출발한다. 리더가 말로 사과하는 것이 체면 때문에 힘들다면 간단한 메일로 하는 것도 유용하다.

또한 사과하면 예외 없이 받아주는 아량이 조직문화로 체화되어야 한다. 사과와 용서가 조직에서 일상이 될 때 작은 마찰은 조직을 다지는 밑거름이 되고 큰 다툼이라도 단기에 소멸되어 부작용이 최소화된다.

리더는 지적할 것을 찾는 것도 중요하지만 필요하다면 먼저 사과하면서 부하 직원에게 다가서는 데도 주저하지 않아야 한다.

후배를 키우는 리더, 선배를 키우는 후배

만약 최근 5년간 한 번도 스카우트 제의를 받지 못했다면 스스로를 되돌아볼 필요가 있다. 프로야구 선수 이야기가 아니다. 요즈음 스카우트 방식을 통한 이직은 일반 회사에서도 여러 형태로 진화하고 있다.

이제는 신입직원을 거의 안 뽑을 것처럼 경력직 채용이 일상화되고 있다. 한 CEO는 '오래전에 많은 경영자들이 대학이 불량품을 양산하여 신입직원을 다시 교육하는 데 비용이 너무 많이 든다'고 했는데 이런 기류가 현장에 반영된 것으로 보인다.

능력 있는 중견 사원을 뽑기 위한 창(채용)과 방패(인재유출 방지) 간 싸움도 만만찮다. 경력직 채용공고를 통한 공개된 스카우트는 물론 헤드헌터를 통한 채용도 봇물 터지고 있다.

더불어 요즈음 새롭게 떠오르는 스카우트 방식은 지인을 통해 일정한 자격을 갖춘 경력자를 데려오는 것이다. 정서적으로 특수한 관계를 이용한다는 측면에서 부정적일 수 있지만, 회사와 스카우트 대상에게 가장 적합한 중매쟁이(?)가 될 수 있기에 금상첨화다. 해당 업무를 수행하는 데 필요한 전문성과 경력을 정확하게 알고 스카우트해 올 사람이 어떤 성향인지도 알아 실패 확률이 대폭 낮아진다.

스카우트에는 경력도 매우 중요하지만, 조직에서 성과를 이끌어내기 위해 리더로서 조직관리 능력을 보유했느냐가 더 중요하다. 팀원은 단순하게 어떤 일을 몇 년간 했다가 핵심이지만, 중견 리더라면 특정한 업무에 노하우를 갖고 있으면서 그동안 어떤 성과를 냈는지는 기본이고 후배 직원의 역량을 어떻게 배양시켰느냐가 더 중요하기 때문이다.

예를 들어 팀원 코칭을 어떤 식으로 진행하고 있는지 짚어봐야 한다. 여기서 코칭은 감독처럼 벤치에 앉아서 목소리를 높여 작전을 지시하는 것이 아니다. 함께 뛰면서 때론 힘든 일을 대신에 해주고 어려움을 극복하는데 지혜를 보태주는 현장형 리더를 말한다.

유능한 팀장은 하루하루 업무를 처리하면서 팀원의 아쉬운 점을 메모한 후에 잘된 점과 잘못된 점을 최소 한 달에 한 번씩 꼼꼼하게 메모해 전해준다. 부족한 점을 개선하기 위해 어떤 지식을 쌓아야 하고, 자신은 어떤 식으로 노력했는지 노하우도 덧붙여 알려줘야 한다.

코칭이 활성화되면 팀워크가 좋아지고 실력 있는 직원들의 이직도 줄어드는 부수적인 효과를 거두게 된다. 최근 이직 제의를 받은 대리급 직원은 높은 보수에도 불구하고 가지 않기로 했다. 팀장과 현안을 두고 자주 소통(상상도 못 한 질문을 주고받음)하면서 생각의 폭이 크게 넓어졌음을 느낀다고 고백했다. 반면 국내 최고의 대기업이라도 새로운 일을 하려면 '네가 책임지는 거야'라는 인식이 만연해 있다. 이에 따라 '중소기업→대기업'으로 형성되던 이직흐름도 옛말이다. 대기업에서 성과보상이 확실한 스타트업으로의 이직도 흔하고, 안정된 자리를 던지고 회사를 차리기도 한다.

또한, 유능한 리더라면 팀원에게 외부 교육기회를 많이 제공해야 한다. 당장의 업무처리에 만족하다 보면 교육은 시간 낭비라는 생각이 들 수 있다. 특히 당장 필요한 지식이 아닌 리더십이나 업무 트렌드에 대한 교육은 더욱 그러하다.

이와 함께 리더는 내부적으로 소규모 세미나를 자주 개최해야 한다. 매번 회의마다 특정한 주제와 자료를 안내해 주고 요약하거나 이를 자기 회사에 어떻게 적용할지 모색해 보라는 미션을 줄 필요가 있다. 특히 신규 사업과 기존 비즈니스 모델에 대한 개선이 주기적으로 이뤄지도록 지도해 줄 필요가 있다.

회사에 다니면서 위기라는 말을 따갑게 들었지만, 코로나19로 인해 지금이 정말로 최고 위기인 것 같다. 아마 회사 규모를 떠나 예외가 없을 것이다. 변화가 빠르고 기술적 단절(어제의 경험이 오늘에 도움이 안 됨)이 일상화된 비즈니스 모델이 계속 나오고 있다. 더구나 젊은 직원들이 쉽게 이직하고 업무에 관한 공부를 등한히 하기도 한다.

  위기의 시대, 훌륭한 리더가 유일한 대안이다. '사자 한 마리가 이끄는 100마리 양의 무리는 양 한 마리가 이끄는 100마리 사자의 무리보다 낫다'는 속담이 있다. 이 속담의 핵심은 부하를 전문가로 키우는 능력이 리더한테서 나와야 한다는 것이다.

  리더는 스스로 보유한 노하우를 잘 전달하는 것을 뛰어넘어 '너를 나보다 더 뛰어나게 만들겠다'는 다짐이 필요하다. 왜냐하면, 그 팀원이 리더의 능력을 뒷받침해주고 더 나아가 리더를 키워 줄 수 있기 때문이다.

사무실 위치와 의자 사치

　코로나19를 겪으면서 사무실에 대한 양극단의 진단이 있다. 하나는 재택이나 비대면 업무 회의가 활성화되면서 오피스 수요가 크게 줄어들 것으로 보는 것이다. 실제로 코로나로 일부만 순환근무에 나서면서 100% 출근을 기반으로 설계된 사무공간에 대한 재검토가 진행 중이다.

　그러나 코로나19로 사무실의 중요성이 더 커졌다는 의견도 만만치 않다. 절대 면적은 줄어들 수도 있지만, 교통이나 업무환경이 매우 좋은 곳에 커뮤니케이션용 오피스 수요(특히 프리미엄급)는 늘고 있다는 것이다.

　또한, 소형이면서 자유롭게 이용할 수 있는 공유오피스 수요는 코로나19로 직격탄을 맞았으나 이제는 회복을 넘어 제2의 전성기를 맞이하고 있다. 스타트업 붐 등으로 창업이 급속히 늘면서 인테리어 등 고정비 투자가 필요 없고 회의실 등을 유연하게 활용하는데 안성맞춤이기 때문이다.

대기업들은 근무인원 감소에 따라 자체 업무공간을 줄이기보다는 휴게 공간을 넓히면서 오피스 감축이 예상보다 크지 않고 출퇴근 부담을 덜 수 있도록 곳곳에 거점 일터를 만들고 있어 오히려 사무공간 수요 증가를 부추기는 요소로 작용하고 있다. 일부 기업은 거점 오피스를 새로 꾸미기보다는 공유 오피스를 임대해 사용하면서 시간 단위로 비용을 내는 혜안을 발휘하고 있다.

회사의 규모를 떠나 오피스는 단순히 일하는 곳 이상을 지향한다. 최고의 직원 복지는 사무실이 대중교통으로 편하게 연결되어야 한다. 필자가 아는 젊은 CEO는 채용공고를 내어도 지원자들이 기대에 차지 않자 그 원인을 조사했다. 뜻밖에도 사무실 위치가 지하철역에서 멀 뿐만 아니라 버스 정류장 중간이라서 최악이라는 소리를 들었다.

MZ세대는 채용공고가 뜨면 곧바로 지도검색에 나선다. 최우선은 2개 전철노선에서 지하로 연결되는 건물이어야 하고 도보로 5분 이내에 위치해야 한다. 앞에서 언급한 CEO는 곧바로 전철역과 곧바로 연결되는 곳으로 이전했다. 같은 면적이지만 임차료는 2배로 뛰었으나 필요한 인재를 채용하는 데 최고의 비법이라고 설명한다.

아무리 작은 회사라도 오피스는 일터와 놀이터(휴게 공간) 기능을 모두 흡수해야 한다. 커피는 물론 간단한 스낵은 쉽게 손이 닿을 위치에 있어야 한다. 간식은 정기구독을 통해 적정재고를 유지하고 정기적으로 품목도 변경되어야 한다.

이 장소에는 이색적인 탁자와 편한 의자의 배치는 기본이고 안마의자도 고려할 필요가 있다. 젊은 직원들이 안마의자 이용을 주저할(눈치 볼) 수 있어 주 1회 의무적으로 이용을 강제(?)하는 조치도 필요하다. 일부 기업은 시각장애인 안마 서비스를 정기적으로 제공하여 사회공헌도 하고 직원들에게 건강회복 기회도 제공하는 일석이조의 효과를 거두고 있다. 의외로 허리 아픈 직원이 많은데 안마는 최고의 복지라는 칭찬을 직원에게서 듣고 있다.

CEO로 있으면서 근무시간과 관계없이 소통하고 필요에 따라 '멍' 때릴 공간을 'Smile Lounge'라는 이름으로 만들어 오픈하니 모두 좋아했다. 공간을 사무실과 확실하게 단절시켜 보다 편안하게 마음을 나누고 일을 잠시 잊을 수 있게 만들어야 한다.

추천하고 싶은 또 다른 복지는 시간 단위로 휴가를 쓰는 것이다. 휴가를 못 쓰게 하는 것은 이미 구시대의 산물이다. 더 지혜로운 직원 만족 방안은 일 단위에서 반차로, 다시 시간 단위로 진화시켜야 일에 대한 몰입도가 높아진다. 시간을 귀하게 대하는 습관이 자연스럽게 체화되기 때문이다.

회사마다 사무실 환경개선 바람이 불고 있다. 칸막이 형태에서 협업과 소통을 중시하는 새로운 사무 가구 배치는 일상이 되고 있다. 이 과정에서 반드시 필요한 것은 녹색식물(인조식물로 관리비를 낮추면서 한껏 분위기를 내는 것도 좋은 대안임)로 분위기를 일신하고 최고의 의자로 근무 집중도를 높이고 건강도 챙기는 것이다.

　모 기업에서 사무실 인테리어 비용은 줄이되 직원을 위해 '의자는 사치하라'를 실행에 옮겼다. 반드시 수입품이 좋은 것은 아니지만 개당 수백만 원에 달하는 의자에 아낌없이 투자했다. 신입부터 CEO까지 똑같은 의자를 도입하고 사무실 배치에 대한 선입견도 타파했다. 사장이 출입문에서 가장 가까운 곳에 앉고 안락한 곳은 신입 직원에게 양보했다. CEO가 문 쪽에 앉을 때 직원들과 자주 소통할 수 있고 사무실 분위기 파악에도 유리하여 소통하는 데 도움이 되기 때문이다.

가족 같은 회사는 최악

경영자들에게 코로나19가 가져다준 선물이 있다. 모든 사업이 타격을 받고 물류비가 폭등하여 글로벌 비즈니스가 망가지고 있지만 대면 근무가 아닌 재택 등이 일상화되면서 업무성과에 대한 평가가 엄청나게 투명해진 것이다.

좀 심하게 표현하면 기존에는 자리에 오래 앉아 있으면 일을 많이 하고 성실하며 애사심이 뛰어난 직원으로 평가받았다. 그러나 재택으로 개인별 성과가 확실하게 구분되어 평가할 수 있게 되었고, 팀별 공동업무에 대한 기여도가 보다 정확하게 햇빛 아래 드러나게 되었다. 숟가락 얹어 묻어가던 직원이 사라진 것이다.

승진하려면 업무가 없어도 금요일과 명절 전날 늦게까지 야근하는 위장(?)을 통해 리더의 마음을 사로잡으라고 외치던 비법은

'흘러간 옛 노래'가 된 것이다. 집에 안 가는 사람이 이긴다는 승진마법이 코로나19에 KO패 당한 격이다.

비대면 업무추진이 늘면서 임직원 간에 에티켓도 크게 바뀌고 있다. 가장 큰 변화는 절대로 근무시간 이후에 연락하지 말라는 것이다. 특히 금요일 퇴근 이후 월요일 출근 전까지 아무리 좋은 의도라도 전화를 하지 말라는 것.

젊은 세대는 업무에 대한 진행 상황을 체크하거나 물어보는 것조차 싫어한다. 선의로 업무를 도와준다고 자료를 보내거나 업무와 관계없이 말을 거는 것도 선을 넘은 행동이라고 본다.

직원에 따라 주말에 여가를 같이 하자는 것은 거의 테러로 인식한다. 최근 어느 강연에서 젊은 직원들이 가장 싫어하는 말은 '가족 같은 회사'라는 말을 들었다. 모든 것을 공유하고 이번 주말에 무엇을 할지를 전화로 물어보는 상사를 만날 때 최악이라고 한다.

과도하게 끈끈한 관계는 부담으로 작용하고 혼자임이 편하다. 코로나19로 굳어진 '혼밥'은 이제 트렌드다. 예전에는 혼밥이 쑥스러워 칸막이를 하고 심지어 커튼까지 내렸지만 이제는 혼자 식사하는 게 전혀 거리낌이 없는 단계에 와 있다. 부서끼리 같이 점심을 하거나 저녁에 회식을 하는 것을 오히려 최소화해야 한다.

식사하면서 업무를 이야기하거나 조언하는 것도 환영받지 못한다. 혹시 부서장으로서 비용을 부담하면서 직원들과 돌아가면서 식사를 한다면, 부하 직원들이 의무감에 응하는 것이 아닌지 되돌아 봐야 한다.

부득이하게 연락할 필요가 있다면 전화보다는 SNS를 이용하라고 커뮤니케이션 전문가들은 권면한다. 기본적으로 MZ세대들은 전화를 통한 소통을 싫어한다. 질문 즉시 바로 대답하고 결정해야 하는 전화를 통한 소통은 그 자체가 스트레스이기 때문이다.

이를 반영하여 일부 젊은 직원들은 '전화 공포증'을 호소하기도 한다. 전화를 거의 사용하지 않기 때문에 휴대폰 초기화면에 전화 메뉴가 없다고도 말한다. 젊은 친구들은 이런 이야기를 한다. 만약 전화로 단번에 속시원하게 바로 문제를 해결하는 것이 최선이라고 생각한다면 이미 늙은 것이라고.

시니어 직원들은 젊은 층에 맞춰 변화하는 직장문화가 억울하다. 왜 무조건 우리는 당해야 하는가?

한 회사의 신입직원 교육에 '시니어 직원의 이해'라는 프로그램이 들어간 적이 있다. 얼핏 참 신선해 보인다. 연차 높은 직원들이 MZ세대를 공부하는 것이 당연한 것처럼 여기지만 말고 그 반대도 필요하다는 취지다. 상호간 소통을 위해 시니어 직원들의 사고방식과 그들의 업무관행을 신입들도 이해해야 한다.

그러나 한 가지 중요한 사실을 놓치면 안 된다. 시니어 직원의 이해는 양념은 될 수 있지만 큰 흐름이 되면 곤란하다. 변화는 방향성을 갖고 있는데 그것을 거스르는 것은 어떤 목적으로도 정당성을 인정받을 수 없다.

코로나19 팬데믹은 분명하게 말한다. 코로나19는 변화의 속도와 그에 대한 수용 의무를 더하기에서 곱하기의 수준으로 높였다. '전화로 업무금지'라는 구호가 곧 등장할 수도 있다. 조직의 리더라면 '내가 시대변화를 놓친 것은 아닌지' 수시로 되짚어 봐야 한다.

마이너스 15의 비밀암호

임원으로 있으면서 퇴직 후 자신이 해야 할 것을 선제적으로 준비하는 것은 거의 불가능하다. 하루하루가 작은 전투의 연속이어서 매일 현안을 챙겨야 하고 산더미처럼 많은 애매한 사안을 결정해야 한다.

모두가 임원 입만 쳐다보고 있다는 느낌이 든다. 정기적으로 현장을 누벼야 하고 최고 경영자의 호출에도 응해서 실적이나 사업 방향을 놓고 격한 토론을 해야 한다. 말이 토론이지 일방적으로 추궁을 당하는 경우가 많다.

그런데 어느 날 갑자기 퇴직자 명단에 자기 이름이 올라간다고 상상해 보라. 대부분은 갑자기 정글에서 혼자 내동댕이쳐진 기분이 든다. 그래서 아주 친한 친구에게 살며시 퇴직을 알리며 전직을 알아봐 달라고 부탁한다. 돌아오는 답은 뻔하다. '네가 자신 있는 분야가 무엇이냐'가 대다수 질문이다.

나의 전문성은 도무지 생각이 나지 않는다. 오랜 기간 동안 전문성도 키우고 나름 열심히 살아 왔다고 생각했는데 특별히 떠오르는 것이 없다. 외부 네트워크도 자신 있다고 생각했는데 대기업에서 잔뼈가 굵어 아쉬운 소리 한번 한 적이 없고 대접만 받았다는 생각이 든다. 자주 만났던 친구들을 찾고 싶지만 그들의 시선이 이제는 두렵다. 더욱이 집과 직장을 오가며 일에만 매달려 번듯한 취미도 없다.

직원이라도 다르지 않다. 업무가 없어져 갑자기 일터를 떠나거나 전직이 뜻대로 되지 않아 좌절을 맛보게 되는 경우가 흔하다. 임원이든 직원이든 '퇴직 후 무엇을 할 것인가'라는 물음에는 같은 고민을 할 수 밖에 없다.

성큼 다가온 100세 시대에 현재 직장에서 갑자기 퇴직하거나 정년으로 잘 마무리한 후라도 할 수 있는 일은 무엇일까? 그러나 대답은 서너 개를 넘기기 힘들다. 정확하게 표현하면 할 일이 없다.

퇴직훈련 과정에서 단골 메뉴는 퇴직 후에 하루 스케줄을 적어 보라는 것이다. 그런데 2~3개를 적고 나면 더 이상 할 일이 없다. 아무리 머리를 굴려 추가해 보아도 5개를 넘기기 힘들다. 더욱이 대부분 돈이 안 되는 일이다. 그 때에 매일 출근해서 정신없이 보내던 것이 얼마나 행복했는지 알게 된다. 더불어 왜 퇴직 후를 미리 생각하고 준비하지 않았는지 후회한다. 그러나 이미 때는 늦었고 버스는 지나가서 다시 오지 않는다.

직장인은 하루하루는 열심히 살지만 6개월이나 1년짜리 계획에는 너무 약하다. 2~3년 후 계획은 아예 스케줄에 끼어들 틈이 없다. 이것은 모두가 언젠가 죽음을 맞이하지만 평상시에 죽음을 전혀 대비하지 않는 것과 같다. 우리 사회는 예정된 퇴직과 죽음을 미리 거론하면 불경스러운 것으로 간주된다. 이 둘은 언급하는 것 자체가 금기어다.

그러나 회사원 누구나 퇴직이 있고 갑자기 찾아오는 죽음으로부터도 자유로운 사람은 아무도 없다. 특효약을 구해서 퇴직이나 죽음을 늦출 수 없다는 것도 공통점이다. 그래서 현직을 떠나 미래에 내가 할 수 있는 것을 지금 당장 준비해야 한다. 퇴직 후 확실한 경쟁력을 갖고 할 수 있는 무엇인가를 만들어야 한다.

끔찍한 현상은 실제와 이상의 차이다. 현대를 사는 대부분의 사람들은 실질적인 나이와 신체적 나이(건강기준)에서 이전과 큰 차이가 난다. 지금부터 50년 전과 비교하면 같은 나이라도 15년 정도 젊게 산다는 의사의 주장을 책에서 보았다. 미래를 준비하기 위해 자기 나이에서 15세 정도를 빼고 그에 맞게 미래에 할 능력을 키우기 위해 더 투자해야 한다는 게 그의 이론이다.

지금 45세라면 30세라고 생각하고 자기능력을 계발해야 한다. 나이가 들어 갑자기 새로운 분야에 뛰어들면 성공확률은 크게 낮아진다. 현재 진행하고 있는 일을 계속 꿈꾸되 지금 당장 나이에 포섭된 포로에서 탈출하여 다시 즐겁게 출근할 일터를 그려야 한다. 실제 나이에서 '마이너스 15'가 당신 앞에 놓인 공격명령 비밀암호다. 이 암호를 풀면 나이 많은 젊은이로 활기차게 살아갈 수 있다. 장기간 놀고먹는 것이 가장 힘든 일임을 명심해야 한다.

작은 성공과 전진

 매일 회사 업무에서 조금씩이라도 전진하고 있다면 더 말할 나위 없이 좋을 것이다. 좀 더 배우고 좀 더 가치 있는 일을 하는 것은 아무리 강조해도 지나치지 않다. 직장 생활에서 성과나 가치를 높이는 것은 조직에서 보탬이 되지만 직원 입장에서도 즐겁게 일할 맛이 나게 만드는 지렛대다. 일터에서 전진의 의미는 다양하다. 회사 안팎에서 전문성을 인정받았다는 것이고, 다른 사람을 도왔다는 의미다. 새로운 가치를 창출하거나 새로운 업무방식을 통해 낭비를 줄인 것도 해당될 것이다. 윗사람이나 동료로부터 주목을 받았다는 것도 어찌하든 진전이다. 설사 다른 사람의 좋은 평가가 없더라도 직원 스스로 의미 있는 일을 했다면서 보람을 느끼는 것도 전진이다. 위기의 시대에 글로벌 트렌드로 '전진의 법칙'이 유행하고 있다. 회사와 개인이 발전하기 위해서는 매일 조금이라도 전진하려고 노력하고, 그것을 현장에서 실천해야 한다는 원칙이다.

전진에 전진을 거듭하기 위해 필요한 것이 무엇일까? 어디에서 동력을 찾아야 할까? 일하는 과정에서 성공을 경험해야 한다. 이런 성공은 고리로 연결되어 연속적인 스펙트럼을 형성해야 한다. 우연히 발견된 성공은 지속되기 힘들다. 이를 위해 작은 개선도 성공이고, 특정 사안에 대해 왜 성공하지 못하는지 알게 되었다면 그것도 성공이다. 크기를 떠나 성공이 연속될 때 행복하게 일하는 직장은 자연스럽게 다가온다. 성공을 유도하기 위해 필요한 것은 칭찬이고 좀 더 구체적으로 말하면 보상이다. 금액의 많고 적음을 떠나 조직이 성공을 응원하고 성공을 축하한다는 것을 적극적으로 표출해야 한다.

필자가 CEO에 취임하자 바로 주말 근무를 지시했다. 물론 대표이사도 예외가 아니다. 정작 더 많은 고객이 찾는 주말에 모두가 집에 머물러 있다는 것을 이해할 수 없었다. 근무시간도 고객이 많은 오후 1시부터 저녁 8시까지로 정했다. 일정한 수당을 주면서 희망자에 한해 근무하도록 하여 저항(?)을 원천 봉쇄했다(일정기간이 지난 후에 모든 직원들이 참여하고 싶다고 자원하여 주말 당직이 일상화되었다). 고객과 같이 호흡하지 않는 기업에게 미래가 없다는 것은 너무 자명하다. 그러나 한 가지 더 욕심을 낸 것은 주말 근무를 통해 고객이 불편해 할 것은 같은 개선사항을 제안하라고 사실상 의무화한 것이다. 당직근무 하루에 최소 2건 정도의 개선사항이 제기되면서 많은 진전이 있었다. 처음에는 보이는 불편함만 개선했지만 이제는 외부 경쟁사와의 비교를 통해 새로운 가치를 추구하는 혁신에도 나서고 있다. 제안된 내용은 특별한 문제가 없는 한 바로 다음 주에 실행으로 옮겨 보람을 갖게 한다.

작지만 다양한 포상 제도를 운영하여 성공 체험을 많이 하도록 하는 것도 중요하다. 개인적인 차원에서 목표를 제출받고 업무 차원에서 자기 개발과 혁신에 대한 목표도 설정하게 한다. 제출된 목표는 6개월간 직원들이 보지 못하도록 봉인한 후에 시선이 잘 띄는(출입구에서 가까워 매일 볼 수 있는 회의 탁자 위) 곳에 놓아둔다. 매일 목표를 상기하라는 은근한 압박이다.

목표 달성에 대한 평가는 모든 직원의 참여로 결정된다. 모두에게 스티커 2개씩을 준 후에 가장 많은 표를 받은 직원에게 상을 수여한다. 또 매년 말에는 모든 팀에게 자랑스러운 팀원을 선정토록 해 작은 선물로 동기부여를 한다. 너무나 당연한 일이지만 업무성과가 두드러진 직원은 시와 때를 가리지 않고 포상한다. 금액도 크게 높여 차원을 달리한다.

다양한 형태의 포상에 대한 의미는 잘했으니 상을 준다는 의미에 그치지 않는다. CEO가 인정한다는 것이 가장 크고, 감사하는 마음으로 모두가 박수를 보낸다가 그 다음 의미다. 지속적인 전진을 위해 CEO는 두 가지를 실천해야 한다. 항상 직원들의 움직임을 눈여겨봐서 성공을 찾아내야 한다. 또한 목표를 세분화하여 성공이 성공을 쉽게 낳도록 유도해야 한다. 그래야 큰 성공도 다가온다. 사실 성공이 없는 것은 성공을 보지 못하기 때문이며, 유도하지 않았기 때문이라고 봐도 틀린 말이 아니다.

창조적 능력과 기업의 성장

회사의 성장을 위해 창조형 인간이 필요하다. 30년 전부터 귀가 따갑게 들어온 말이다. 일을 하면서 남다른 아이디어를 동원해야 한다고 했고, 최근에는 '업무혁신이 필요하다'는 다른 문구가 등장했지만 창조적 사고를 익숙한 용어로 에둘러 표현한 것이다. 그러나 창조적 능력은 말처럼 쉬운 것이 아니다. 왜냐하면 단순한 개선을 뛰어넘는(기존의 비즈니스를 혁파하는) 모델이 만들어져야 하기 때문이다. 그런 맥락에서 기발한 생각이 빛을 발하기도 한다. 오래전에 들었던 건설업체의 발상이 아직도 생생하다. 산속에 도로를 내는 공사 발주가 나오자 한 업체가 턱없이 낮은 가격을 써내 낙찰의 기쁨을 누렸다. 그러나 주위에서는 적자를 볼 것이 뻔한데 수주를 위해 무리했다는 말이 나돌 정도로 시선은 곱지 않았다. 그러나 이 회사의 반전은 얼마 후 공지된 인근 지역 해안매립 공사도 맡으면서 묘수로 반전되었다. 결론적으로 두 개의 공사를 미리 알고 있던 회사는 산속에 도로를 내면서 나오는 토양을 활용하여 인근 간척지를 메우는 데 사용할 계획을 세우고 2건의 공사를 일정한 시차를 두고 수주하여 대박을 터뜨린 것이다.

창조적 아이디어는 종종 꼼수로 통하기도 하지만 창조형 인간이 돈을 벌어온다는 것은 최근 비트코인에 의해 여실히 증명되었다. 현실에 존재하지 않는 화폐를 도입하여 돈을 버는 방안을 제시하라고 CEO가 말했다면 아마도 제정신이 아닌 경영자로 치부했을 것이다. 현재의 화폐 공급 매커니즘을 생각한다면 비트코인은 공상과학 영화에나 등장할 내용이기 때문이다. 그런데 비트코인이 등장하여 이런 상상은 현실이 되었고, 이런 흐름을 놓친 기업이나 개인은 새로운 부의 재분배에서 소외되었다. 비트코인에 대한 창조적 아이디어 가치는 실제로 1조 달러(2021년 말 기준)에 달해 같은 시기의 한국의 국내총생산(GDP) 1조8000억 달러의 절반을 넘는다. 이는 전 세계 부(GDP의 합)의 2%에 상당할 정도로 엄청나다. 기존과 완전히 다른 새로운 부의 등장을 알아차린 젊은이들은 갑자기 감당하지 못할 만큼의 돈을 거머쥐었고 반대편의 청년들은 '영끌'에 내몰려 '이자난민'으로 전락하였다.

기업들은 저마다 창조형 인재를 뽑기 위해 노력하고 있다. 인성검사를 통해 힌트를 얻기도 하고 면접에서 엉뚱한 질문을 통해 창조적인 답안을 요구하기도 한다. 흔히 누구도 경험해 보지 못한 사례를 물어보거나 그런 상황을 가정하여 질문을 하여 입사 희망자의 혼을 빼놓는다. 그런데 중요한 것은 공부한다고 하루아침에 이런 능력이 배양되지 않는다는 점이다.

학교 교육을 통해 기존의 사고를 변경해야 한다. 매일 암기식 공부를 하면서 창조적 아이디어를 내라고 하는 것은 어불성설이다. 그래서 대학은 물론 어릴 때부터 공부하는 내용과 방법을 혁신하여 창조형 사고능력을 길러야 한다. 비현실적인 전제를 통해 다양한 아이디어가 나오도록 유도하고 더불어 사회가 이를 오픈 마인드로 서로의 의견을 존중하여 현실화하면 칭찬과 포상이 뒤따라야 한다.

최소한 초등학교 학생 때부터 변해야 한다. 보다 정확하게는 선생님이 먼저 변해야 하고, 부모가 더 앞장서야 한다. 아니 국가 시스템을 새로운 틀 위에 다시 세워야 한다. 이를 통한 중장기적인 교육 플랜과 인재양성 비전이 필요하다.

창조적 인재를 만들기 위해 중요한 용어를 알아야 한다. 오픈 이노베이션(Open Innovation), 즉 열린 혁신이 그 주인공이다. 기존에는 회사 내의 기술과 인재를 통해 제품과 비즈니스 모델을 창의적으로 만들었다면 이제는 달라져야 한다. 기존에 갖고 있던 핵심기술과 전혀 관계없는 기술이나 시스템을 외부에서 도입하여 융합을 시도해야 한다. 세계적인 기업이라도 오늘 설립된 스타트업과 협업해 제품을 혁신하는 모델이 각광 받는 이유다.

  농사를 짓는 기업이 햇빛 조절용 소프트웨어와 데이터 기반 토양관리(영양공급)로 기존보다 100배나 많은 산출량을 시현하는 시대다. 농업분야에 전혀 다른 산업으로부터 아주 이질적인 기술을 접목해 혁신이 시현된 사례다. 내부 인재와 기술로는 창조에 한계가 있다. 필요한 인재를 반드시 채용할 필요도 없다. 외부와 소통하면서 끊임없이 고객 중심의 융합을 추구하면 어렵지 않게 창조적 혁신은 결실로 다가온다.

CEO가 되는 방법

회사에 다니는 직원들의 가장 큰 목표는 무엇일까? 한마디로 이야기하기 힘들지만, CEO가 되고 싶다는 사람도 많을 것이다. 그렇다면, CEO가 되기 위해 무엇을 해야 할까? 대답이 쉽지 않은 질문이다. '투자회사들은 어떤 회사에 투자하고 싶을까'를 통해 해답을 찾아보자.

BTS로 유명한 하이브(HIVE), 게임으로 정상에 선 크래프톤(KRAFTON), 그리고 시장점유율에서 타의 추종을 불허하는 배달의 민족 등은 어떤 이유로 회사 성장에 필요한 대규모 자금을 투자받았을까?

이들 회사를 대상으로 투자심사를 담당했던 금융회사 CEO는 회상한다. "하이브에 투자할 때 BTS는 회사 내에 존재감 없는 연습생에 불과했고, 크래프톤은 설립 초기에 대박을 터트리고 있는 게임이 없었으며, 배달의 민족도 초반에 투자를 끌어들이기 위해 해당 기업 CEO가 고생이 많았습니다."

결론적으로는 수십 배, 수백 배 투자이익을 안겨준 이들 기업에 초기에는 적지 않은 투자전문가들이 이런저런 이유로 외면하였다.

벤처캐피털 심사역들은 특정 회사에 대한 투자 여부를 결정할 때 CEO를 만나본다고 말한다. 일반적으로 흔하게 생각하는 비즈니스 모델을 검토하기보다 CEO를 만나 이야기를 나눠보는 것이 더 중요하다는 것이다.

그럼, CEO의 어떤 점을 눈여겨볼까? 과거 경험이나 성격, 경영 스타일 등도 고려 요소이지만 여러 번 만나서 진화(Upgrade)가 있는지를 살펴본다고 말한다.

한 번에 매료되어 투자하는 경우는 드물고 여러 번 만날 때마다 CEO의 생각이 어떻게 발전하고 세밀해지는지 뜯어본다는 것이다. 구체적으로는 피투자기업의 CEO가 만나는 사람이 어떻게 달라지고, 읽는 책이 무엇인지를 대화 중에 자연스럽게 확인하는 것도 진화에 대한 좋은 힌트라고 말한다.

근사한 투자기업 수익률 산출기법이나 비즈니스 모델로 이미 정착된 것을 제쳐두고, 다소 진부해 보이는 CEO 면담을 통해 투자를 결정하는 이유는 무엇일까?

2021년에 벤처캐피털로부터 투자받은 기업은 2438개인데, 이중 주식시장에 얼굴을 내민 IPO(기업공개) 기업은 62개에 불과하다. 비율로는 2.5%인데 거의 매년 비슷한 비율을 맴돌고 있다. 상당히 우수하다고 평가를 받아서 투자를 받은 기업조차 IPO라는 성공의 반열에 오르는 것은 100개 중 3개도 안 된다는 의미다.

이는 97%가 투자에 실패했다는 평가로 이어질 수 있다. 실제로 IPO에 성공한 기업도 투자받을 때 비즈니스 모델과 전혀 상관없는 것으로 수익을 올리는 경우가 흔하다. 심지어 투자심사자들도 1~2년 전에 호평을 받았던 부분은 거의 모두 사라지고 전혀 다른 요소가 회사를 먹여 살리는 요소로 드러나 부끄럽다고 말하기도 한다.

그래서 투자에 성공할 경우 50배나 100배의 이익을 안겨 주는데, 그런 회사를 고르는 것은 신의 영역이라고 말한다. 수년간의 투자와 이익의 방정식을 경험하고 내린 결론은 투자수익률을 높이려면 CEO를 보고 판단하라는 것이다.

높은 투자수익, 즉 회사의 성장을 위해 CEO가 취해야 할 행동은 무엇일까?

우선, 자신감이 넘쳐야 한다. 결코 패배하지 않는다는 마음을 가져야 하고 모든 의사결정은 '옳거나(이기거나) 배운다(실패한 경우)'는 로직이 필요하다.

특정한 업무가 실패하더라도 외부에 숨기기보다는 발전하기 위해 어떻게 진화할지 내부 및 외부(투자자)와 끊임없이 소통하면서 수정에 수정(진화에 진화)의 과정을 거쳐야 한다. 이 과정에서 남보다 못한 결과를 내거나 아예 포기할 정도로 실패를 하면 스스로에 대해 분노를 가져야 하며, 때로는 고개를 숙이고 겸손할 필요도 있다. 이것을 기업가 정신이라고 압축하기도 한다.

회사가 창업단계를 벗어나 성공의 궤도에 진입하기 위해서는 작거나 큰 실패를 반드시 수반한다. CEO는 문제점을 투명하게 인정하고 데이터관리 등 합리적인 방법으로 개선할 때 추가 투자를 받을 수 있다.

직원이 회사에 들어와 승진하고 CEO까지 오르는 길도 마찬가지다. 발전하지 않는 회사에 투자가 없듯이 업무몰입을 하지 않고 시간만 때우는 직원이 CEO가 될 수 없다. 같은 이치로 회사는 발전하지 않는 직원에게 투자하지 않을 것이다.

오늘, 먼저 받은것 갚는 날

　회사에서도 많은 시간을 자식 걱정으로 보낸다. 자식만 없다면 회사에서 좋은 성과를 낼 수 있다고 말하는 사람도 있다. 예전에는 자식을 낳으면 알아서 컸는데, 이제는 부모가 아이들에게 속박되어 산다고 하소연하기도 한다.

　많은 사람들이 '다른 농사는 잘 지었는데 자식 농사는 실패하였다'고 이구동성이다. 어떻게 하면 직장생활도 잘하고 자식도 잘 키울 수 있을까?

　자식이 잘되기 위해서는 3가지 '황금룰'이 형성되어야 한다는 속설이 있다. 첫째 할아버지의 재력이 필요하고(좋은 사교육 기관에 보내기 위해), 둘째로는 아버지의 무관심이 있어야 한다는 것이다. 아버지의 잔소리는 별로 도움이 안 된다는 말이다. 마지막으로 어머니가 바빠야 한다는 말도 회자된다. 어머니가 한가하면 귀가 얇아져 이웃과 친구들의 모든 비결을 자기 자녀에게 실험(?)하면서 자녀를 지치게 만들기 때문이다. 자녀가 지칠 것인가? 아니면 어머니들이 지칠 것인가? 어머니들이 스스로의 일로 바빠야 자녀가 산다는 논리다.

자녀를 키울 때 부모는 항상 희생양이어야 하느냐는 의문을 떠올린다. 자녀가 어려서는 양육비가 들어가고, 학생 때는 학비와 생활비 외에 세계 최고 수준의 사교육비가 들어간다. 이런 상황은 입대와 취업을 통해 어느 정도 완화되지만, 청년실업이 발생하면 부모가 부담을 떠안아야 한다.

최근에는 필수 아닌 선택이 됐다지만, 자식 결혼의 문턱을 넘는 과정도 녹록지 않다. 결혼비용 중 본인 부담보다 부모 부담이 더 많은 경우가 일반적이다. 일부는 결혼해도 생활비를 보태주어야 하고, 손주가 생기면 맞벌이가 불가피해 몸으로 때우거나 생활비를 보전해 주어야 한다.

반면, 예전 같은 부모 부양은 역사적 흔적(?)으로 남겨지고 있다. 그나마 하나 가진 주택을 연금으로 돌리려면, 자녀의 허락을 받아야 한다는 말도 있다. 그마저 없으면 재산을 바라보고 드문드문하던 발길도 없어지기 때문이다.

현재의 자녀 세대는 단군 이래 소득 규모가 부모 세대보다 감소하는 유일한 세대라고 한다. 부동산 등 생활비는 천정부지인데 급여로는 절대로 답이 나오지 않기 때문이다. 반면 어른들은 자녀 부양에 혼신을 쏟지만, 자녀의 보답을 기대할 수 없어 '노년 홀로서기'에 나서야 한다.

이렇게 자녀로 누적된 스트레스가 한순간에 날아간다는 말을 우연히 들었다. 자녀를 위해 평생 땀 흘리는 것은 '후불'이라고 말한다. 딸과 아들이 4살 전에 방긋방긋 웃어주었던 것으로 이미 부모에게 '선불'을 했다는 설명이다. 되돌아보니 힘들기도 했지만, 아이를 키우면서 엄청난 행복을 누렸던 기억이 선명하다. 몸은 힘들어도 자주 웃었고 자녀의 웃음으로 부부 간 갈등도 눈 녹듯이 해결되었다.

자녀에게 서운함과 부담감을 느낄 때 갑자기 나의 부모님이 다가온다. 아마도 지금의 나보다 엄청나게 서운한 것이 많았을 것이다. 그러니 나는 이미 많은 것을 받았다고 할 수 있다. 특히 나이가 들어 조부모로서 손자와 손녀에게 느끼는 기쁨은 자녀에 대한 그것을 뛰어넘는다. 아기들의 귀여움과 사랑스러움은 다른 어떤 것으로 대체되지 않기 때문이다.

그러면서 후회를 한다. 어린 자녀가 4살 전에 웃음과 미소로 감사를 표하는데, 여유가 없어 제대로 받아주지 못했다. 내가 자녀를 조부모의 눈으로 볼 여유와 관록이 있었다면 얼마나 좋았을까?

한편, 받은 사랑을 곱씹으면서 부모님을 찾아 살갑게 안아주고 싶지만, 하늘나라에 가신 지 오래다. '시간이 없다'면서 자주 찾아뵙지 못한 빚만 산더미처럼 남겨져 있다.

자녀에 대한 투자가 영원히 '마이너스 수익률'인 줄 알았는데, 나는 부모님 세대에게 받은 '종잣돈'을 갚지 않았고, 자녀에게는 선수금을 받고 일부만 돌려줬다는 생각에 먹먹해진다. 필자가 곰곰이 생각해보니 자녀들에게 잘한 일은 초등학교 때 대화를 많이 하고 싶어 TV를 아예 없앤 것 정도가 생각난다.

회사에서도 받는 것만 적다고 하지 말고, 이미 받은 것이 무엇인지 되짚어볼 일이다. 좋은 동료를 만난 것, 그리고 오늘도 일할 수 있는 자리가 있다는 것 등 헤아릴 수 없이 많다. 모두가 선불로 받은 것이다.

최고의 직업은 주재원 부인

무역으로 먹고사는 우리나라의 현실을 반영하듯 이제 해외근무는 너무나 흔한 일상이 되었다. 하지만 한때 해외근무가 많은 공기업이나 종합상사들이 최고 선망의 직장이었던 시절이 있었다. 지금은 이들 직장에 대한 인기가 조금 시들해졌다. 해외근무에 대한 선호도가 낮아진 것이 아니라 다른 기업에서도 비슷한 기회가 얼마든지 많이 있기 때문일 것이다.

신입직원 모집광고에 흔하게 등장했던 조건이 있다. '해외근무에 결격사유가 없을 것'이라는 문구가 그 주인공이다. 이를 보고 많은 사람이 회사에 들어가면 해외근무를 시켜주는 좋은 직장이구나 생각하며 높은 점수를 주기도 했다.

왜 해외근무를 선호할까? 오래전에는 해외여행이나 출장도 큰 혜택이라고 생각했으니, 해외에 장기간 거주하는 것은 그야말로 꿈을 실현하는 것이었다. 그러나 지금은 상황이 다르다. 언제든지 누구나 외국 땅을 밟아보는 것은 낯선 일이 아니다.

이제는 해외문화를 접하면서 인적 네트워크를 풍부하게 유지할 수 있는 것이 해외근무 선호의 핵심요인일 것이다. 다양한 업무 경험을 통해 스스로의 경쟁력을 높이는 것에도 큰 보탬이다.

겉으로 드러내지 못하지만, 훨씬 더 중요한 것이 하나 있다. 해외근무를 통해 자녀에게 높은 교육의 질을 제공할 기회를 갖는 것이다. 영어를 잘하기 위해 국내에서 어학원에 엄청난 돈을 아주 오랜 기간 쏟아 부어야 하는데, 해외근무로 큰돈을 투입하지 않고 자연스럽게 해결할 수 있다. 해외발령을 받으면 대부분의 회사가 자녀 학자금을 지원해 주어 일거양득의 효과가 발휘된다.

필자는 직장생활을 할 때 큰 기대를 안고 중국 근무를 자원했다. 초등학교 고학년인 딸과 아들이 중국 국제학교에 다니면 학교에서 쓰는 영어에다 현지 사회에서 쓰는 중국어를 잘하게 되어 교육을 잘한 자랑스러운(?) 아빠로 발돋움할 것이라는 기대를 가졌다. 실제로는 중국어도 제대로 못 하고 영어도 제대로 못 한 것은 아닌지 돌아보게 되지만 아이들에게 좋은 기회였던 것은 확실하다.

국내로 돌아와 딸과 아들의 영어 수준을 유지하기 위해 또다시 엄청난 학원비가 들어갔지만 후회되지는 않았다. 그런데 수혜

자인 딸과 아들은 그 은혜(?)에 대해 다소 시각차가 있다. 수시로 '아빠 해외근무로 영어나 중국어를 잘하게 되어 너무 좋지'라고 물으면 시큰둥하게 반응한다. '요즘에 해외에 한 번 안 나가 본 친구가 어디 있느냐'고 오히려 반문한다.

모두가 선망하는 해외근무의 성공을 위해 무엇을 준비해야 할까? 우선, 회사에서 열심히 일해서 인정을 받아야 한다. 해외근무 특성상 국내보다 적은 인원이거나 심지어 단독(현지직원 제외)으로 근무하게 되는데 책임감과 업무 능력이 없으면 대책이 없기 때문이다.

두 번째로 너무나 당연하게 현지인과 의사소통에 문제가 없도록 외국어를 잘해야 한다. 중국에는 조선족이 있어 어려움이 덜하지만, 최소한 회의할 정도의 중국어 실력은 필수적이다.

세 번째가 중요하다. 해외 이야기를 꺼내면 아이들은 처음에 반대한다. 친구들과 헤어지기 싫다는 이유다. 그런데 경험상 아이들은 해외에서 가장 잘 적응한다. 국제학교 특성상 학생 수가 국내의 절반 정도인 관계로 친구들이나 선생님들과의 관계가 국내보다 살가운 경우가 많다. 언어로 고민하기도 하지만 3개월 정도 지나면 큰 문제가 없고 6개월이면 완전히 적응한다.

가장 큰 문제는 아내다. 애들과 달리 부인들은 처음에는 설렌다. 복잡한 인간관계(특히 시댁)에서 해방되는 특혜가 있고 해외생활에 대한 낭만을 기대하기 때문이다. 불가피하게 직장도 잠시 내려놓게 되면서 업무에서 해방되기도 한다. 그런데 문제는 애들이 학교로, 남편이 직장으로 출근하면 부인들은 혼자 집에서 장시간을 보내야 한다. 친구도 없고 언어적인 문제와 이문화 등으로 문밖으로 나가는 것도 내키지 않는다. 그 기간이 길어지면 해외적응 실패로 연결되고 가정의 안정을 무너뜨리는 경우로 귀착된다.

그래서 주재원의 해외 근무는 불안정한 가정으로 인해 기우뚱거리거나 최악의 경우 정해진 기간을 채우지 못하고 귀국한다. 해외근무의 성패는 아내가 결정한다는 말이 나오는 이유다. 해외에 나가기 전에 애들 걱정보다 아내가 어떻게 잘 적응하도록 할 것인가를 더 많이 고민해야 한다.

그러나 아내가 해외적응을 잘하면 남편에게 귀국 포기를 종용할 정도로 전혀 다른 결과를 낳기도 한다. 새로운 친구들을 사귀고 현지 교회에서 나가서 네트워크도 쌓으면 종일 부담 없이 즐기는데 24시간이 부족할 정도다. 시집 일은 신경 쓸 필요가 없다. 명절에만 전화하면 된다. '해외에 근무하는 관계로 마음이 있어도 찾아뵙지 못 한다'고 아양을 떨면 모든 게 용서된다.

필자가 중국에서 근무할 때 친정 일은 국내처럼 가까우니 귀국하고 시집 일은 해외이니 전화만 하면 된다는 말이 나돈 적이 있다. 몸도 마음도 편하니 남편의 귀국 포기를 넘어 남편만 들어가라는 주장으로 돌변하기도 한다. 내세운 이유는 아이들이 학교에 잘 적응하고 있으니 교육을 위해 자기는 남겠다고 강조한다. 남편이 거절하기 힘든 상황에 내몰린다.

특히 미국 등 선진국에 주재하는 경우 비슷한 사례가 적지 않다. 만약 대안이 없어 귀국했다면 다시 나갈 기회를 찾으라고 남편을 압박한다. 다시 태어나면 '주재원 부인이라는 직업 아닌 직업을 달라'고 속으로 외친다.

Chapter V

모든 것은 기본에서 시작한다

회사가 원하는 좋은 인재

 학업을 마치고 입사를 결정했다면 가장 먼저 무엇을 해야 할까? 전공이 이공계이냐, 인문계이냐를 떠나서 반드시 경제신문을 탐독하라고 권유하고 싶다.

 면접이라는 관문을 떠나 경제신문 읽기는 직장인으로서 기본적인 예의(?)다. 최소한 해당 회사와 관련된 산업이 지금 어떤 상황에 처해 있는지 파악하고 자신의 미래를 맡겨야 하지 않을까?

 세계 경제나 국내 경기 흐름에 대한 이해는 다소 어렵더라도 회사 생활이나 개인의 삶에서 상식이니, 싫어도 경제신문과 친하게 지내는 방식으로 습득해야 한다. 특히 하루에 최소 1개의 경제용어를 정리하여 그 의미와 파장에 날카롭게 대답할 수 있어야 한다.

 예를 들어 우크라이나와 러시아 전쟁은 우리에게 원자재 파동으로 다가오고 있다든가, 중국과 미국 간 패권싸움의 핵심은 반도체 기술이라는 점을 이야기할 수 있어야 한다. 이를 위해 종이신문을 구독하면 좋겠지만, 여의치 않으면 개인용 PC의 시작 화면을 경제신문으로 만들어 싫든 좋든 경제뉴스와 친해져야 한다. 적성에 맞지 않더라도 최소한 신입 딱지를 뗄 때까지는 이런 습관을 붙잡아야 한다.

경제신문 읽기가 입사를 위한 기초 작업이라고 한다면 일자리를 쟁취하기 위한 1단계 본 작업은 실력을 쌓는 것이다. 이공계는 자격증이 될 것이고, 인문계는 논술 등 필기시험이 될 것이다.

슬기로운 준비를 위해 입사하고 싶은 회사 군을 정할 필요가 있다. 아르바이트나 인턴을 할 때도 되도록 희망하는 산업군을 우선 고려하는 것이 좋다. 면접을 대비하기 위해 실제 경험을 다양하게 축적하고 그 과정에서 겪은 문제점과 대안들을 잘 정리해 머릿속에 넣고 있어야 하기 때문이다.

입사 희망 기업과 유사한 현장에서 얻은 경험은 면접관의 주목을 받기 충분하다. 높은 면접 점수를 받기 위해 인턴 등에서 느낀 개선점과 대안을 나름대로 마련해야 한다. 단순히 입사하면 열심히 일하겠다는 말보다 면접관이 공감할 차별화된 대안 제시가 훨씬 큰 파괴력을 갖는다.

서류나 필기를 통과하고 면접을 앞두고 있다면 무엇을 준비해야 할까? 입사 희망 기업에 대한 세밀한 조사, 특히 업무를 깐깐

하게 조사하여 잘할 수 있는 분야를 선택하고 준비해야 한다. 회사와 내가 잘 맞는다는 것을 두루뭉술하게 말하면 안 된다. 본부나 팀별 업무를 언급하고 이를 위해 내가 무엇을 준비했거나 경험했다고 말하면 두각을 보이게 된다.

실제로 부서를 언급하면서 자신의 장점을 말하는 지원자는 드물다. 이런 과정에서 같이 스터디할 사람을 모아야 한다. 비슷한 입장의 동료와 협업하면 능률도 오르고 정보도 보다 쉽게 얻을 수 있다. 5명을 넘지 않는 선에서 유사한 분야에 관심을 갖고 있는 친구들을 찾아볼 만하다.

채용업무를 해본 사람으로서 꼭 해주고 싶은 말이 있다. 면접은 현장에 도착하면서부터 시작된다. 대기 장소에서의 언행은 면접관이 아닌 실무자가 잘 기억하고 필요하다면 기록하기도 한다. 대기 상태에서 본심이나 실체가 적나라하게 드러나기 때문이다.

때론 회사 험담도 스스럼없이 하고 대기하는 자세도 불안하거나 흐트러지면 고배를 마시기 쉽다. 면접에서 점수 차이가 크지 않다면 오히려 대기시간이 진짜 수험생을 알 수 있는 시간이어서 실무자의 메모라도 힘을 발휘한다.

또한 기본적으로 예리한 질문은 스스로 작성한 자기소개서와 이력에서 나오기 때문에 공백 기간이나 특별한 경험은 반드시 숙지하고 예상 답변을 회사업무에 연관 지어 마련하면 좋다. 10여 년 전 어느 지원자가 자기가 끈기 있다는 점을 부각하기 위해 호주에서 150km를 도보로 배낭여행 했다는 답변은 아직도 귓가를 맴돈다. 천편일률적인 자기소개서가 아니라 이 사람은 무언가 다르다는 여운이 남아야 한다.

왜 직업이 필요한가?

한 젊은이가 어느 날 갑자기 은행을 그만두고 런던 근교에서 자전거 판매와 수리를 하는 조그만 가게를 열었다. 소매를 걷어 붙이고 얼굴에 기름을 묻힌 젊은이의 얼굴에는 행복이 넘쳐나고 있었다. 이 젊은이의 이야기는 한 외국 주간지에서 읽은 것이다.

그 주간지에는 비슷한 사례가 뒤이어 등장한다. 최고의 명문대학을 나와 창고관리 책임자로 일하는 아일랜드 젊은이도 더 없이 행복해 하고, 또 다른 이는 학비가 비싼 사립학교를 나와 호텔의 야간 매니저로 일하면서 기쁘고 조용하게 살아간다.

영국인은 직업관이 우리와 많이 다르다. 모두가 선망하는 직업이라는 것이 존재하지 않는다. 남의 시선을 전혀 고려하지 않고 자신이 선택하는 삶을 높이 평가한다. 급여가 낮아도 자신만의 행복을 추구하고, 남의 것을 이상한 시선으로 바라보지 않는다. 동화 속의 이야기 같지만, 영국인의 최고 직업은 정원사라면서 그 이유는 단순한 삶이 좋기 때문이라고 강조한다.

프리미어리그의 손흥민이 영국에서 최고의 주가를 올리고 있다. 국내에서 축구 붐이 더 거세게 일 조짐이다. 아장아장 걷는 어린이들이 축구교실로 달려가는 것이 우리네 풍경이다. 1만 시간의 법칙을 내세우며 열심히 한 결과라고 칭송이 하늘을 찌른다.

박수 받아 마땅하지만 그가 어떻게 성공했는가를 한 가지 기준으로 재단하는 것은 위험하기 짝이 없다는 생각이 든다. 모두가 그렇게 하면 성공할까?

20살이 될 때까지 연습 1만 시간을 채우면 엘리트이고 8000시간이면 그냥 잘하는 선수, 4000시간 이하면 학교 교사급이라는 설명은, 논리를 떠나 인격모독 냄새를 드리우고 있다. 그냥 직업이 다를 뿐인데 습관처럼 서열화하는 우리 사회의 모습이 적나라하게 드러난 것 같아 씁쓸하다.

대졸자 중 직업을 갖지 못한 인원이 400만 명이라고 한다. 상당부분 모두가 선망하는 공무원이 되기 위한 공시족 때문이라고 한다. 여타 분야에서는 일자리가 모자란다고 난리인데 모두가 내가 원하지 않지만 부모가, 아니 사회가 선망하는 직업에 몰려가고 있다. 당연히 만족감은 뒷전일 수밖에 없다. 일부 대기업과 공기업으로 몰리는 현상도 같은 이치로 풀이된다.

더욱이 요즘에는 직업이 필요 없다는 젊은이도 적지 않다. 직업을 통해 돈을 벌어서는 희망이 없다며 투자에 모든 것을 건다. 특별한 사람들만의 사례가 아니라 취직보다 투자를 원한다는 트렌드가 회자될 정도다. 기존에 갖고 있던 직업을 내던지고 집에서 투자에만 몰두하기도 한다. 부동산에서 주식과 코인 등에 대한 전문지식으로 무장하고 모든 관계설정이 투자를 중심으로 이뤄진다.

모두가 대박을 꿈꾼다. 그러나 어설픈 아마추어가 정보와 글로벌 네트워크를 지렛대로 싸우는 전문가와 이길 수 있는 길은 어쩌면 우연일 정도로 확률이 낮은 게임이다. 한두 번 좋은 성적을 거두었다고 투입하는 금액을 늘리면 그 만큼 위험은 커지고 결국 빈손으로 나오거나 감당하기 버거운 금액을 대출받아 큰 나락으로 빠져든다.

직업은 투자나 카지노 게임이 아니다. 좀 고리타분하지만 원론적인 이야기를 하고 싶다. 우선, 직업은 경험을 쌓아 자기계발을 하는 디딤돌이 되고 사회참여를 통해 봉사하는 의미도 있다. 꿈의 시현을 통해 시대정신(사회가 원하는 흐름)을 달성하려는 목적도 있다.

더 중요한 것은 열심히 일하는 모습을 통해 본인의 꿈을 시현하는 과정이다. 열심히 땀 흘리는 아버지와 어머니 모습을 보고 자녀가 바르게 성장하길 바라는 마음도 내포되어 있다. 수입(월급)보다 직업을 통한 성취감이 더 우선시되어야 한다.

직업은 나와 너, 그리고 우리 모두의 행복 파이를 키우는 활동이다. 나만을 위한 투자나 나의 행복과 관련 없는 시류를 쫓는 직업이 만연하면 우리라는 공동체는 설 땅이 없다. 그 결과 사회를 건강하게 만드는 땀이라는 자양분은 자취를 감추고 결과만을 우선시하는 정글이 된다. 직업은 땀이 배어 있을 때 진정한 직업이 된다.

기본기로 돌아가자

얼마 전에 손웅정 감독(축구선수 손흥민의 아버지, 유소년축구단 운영)의 강의를 들었는데, 제목이 '모든 것은 기본에서 시작한다'였다. 이 문구는 스포츠와 관련 없는 기업인들의 눈과 귀를 붙잡았다. 그가 쓴 책의 제목도 같았다.

손 감독은 아들에게 '인생은 흰말을 타고 지나가는 것을 문틈으로 보는 것과 같다'는 장자의 사자성어처럼 아주 짧다고 언급하면서 1분 1초도 허투루 쓰지 말도록 강조하는 교육을 했다고 강의를 시작하였다. 손흥민 선수는 초등학교 3학년 때 축구를 시작했는데, 축구 국가대표까지 했던 아버지 손웅정 감독은 자식을 직접 지도하면서(6~7년간) 축구 기교와 강하게 차는 것보다 볼과 일체가 되어 빈 공간으로 공을 보내는 기본기만 반복하도록 했다.

상당수 국내 축구 선수들이 조기에 은퇴하는 것은 근육이 만들어지기 전인 어린 나이부터 강하게 차는 법만 배우고 힘으로 승부하려는 것 때문이라고 그 이유를 말하였다.

대나무가 죽순이 나면 하루에도 30cm나 크지만 그 전에 5년 동안은 땅속에서 뿌리만 키운다. 그래야 그 후에 빨리 커서 높이가 30m가 되어도 흔들릴 뿐 뽑히지 않는다고 손 감독은 설명하였다. 또한 나무꾼이 나무를 많이 베기 위해 오랫동안 일하는 것보다 도끼를 잘 가는 것이 기본이라는 설명도 강한 울림이 되었다.

기업에서 기본기란 무엇일까? 직원들에게 일을 흥미롭고 재미있게 접하도록 하는 것이다. 직장인이 존재감을 찾는 출발점은 차별화된 일 처리로 보람을 느낄 때이다. 때론 쉼도 필요하지만, 어디까지나 일을 잘하기 위한 쉼이어야 한다. 필자는 이것이 회사의 기본이라고 생각한다.

앞을 내다보며 투자하는 것 또한 기업의 기본이다. 개인이나 조직이나 현재에 만족하고 갖고 있는 모든 재원을 당장의 이익이나 재미를 위해 쓰지 않는다. 우선, 씨를 뿌려야 한다.

또 다른 기본기는 고객에게 시선을 돌리는 것이다. 그 고객이 원하는 것이 무엇이고 왜 내 제품을 소비하는지 현장에서 짚어봐야 한다. 현장과 고객을 생각하고 물건과 서비스를 만들면 쉽게 좌절하지 않을 것이다.

요즘 공무원들이 일반 기업의 월급쟁이보다 더 힘들다고 한다.

선생님들도 매우 힘들다고 하소연 한다. 얼마 전만 해도 최고로 존중받고, 안정적인 일자리로 매력을 발산하던 직업이 크게 요동치고 있는 것이다.

공무원이나 교사가 힘든 것은 많은 민원인을 상대하는 데서 출발한다. 자기 집 앞에 불법차량이 많다는 이유로 하루에도 수십 건씩 민원을 제기하고, 사무실로 찾아와 '왜 빠르게 처리하지 않느냐'고 항의하기도 한다. 국민을 위해 대민 서비스를 한다는 자부심은 사라지고 이제 민원인을 만날까봐 공포의 하루하루를 보낸다고 담당 공무원은 말한다. 급기야 높은 경쟁률을 통해 어렵게 얻은 공직도 임용된 지 얼마 되지 않아 내려놓는다. 교사도 비슷한 처지이다. 자기 자녀만 감싸고도는 학부모가 적지 않고, 사사건건 투서나 민원으로 문제를 해결하려고 한다. 문자로 항의하는 것은 점잖은 편이다.

사람과 사람이 부딪치는 조직 사회에서 서로가 서로에게 축복의 통로가 되지 못하는 것은 어떤 이유일까? 우선, 자기 것을 먼저 챙기고 자기를 너무 앞세우기 때문일 것이다. 손웅정 감독은 책을 쓰면서 '잘난 척한 것, 있는 척한 것, 아는 척한 것'이 조금이라도 있으면 모두 드러내 달라고 편집자에게 이야기 했다고 말한다. 오랫동안 CEO로 지낸 지인도 비슷한 말을 하였다. 기업의 리더로서 필요한 것은 세 가지의 손이라고. 오른 손, 왼 손, 그리고 겸손.

직장에서 성공하기 위해 반드시 필요한 것은 실력을 키우는 것이다. 아무리 어려운 상황에서도 감정이 아니라 실력이 나오도록 체화해야 한다. 손흥민 선수는 원래 오른발잡이였는데 동일하게 왼발도 사용하기 위해 훨씬 많이 왼발로 차는 연습을 했을 뿐만 아니라 양말도 바지도, 그리고 신발과 발을 씻는 것도 왼쪽부터 먼저 하는 습관을 통해 왼발을 갈고 닦았다고 전해진다.

실제로는 혜성처럼 나타난 사람이 없고, 운 좋게 성공한 기업인은 거의 없다. 축구선수에게 필요한 공에 대한 '찰나의 간결한 발 터치'가 하루아침에 만들어지지 않는 것과 같은 이치다.

나의 히든카드

　엄청난 학업과 스펙을 쌓은 후 높은 경쟁률을 뚫고 입사에 성공하고 나면 허탈함에 휩싸인다. 그렇게 많은 시간을 투자했던 전공 지식과 신문을 뒤적이며 쌓아왔던 상식, 그리고 전공보다 더 열심히 공부한 외국어는 좀처럼 쓸 기회를 찾지 못하기 때문이다. 도대체 무엇에 쓰려고 그렇게 밤잠도 못 자고 노력했는지, 직장생활이 길어져도 풀리지 않는 의문으로 남는다.

　단순히 입사 시험을 볼 때 점수라는 잣대에 맞추고, 공정한 선발이라는 명분을 위해 그런 피와 땀을 흘렸다고 치부하기에는 너무 억울한 측면이 있다. 물론 상식을 넓히고 다른 사람들과 이야기 하는 수준을 높이기 위한 것이라고 스스로를 위로해 보지만 역시 만족하지 못하기는 매한가지다.

특히 전공 공부로 눈을 돌리면 더 측은한 생각이 든다. 전공을 고려해서 회사도 선택하고 입사 후에는 그것을 살려 회사에 기여하겠다고 면접에서 강조했는데 입사 후 배치된 부서는 전혀 상관없는 곳일 때 더욱 그러하다. '원래 기업은 인력 배치 시 대학의 전공을 중요하게 생각하지 않는다'는 사실을 확인하는 데 많은 시간을 요하지 않는다.

필자가 입사한 지 5~6년이 경과할 즈음, 영어 열풍이 불었다. 국내 굴지의 대기업들이 영어 성적을 높이지 못하면 승진이 불가능한 제도를 만들었다. 모두 대학 4년 동안 전공보다 영어 공부를 더 열심히 했지만, 별로 쓸모없어 보이던 상황이 바뀌었다. 업무능력보다 영어성적이 중시되던 때로 기억된다. 필자가 입사 후에 영문과 학생보다 영어 공부를 더 많이 했을 것이라고 말하자, 다른 친구가 미국 학생보다 영어공부를 더 했을 것이라고 말해 웃음이 터진 기억이 있다.

그 이후 제2 외국어를 잘해야 한다고 하여 중국어 학원이 문전성시를 이루었다. 어린 자녀들에게 중국어 방문학습을 시키는 붐이 일기도 하였다. 중국과의 관계가 소원해지면서 그 열풍은 자취를 감추었지만, 쉽게 달아오른 열기는 쉽게 식는다는 것을 새삼 확인하게 되었다.

각설하고, 그렇다면 회사 생활에서 꼭 필요한 지식은 무엇인가? 특정 부서나 업무 내용에 관계 없이 누구에게나 필요한 것 말이다.

  필자가 전에 다니던 회사에서 모든 직원이 회계 시험을 본 적이 있다. 최고 책임자가 하라고 하니 모두가 응했지만, 불만이 하늘 끝에 도달할 지경이었다. 업무와 아무런 관련이 없는데 무엇에 쓰려고 배우라는 것이냐는 아우성이 조금 과장하면 '지축을 흔들었다.'

  그 시험 덕분에 책도 사서 보게 되고 회계에 대한 기초 개념을 알게 되었다. 업무를 잘하려면 회사 자산 현황을 잘 체크하고 현금흐름을 잘 이해해야 한다는 것이 큰 맥락이었다.

  더불어 시간의 중요성과 원가 개념에 대한 이해도를 높이는 계기가 되었다. 모든 임직원이 개인별 시간당 단가가 얼마이고, 분당 단가가 얼마인지 언제든지 술술 나오도록 암기하라는 압박도 있었다. 시간을 아껴 쓰고, 사무실에서 허투루 시간을 보내지 말라는 취지였다. 그래서 담배 한 대를 피우면(통상 10분) 얼마가 연기 속으로 날아가고 커피 한 잔 하면서 잡담까지 나누면(통상 20분) 회사에 끼치는 손해가 얼마인지 되새기게 만들었다. 너무 삭막하다는 의견도 있었지만, 비용과 시간의 소중함을 일깨우는 계기가 되었다.

  그러나 매일 매일 현업에 매진하다 보면 영어(중국어)와 회계는 곧바로 뒤로 밀린다. 그런데 업무 분야에 관계 없이 꼭 필요한 필수지식이 하나 있다. 바로 엑셀이다. 보기 좋게 자료를 만들고 신속하게 업무를 처리하기 위해서는 엑셀과 그의 사촌격인 파워포인트가 필요하다.

특히 신규 사업이나 기존 프로젝트의 분석을 위해 엑셀의 능수능란함은 단순히 한 분야의 실력을 넘어 전체 능력이 달라 보이게 만든다. 본인의 업무시간에 대한 효율성을 높여주고 치밀한 분석이 가능하며, 무엇보다 보여주는 자료를 잘 만들어 보고서를 돋보이게 한다는 장점도 있다. 문제는 엑셀도 계속 버전이 바뀌고 업그레이드되니 그것을 익히는 데도 게을러서는 안 된다는 점이다.

같은 업무를 가지고 하루종일 헤매는 사람이 있는 반면 몇 분만에 뚝딱 해치우는 사람이 있다. 이를 뒷받침하는 필수지식에는 이론이 있겠지만 모든 직원은 어떤 업무 수행에도 도움이 되는 하나 정도 비장의 '히든카드'가 있어야 한다는 데는 동의할 것이다. 더불어 IT기기를 잘 다루는 신기술에도 능통해야 한다. 특히 챗GPT 등 AI(인공지능)를 활용한 스마트한 업무처리는 이제 일상이 되고 있다.

엄청나게 무서운 고정관념

개인적인 사유로 탈북자들을 자주 만난다. 그중 대다수는 청년들이다. 언어나 외모는 우리와 차이가 없지만, 서구(미국이나 유럽) 출신 외국인보다 한국에 적응하는 것이 어렵다는 말이 들린다. 사고방식이 완전히 다르기 때문이다.

한국을 방문한 다른 외국인은 언어는 다르지만 자본주의에 대한 이해에 문제가 없고 문화적 차이도 단시간 내에 이해하기 때문에 한국 정착에 큰 애로가 없지만, 북한 출신은 다르다는 점을 단순히 웃고 넘어갈 수 없는 에피소드를 통해 확인할 수 있었다.

탈북자들이 필수적으로 받아야 하는 한국 정착에 대한 교육이 있다고 한다. 이를 수료한 것을 축하하기 위해 성대한 저녁이 차려졌다. 형식은 뷔페로 다양한 메뉴가 등장했다고 한다. 참가자 중 한 명이 식사가 끝난 후에 담당자에게 남한도 크게 다른 게 없다고 불만을 제기했다고 한다. 그는 '아니, 음식은 잔뜩 차려놓고는 감시원을 배치하여 못 먹게 만들었다'고 목소리를 높였다.

교육 관리자가 어이없어 하며 불만을 제기한 사람에게 다시 확인하니 탈북자는 뷔페 음식을 관리하고 부족한 것이 있으면 채우라고 배치한 뷔페업체 직원을 감시원으로 오해한 것이다. 기존에 살아온 환경과 업무처리 방식에 대한 고정관념이 야기한 촌극 아닌 촌극이다. 좋아하는 메뉴가 많았어도 눈치 보느라 뷔페 후에 더 배고파졌다는 후일담까지 들었다고 한다.

개와 고양이가 원초적으로 가깝게 지낼 수 없다는 이야기도 시사하는 바가 적지 않다. 요즘 집에서 개와 고양이를 같이 기르는 경우가 적지 않은데 커다란 이해관계 없이도 싸우는 이유에 대한 설명이다.

개가 꼬리를 세워 살랑살랑 흔들면 살가움의 표시인데 고양이는 이를 나와 한판 붙자는 도전으로 해석한다고 한다. 또한 개는 앞다리를 들어 같이 놀자는 친근감을 표시하는데 고양이는 이를 내 영역이니 비키라는 것으로 받아들인다고 한다. 고양이의 '야옹'이라는 소리는 긍정의 표현이지만 개는 이를 자기에게 짖는 것으로 해석하여 싸움을 불러온다고 한다.

사실 여부를 떠나 기존 입장과 자기에게 익숙한 방식만 고수한다면 절대로 문제가 해결될 수 없음을 알려주는 귀중한 교훈이다.

직장 내에서 업무를 처리하다 보면 대부분 관련 부서가 있기 마련이다. 해당 업무가 여러 부서에 관련된 경우 상대 부서의 입장을 고려하거나 협의하지 않고 독단적으로 처리하면 안 된다. 하지만 그런 과정을 생략하는 경우가 의외로 많다. 모든 것을 결정한 후에 통보라는 절차를 통해 공유하는 것은 공유가 아닌 강요가 된다.

일 처리에 대한 능숙함은 다른 조직의 반발을 최소화하는 것이다. 목적에만 매몰되면 여타 부서의 입장을 전혀 고려하지 않게 된다. 긍정적인 효과보다 부작용이 더 생긴다. 그래서 여타 부서장의 합의를 필수화하거나 초안이 나오면 공유하여 최종안을 만드는 작업에 공동으로 참여하게 해야 한다.

중요한 것은 배려의 순서다. 직원들의 개인적인 이해관계가 관련되면 연차가 낮은 직원이 먼저 의사를 표현하도록 하고 부서 간에는 현장 팀에게 우선권을 줘야 하다. 업무처리에서 고정관념을 없애는 또 다른 방법은 기존 방식의 장단점을 항상 분석하도록 하고 새로운 기획안에는 아주 일부라도 새로운 내용을 넣도록 강제하는 것이다.

연도별로 반복되는 기안에 '복사하기→옮겨 붙이기'를 반복하는 경우가 적지 않다. 이런 경우라도 반드시 1~2가지는 새로운 내용이나 개선점이 들어가야 한다. 지난해에 실행한 최선의 방안도 변화된 환경(경쟁자 출현과 고객 이탈 등)으로 결과가 달라질 수 있기 때문이다.

  어제의 정답도 내일에는 오답이 될 수 있으니 고정관념을 벗어나야 한다. 융복합이 대세인 미래 환경은 고정관념을 가장 큰 적으로 만들고 있다.

기회비용의 참 의미

 젊은 직원들과 대화를 나눌 때 흔하게 받는 질문 중의 하나가 지금 집을 사야 하느냐다. 부동산 전문가는 아니지만, 경제신문을 좋아하는 필자에 대한 예의로 하는 질문이 아닌가 싶다.
 부동산 가격이 폭등하면서 부동산은 오늘이 가장 저렴하다는 자조 섞인 말이 회자되지만 그렇다고 무작정 살 수도 없다. 금액이 적지 않고 만약 가격이 하락한다면 원금손실에 이자까지 부담해야 한다. 향후 부동산 가격에 대한 움직임을 정확하게 알 수 있다면 바로 부자가 되겠지만 불가능한 이야기다. 그래서 많은 서민들이 주저하고 타이밍을 놓친다.
 나는 하나의 철칙을 후배들에게 알려준다. 만약 현재 집을 한 채도 갖고 있지 않다면 지금 사라. 왜냐하면 향후 부동산 가격이 더 뛸 수 있기 때문이다. 그럼, 내리면? 당연히 떨어질 수도 있다.

그래서 한 채에 한해 확실한 설명은 기회비용을 생각하라는 것이다. 아무런 조치를 취하지 않은 상태에서 집값이 오르면 배가 아플 것이다. 그리고 생활도 불안하고 낙담할 것이다. 이런 경우를 대비해 사라고 권하는 것이다.

집을 구매한 후에 값이 떨어지는 것에 대한 부담은 내 집을 소유하며 누리는 안정과 편안함으로 상쇄하면 된다. 물질적 손해와 정신적 이익이 겹쳐 실질 손해가 대폭 줄어든다는 의미다.

다만, 원금과 이자 부담에 대한 손실을 적정 수준으로 낮추기 위해 대출에 대한 점검이 필요하다. 되도록 금리가 낮은 제1금융권에 대한 대출로 제한하고 대출금리가 크게 높은 2금융권 대출은 총액에서 20~30%로 제한할 것을 권한다. 최소한 이런 정도 자금조달 여건은 충족되어야 지금 집이 없다면 사라는 조언이 유효하다.

회사에 입사한 후에 석사와 박사 과정을 이수하면서 아침에는 외국어 학원도 다녔다. 아내는 나에게 하고 싶은 대로 하라며 전권을 주었다. 지금 생각하면 무척 고마운 배려다. 퇴근 시간이 이른 것도 아니어서, 평일은 물론 주말에 집안일을 도와주거나 애들과 놀아줄 시간이 부족할 수밖에 없는데도 말이다.

아내의 허락과 별개로 곰곰이 생각해 보았는데 석사를 해도, 박사학위를 따도 회사에서 임금 인상이나 진급 등 직접적 이득은 없었다. 목표 달성 후에 갖는 인센티브가 전혀 없는 것이다. 학업을 독려했던 은사는 해놓으면 나중에 다 쓸모가 있다고 했다. 최소한 죽어서 묘비명에 박사라고 쓸 수 있다는 우스갯소리도 해주었다.

결국 농담처럼 들었던 말이 나에게는 크게 도움이 되었다. 외부 강의를 하거나 내부 직책을 맡을 때 박사학위가 전문가 행세를 하도록 만들어 주었다. 더불어 공부하느라 책을 보는 것이 습관이 되었는데, 아이들에게 좋은 본보기가 되었다. 공부하라고 말하기보다 부모가 책을 보는 모습이 더없이 좋은 자극제가 되었다고 생각한다.

새벽에 학원에 다닐 때 왜 이렇게 고생을 사서 하는지 자문(自問)할 때가 많았다. 그런데 일단 일어나 버스나 지하철을 타면 기분이 달라진다. 이렇게 이른 시간에 돌아다니는 사람이 적을 것이라는 생각이 바로 깨진다. 어느 새 버스는 발 디딜 틈이 없다. 지방으로 가는 첫차(고속버스)는 항상 만원이다. 새벽 학원 덕분에 해외연수를 가고 시야를 넓히는 행운도 얻었다.

뚜렷한 목적 없이도 누구에게나 일상생활은 선택의 연속이다. 여러 선택지를 비교하여 이익이 가장 큰 쪽을 택하면 된다. 그런데 앞서 언급한 박사 공부와 새벽 어학수강 등은 명확하게 말해 비교의 영역이 아니다. 그 당시로서는 해도 그만, 안 해도 그만일 수 있다. 여기서 중요한 기준은, '안 하면 나에게 무슨 이익이 있을까'이다.

  같은 이치로 이런 일을 했을 때 나에게 돌아오는 손해는 무엇인가를 점검해 보라. 조금 잠을 줄이고 약간의 비용을 지불하면 된다. 이른바 기회비용이 크지 않다. 그럼 '스톱(Stop)'보다 '고(Go)'를 외쳐야 한다.

  스님들은 '이판(절에서 수양하는 것)'과 '사판(절에서 살림하는 것)' 가운데 하나를 선택해야 하고, 고졸자들은 진학과 취업 가운데 하나를 선택해야 한다. 기회비용(포기한 다른 선택에 대한 가치)을 설명하면서 흔히 나오는 사례다. 우리가 살면서 하나를 선택한 경우 다른 기회를 포기하는 것이 대수롭지 않거나 거의 없다면 실행에 옮겨야 한다. 고민하지 말고 도전해야 한다. 기회비용이 제로(Zero)에 가까우니.

떨리는 심장과 뛰는 심장

 중요한 일을 맡을 때 프로와 아마추어는 비슷하면서도 현격한 차이를 보인다. 이를 반영한 말이 아마추어는 어려운 일을 앞두면 '심장이 떨린다'고 움츠리는 반응을 보이는 반면, 프로는 성과와 도전을 기대하며 '심장이 뛴다'면서 희망을 쏜다.

 환경과 관계없이 일하는 직원의 대응이 다르면 결과도 변할 가능성이 적지 않다. 겉으로는 '미운 오리 새끼'로 치부되는 부서나 일이 나중에 '백조'로 재탄생하는 경우도 비슷한 이치라고 생각한다. 원래 실패 가능성이 매우 높고 이윤을 낼 수 없는 사업을 반전시켜 백조(대박 프로젝트)로 만드는데 심장이 뛰는 리더십과 자세가 필요하다. 희망찬 자세가 희망을 만들고 패배 의식이 실제로 패배를 부르기 때문이다.

기업에게 어려운 때가 기회라고 말하기도 한다. 우선, 밖으로 보면 좋은 기업들이 매물로 많이 나와 인수합병을 할 수 있고, 경쟁사가 줄거나 설사 있어도 그들의 마케팅 파워가 추락할 가능성이 높기 때문이다. 회사 안으로 보면 기업이 어려울수록 직원 간에 단결할 가능성이 커지기(동물들이 날씨가 추워지면 모두가 껴안는 것과 같은 이치) 때문이다.

리더나 현장 직원이 가슴이 뛰는 상황 판단을 위해서는 우선적으로 사고가 냉철해야 한다. 위기를 기회로 만드는 냉철한 사고는 하루아침에 길러지지 않는다. 끊임없이 훈련하고 경험을 쌓아야 한다. 구도가 간단한 드라마도 한 번에 모두를 정확하게 파악하는 사람이 있고 볼 때마다 새로운 것을 하나 둘 파악하여 몇 번 봐야 전체적인 맥락을 이해하는 사람이 있다. 그러나 이런 직원도 훈련을 통해 한 번만 봐도 과거에 대한 세밀한 내용은 물론 향후 전개 과정을 대부분 파악할 수 있다.

단번에 핵심을 짚어내고 리스크를 줄이기 위한 대안을 곧바로 실행에 옮기는 사람이 진정한 리더이다. 보고서를 처음 살펴볼 때에도 다른 사람이 제대로 파악하지 못했던 리스크를 꼼꼼하게 재검토하여 맥을 짚어내야 한다.

자료나 상황을 빠르고 정확하게 이해하기 위해 우선 '숫자'에 익숙해야 하고 '그러나'와 '단'과 같은 역접형 단어에 주목해야 한다. 또한 내용을 강조하는 '특히'를 주시하여 핵심을 파고들어야 한다. 일할 때 왜(Why)라는 질문도 계속 반복되어야 하고 고객 입장에 서보는 역지사지의 사고도 필요하다. 이런 훈련을 위해 가장 손쉬운 방법이 책이나 신문을 꾸준히 읽는 것이다.

그런데 대충 읽는 것은 해답이 아니다. 진짜 좋은 책이라면 뛰는 심장을 다독이며 최소 2번은 반복해 읽을 가치가 충분히 있다. 그리고 중요한 내용은 별도로 메모할 필요도 있다. 한번 읽으면 정보가 되고 2번 읽으면 그 내용이 나의 지식으로 자산이 된다. 같은 책을 두 번 읽으면 첫 번째 읽을 때 몰랐던 내용이 샘솟듯 튀어나온다. 중요 내용을 메모해 정리해 놓으면 후배나 동료에게 잘 전달하는 자산전달의 메신저가 될 수 있다.

좋은 리더에게 필요한 것은 스스로의 자산을 남에게 잘 증폭시킬 수 있어야 한다. 신문을 볼 때에도 단순한 정보(뉴스)를 넘어 우리 회사 비즈니스에 어떤 영향을 줄 수 있을까를 생각해야 자산이 된다. 기사를 읽고도 가십으로 넘기면 시간 낭비가 되고 반대로 기사의 맥을 잘 짚어 자산으로 만들 수 있다. 기사에 대한 전달(링크 보내기)을 통해 조직 내 지식의 보고로 거듭날 수 있다.

회사에서 일을 잘하겠다면서 무슨 배짱으로 책도 읽지 않느냐는 말을 강연에서 들은 적이 있다. 진짜 정신이 번쩍 나는 말이다. 회사 직원들에게 독서의 중요성을 강조하기 위해 분기별로 신청을 받아 필요한 책을 사서 배달해 준다. 사무실에도 크지는 않지만 책방을 만들었다. 모두가 휴게실에 간식만 채워 직원 만족 경영을 한다지만 수준 낮은 것이다. 독서경영을 주제로 책을 읽고, 그 소감과 직장에서의 적용을 강의한 바 있다.

  놀라운 사실은 모든 책이 직장 생활에 도움이 된다는 것이다. 분노에 대한 책을 읽었는데 그것을 그대로 직장생활 인간관계에 대입할 수 있었다. 분노 치유를 위해 가장 필요한 것은 공감을 구하라는 것이다. 상대방의 책임은 잘 보이고 훈수도 잘 둔다. 아주 일반적인 이치다. 그런데 천천히 자신을 돌아보면 별반 다르지 않음을 알게 된다. 프로로서 보다 냉철한 상황파악을 위해 잠시 운동을 하거나 음악을 들어보는 것을 권한다. 분노가 조금 누그러지고 상대보다 나 자신을 보다 많이 돌아보면 상황 판단이 냉철해진다. 그곳에서 공감이 싹튼다. 이순신 장군이 모함을 당할 때에 일기를 쓰고 시를 짓고 음악을 들었으며, 씨름과 활쏘기라는 운동에도 몰두했음을 참고할 필요가 있다.

탁월함에 필요한 비법

　누구나 성공하고 싶다. 개인 사업을 하든 직장에서 조직원으로 일하든 남보다 두각을 나타내길 원한다. 어떻게 해야 성공이라는 고지에 오를 수 있을까?

　사람은 누구나 나그네와 같은 인생길을 걸어간다. 계획했지만 계획대로 되지 않고 스스로 최선을 다했다고 자부하는데 쉽게 인정받지 못한다. 오늘 잠시만이라고 가던 길을 멈추고 심호흡을 하고 되돌아보자.

　노벨상을 받아야 성공이라고 말하지 않는다. 신문이나 잡지에 사진과 함께 그간의 행적이 대서특필되는 것은 더욱 아니다. 필자가 내린 간단한 결론은 자신의 업무에 본인의 장점을 집중적으로 쓰고 있는 경우 성공이다.

모든 사람이 약점과 장점이 있는데, 성공한 사람은 장점을 지금 당장 사용하고 있는 사람이다. 이런 사람의 결과는 시기가 문제일 뿐 대부분 성공이라는 높은 고지에 올라서게 된다. 타고난 장점에다 노력을 통해 갈고 닦는다면 평균을 크게 웃도는 '탁월함'의 경지에 도달한다.

여기서 말하는 탁월함은 타이거우즈처럼 2살 때부터 골프채를 잡고 여섯 살에 홀인원을 기록할 정도로 즐겁고도 수준 높은 것을 겨냥해야 한다. 직급이나 돈을 얼마 벌었냐는 중요하지 않다.

직장 생활을 가장 어렵고 슬프게 하는 사람은 단점을 사용하면서 성과를 내려고 하는 사람이다. 자기가 다른 사람보다 크게 모자라는 능력(단점)을 사용하는 업무를 하고 있다면 빨리 이를 자각하고 탈출할 궁리를 찾아야 한다. 직접 비즈니스를 하고 있다면 빨리 포기해야 한다.

단점을 계발하는 교육을 받고 상사로부터 잘 지도를 받는 방법으로 조금은 만회할 수 있지만 탁월함에는 이르지 못한다. 적당히 장점도 사용하고 단점도 사용하는 업무를 하고 있다면 역시 행복하게 일할 수 없다. 업무에서 성과를 내면서 오래가지 못한다는 의미다.

이런 관점에서 인재에 대한 적재적소 배치는 회사를 살리는 최적의 솔루션이다. 회사가 인재를 뽑고 그 인재가 어떤 분야에 강점이 있는지 직원과 함께 고민해야 하는 이유이기도 하다.

업무 처리와 직접 관련이 없지만, 조직이라는 유기체에서 필요한 또 다른 능력은 인성이다. 여기에는 이른바 대나무 물통이론이 등장한다. 사랑, 기쁨, 평화, 호의, 자비, 성실, 온유, 인내, 절제 등 9가지는 회사라는 조직은 물론 사람 관계에서 반드시 필요한 인성이다.

그런데 다양한 인성을 장점과 단점으로 나누면 곤란하다. 왜냐하면 하나라도 문제가 있으면 업무능력이 아무리 좋아도 '탁월함'에서 탈락이기 때문이다.

쪼갠 대나무를 덧대어 물통을 만들 때 물의 양은 가장 낮은 대나무 길이에 의해 결정된다. 업무 성과는 좋은데 성실하지 못하다면 당분간 회사에 붙어있을 수 있지만 오래 갈 수 없다.

일도 잘하고 성실한데 절제하지 못해 기복이 심한 성격을 갖고 있다면 역시 낙제 수준을 면하기 힘들다. 타인에 대한 호의와 사랑이 없다면 승진 대상에서 바로 제외된다. 스스로의 마음속에 기쁨이 없고 마음에 평화를 유지하는 법을 모른다면 인재라는 수식어가 박탈당한다. 아무리 업무상 뛰어난 능력을 가졌다 하더라도.

따라서 인성은 업무능력과 완전히 다르게 접근해야 한다. 어떤 분야에 문제가 있다면 그 사람의 전체 인성수준은 그것에 맞추어진다. 인성에서 더하고 빼서 계산하는 평균은 없다. 물통처럼 9개 인성 중 가장 낮은 한 분야가 전체를 결정한다.

모 공공기관 인사위원회에 참여한 적이 있다. 승진대상자를 점수순으로 배열한다. 그 순서대로 승진시키면 너무 쉽고 간단하다. 누구를 봐주기 위해 서열을 역전해 승진시키는 것은 불가능하다. 합당한 이유를 찾을 수 없고 기록으로 모든 것이 남기 때문이다.

그런데 대부분 상사의 평가에 의해 정해진 승진서열을 한 번에 완전히 뒤집는 내용이 있다. 부하의 상향평가와 동료평가, 즉 인성에서 문제가 발생하면 장시간 숙고도 없이 바로 서열은 무의미해진다.

업무적 능력은 굴곡이 있어도 된다. 보직을 바꾸면 해결되기 때문이다. 그러나 인성은 업무를 바꾼다고 해결되지 않는다. 하나만 문제가 있어도 좋은 성품은 물론 업무능력도 매도된다. 또한 다른 사람이 도와줄 수 있는 분야도 아니다.

다행인 것은 스스로 노력하면 어느 정도 만회할 수 있다는 점이다. 결국 탁월함에 이르기 위해 필요한 공식을 새겨야 한다. 인성은 먼저 9개 리트머스 시험지를 먼저 통과해야 한다. 그리고 전체가 평균을 넘도록 골고루 잘해야 한다. 그 다음에야 업무능력이 빛을 발할 수 있다.

물론 업무능력이 다른 사람에 의해 대체가 불가능한 천재라면 이런 논리에 이의를 제기할 수 있다. 그러나 괴팍한 천재는 조직에서보다 혼자 일하는 편이 낫다.

샐러리맨 34년 현직 CEO가 전하는 **슬기로운 직장생활**

지은이	최용민
펴낸이	김석경
일러스트	아이클릭아트
펴낸곳	필디앤씨
주소	서울 강남구 영동대로 513
전화	02-6000-3124
발행일	2024. 03. 11
인쇄	가나 C&P
ISBN	979-11-967976-4-5

* 이 책의 저작권은 주식회사 필디앤씨와 최용민에게 있습니다.
  저작권자의 허락 없이 무단전재 및 복제를 금합니다.